핵심성공요인으로 본

# 한국의 지식경영

핵심성공요인으로 본

# 한국의 지식경영

김 찬 중 · 서 도 원

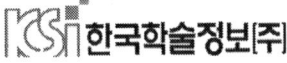 한국학술정보㈜

# 책 머리에

자본주의 사회의 전개와 더불어 기업은 국가의 경제발전에 중추적인 역할을 해 오면서 보다 번영할 수 있는 효율적인 경영기법을 끊임없이 추구하여 왔고 이러한 움직임 속에서 근래 주목할 만한 경영이론 내지는 경영기법으로 지식경영이 크게 확산되고 있다. 그리고 지식경영의 도입 초기 일회성 유행에 지나지 않을 것이라는 우려와는 달리 그 유용성에 많은 조직체들이 지속적으로 동감하면서 지식경영은 이제 한국에서도 기업은 물론 정부 등 각급 조직에서 광범위하게 시행되고 있는 추세이다.

우리나라에 있어서 지식경영은 '90년 말 그 개념이 소개되기 시작한 이래 현재에 이르기까지 많은 연구자들이 연구를 거듭하고 있고 이제는 외국과도 대등한 수준에 이르기까지 관련 연구가 진척되고 있다. 그런 중에 저자들이 학문적 관심을 가지고 연구를 지속해 온 지식경영을 한국의 경영 현실에 접목하고 성공방안을 찾아 각급 조직의 경쟁력 강화에 미력하나마 도움을 주고자 하는 취지에서 본 연구가 진행되었다.

이는 우리나라 기업을 대상으로 하여 효율적인 지식경영 방안을 모색하려는 하나의 실증적인 연구로서 그 동안 각종 경영학 학술대회에서 발표한 자료들을 중심으로 부족하나마 하나의 연구서로서 엮어 이번에 「핵심성공요인으로 본 한국의 지식경영」을 출간하게 된 것이다.

본서는 지식경영의 개념과 본질에 대한 내용 파악에서부터 시작하여 기업에서 실제 지식경영을 시행하고 성과를 거두기 위하여 필요한 핵심적인 성공요인 규명에 이르기까지의 전 과정을 포괄함으로써 한국의 기업과 조직에 필요한 경영전략적 시사점을 도출하려는 시각에서 일관되게 내용을 구성하였다.

이러한 본서의 구성을 좀 더 구체적으로 살펴보면 제1장은 서론에 해당되는 부분으로 문제의 제기와 연구목적, 연구의 방법 및 구성을 포함하였고 제2장에서는 지식경영의 본질에 관한 내용으로서 지식경영의 정의와 필요성, 지식경영의 배경이론을 고찰하였다. 제3장은 지식경영의 연구동향으로서 지식경영연구의 접근법과 지식경영의 차원별 연구 그리고 최근의 연구추이를 담았으며 제4장에서는 지식경영의 성과평가에 대한 내용으로 지식경영과 성과측정, 그리고 구체적인 지식경영의 성과측정방법을 다루었다. 제5장은 지식경영의 성공요인 도출에 관한 부분으로 지식경영의 성공요인 분류방법과 지식경영의 연구자별 성공요인 제시, 그리고 지식경영의 핵심성공요인 유도를 시도하였고 제6장에서는 지식경영의 성공요인에 관한 이론적 검토 부분으로 지식경영의 성공요인별 선행연구와 지식경영의 성공요인별 조작적 정의를 논의하였다. 제7장에서는 한국의 기업을 대상으로 수행한 지식경영의 성공요인에 관한 실증연구 I (질문지분석)로서 연구조사방법과 조사결과의 분석과 해석으로 구성되는 양적인 분석을, 그리고 제8장에서 한국의 기업을 대상으로 수행한 지식경영의 성공요인에 관한 실증연구 II (심층면접분석)는 질적인 분석으로 그 내용은 연구조사방법과 조사결과의 분석과 해석 그리고 실증연구에 사용된 두 연구방법의 비교를 포함하였다. 그리고 마지막으로 제9장에서는 본 연구의 요약과 결론부분으로 연구결과의 요약과 시사점 및 연구의 한계와 제언으로 연구를 마무리하였다.

본 연구를 마친 지금에도 여러 가지 아쉬움이 남는다. 이처럼 부족한 부분에 대해서는 모든 분들의 질정을 겸허히 수용하여 앞으로도 내용을 더욱 보완하고자 한다. 아울러 본서가 나올 수 있도록 출판 제안과 모든 지원을 아끼지 않으신 한국학술정보의 채종준 사장님과 출판기획팀의 권현옥 팀장님을 비롯하여 능숙한 솜씨를 보여주신 편집진 여러분께도 고마운 마음을 전해드린다.

2006년 1월
저자 적음

# 목  차

# 표 목 차

# 그 림 목 차

# 제1장 서 론

## 1. 문제의 제기

오늘날 효율적인 기업경영의 기법으로 지식경영이 널리 활용되고 있고 그에 따라 지식경영의 핵심 내용과 성공적인 지식경영의 방안에 대한 관심이 증대되고 있으며 이에 따라 방법론상으로도 다양한 논의가 전개되고 있다. 그러나 지식경영의 올바른 내용을 규명하기 위하여 사용되는 다양한 방법론은 오히려 지식경영의 본질에 대한 이해를 어렵게 하고 있어 지식경영의 핵심적인 내용과 성공요인에 대한 분석의 필요성이 더욱 절실하게 대두되고 있다.

우선 지식경영의 태동 배경을 이해하기 위하여 20세기 경영의 전체적인 흐름을 살펴보면 다음과 같다. 1960년대까지는 아담스미스(A. Smith)의 분업론[1]과 테일러리즘(Taylorism), 포디즘(Fordism)을 중심으로 한 대량생산 방식이 그 주류를 형성하였고, 1970년대에는 마이클 포터(M. Porter)가 주장한 시장내의 경쟁을 인식하고 기업의 매력있는 사업영역이 과연 무엇인가에 대한 문제를 중점적으로 논의한 산업구조론적 전략경영이 그 주류를 이루었으며, 이어서 경쟁우위의 원천은 차별적인 핵심역량이라는 인식을 중심 개념으로 하는 자원기반론적 전략경영으로 그 주류가 변화되었다. 1980

---

[1] 영국의 경제학자인 Adam Smith가 주장한 이론으로, Adam Smith는 핀을 생산하는 공장을 예로 들면서 분업이 생산성을 수백 배나 증가시킬 수 있다고 주장하였다. Adam Smith는 또한 이러한 분업의 이익을 세 가지로 설명하고 있는데 이는 첫째, 모든 개별 작업자들이 자신의 담당 업무에 능숙해지며, 둘째, 일감을 한 곳에서 다른 곳으로 넘겨주는 데 소요되는 시간이 절감되고, 마지막으로 자동화가 쉬워진다는 점 등이다.

년대 말부터 1990년대 초반에는 리엔지니어링과 벤치마킹, 팀제 등을 중심으로 하는 신경영 패러다임인 경영혁신 사조가 주류를 형성하였고, 1990년대 중반에는 현장에서 필요한 지식이 무엇인가에 대한 문제의식을 갖고 필요한 지식을 습득, 창출하여 문제를 해결하려는 학습조직이 경영 사조의 주류를 이루어 왔다. 이러한 20세기의 경영의 흐름은 급기야 1990년대 말부터 최근의 21세기 초에 이르러서는, 조직이 가치 있는 지식창출과 축적, 전파, 공유를 통하여 조직의 경쟁우위와 부가가치 창출을 도모하는 지식경영에 이르기까지 지속적으로 발전하여 오고 있다.

이러한 경영사상 중에서 최근 확산되고 있는 지식경영의 출발 배경을 간략히 살펴보면, 피터 드러커(Peter F. Drucker)(1995)는 지식만이 유일한 경제자원이라 하여 지식과 지식사회의 도래를 강조하였고, 1996년 경제협력개발기구(OECD)가 산업사회를 대체하는 새로운 패러다임을 '지식기반경제(Knowledge-based Economy)'라고 공식적으로 명명한(OECD, 1997) 이래 기업에서는 지식의 획득과 지식경영의 실천을 최우선 과제로 중요시하고 있으며(Ruggles, 1998), 이에 따라 지식을 이제 경쟁우위의 원천이자 기업의 가장 핵심적인 전략적 자원으로 간주하고 있다(Grant, 1996). 미국의 경우 1990년대 초반부터 지식경영을 실시하기 시작하였고(Stewart, 1994), 국내에서는 1997년부터 일부 외국계 컨설팅 회사에 의해 개념이 소개되기 시작한 이후 현재는 주로 대기업을 중심으로 지식경영이 실시되고 있다(한국경제신문, 1997).

국내에서도 매일경제 등(1999)이 우리나라 기업인 및 일반인 900명을 대상으로 설문조사를 실시한 결과 응답자의 약 70%가 지식경영을 도입했거나 도입을 계획하고 있는 것으로 나타나고 있어, 지식경영에 대한 관심과 도입이 급격히 증가하고 있는 상황이다. 또한 전국경제인연합회가 최근 발표한 자료에 따르면 국내 대기업들은 지난 2년 동안 지식경영을 위해 적지 않은 투자를 한 것으로 나타났다. 구체적으로 국내 30대 기업을 대상으로 조사한 결과 2000년 지식경영 관련 비용지출이 전체 매출액에서 차지하는 비중은 0.75%였다. 이는 1999년 0.30%에 비해 두 배 이상 증가한 수치다. 또 지식경영에 대한 인지도 지수도 1999년 72.6보다 10포인트 가까이 증가한 81.7을 기록한 것으로 조사됐다. 이는 국내에 '지식경영(knowledge management: KM)'이라는 용어가 도입되고 사용되기 시작한 시기가 1990년대 후반이었던 점을 감안한다면 단시간 내 그 인지도가 빠르게 확산되고 있음을 보여주고 있는 증거라고 할 수 있다. 이처럼 지식경영이 국내 기업에 급속하게 확산되어 시행될 수 있었던 것은 지식이 기업의 경쟁력 강화에 필수적이라는 기본적인 인식 이외에 학문적인 차원에서도 집중적인 연구를 수행한 결과를 토대로 이론과 현실의 접목이 가능했기 때문이라고 해도 과언이 아니다(www.aistudy.co.kr).

이처럼 최근 국내의 지식경영에 대한 학문적인 연구는 매우 활발하여 미국 등 외국과 거의 대등한 수준에 이를 정도로 관련 연구가 폭 넓게 진행되어오고 있다. 그러나 대부분의 지식경영에 대한 연구가 개념적인 연구 수준에 머물러 있고 실증적인 연구가 상대적으로 매우 부족한 상황이었다. 이러한 현상의 원인은 국내의 기업들이 지식경영을 본격적으로 도입하고 시행한 기간이 짧아서 지식경영의 성과를 구체적으로 논하기에는 아직 시기상조이기 때문이기도 하지만, 기본적으로 지식경영의 도입과 실행에 있어서 기반이 될 수 있는 지식경영에 관한 기초적인 실증연구가 아직 절대적으로 부족하기 때문이기도 하다.

특히 지식경영을 도입하고 이를 성공적으로 수행하기 위하여 필요한 요인이 구체적으로 무엇인가에 대하여 국내 기업을 대상으로 한 연구는 상대적으로 극소수에 지나지 않았고 몇몇 연구자들을 제외하면 사실상 외국의 한 두 사람의 연구자가 제시한 성공요인을 실증적으로 확인 분석하지 않고 그대로 수용하여 후속 연구를 시도한 것이어서 과연 그러한 연구에 적용된 요인들이 한국기업들의 상

황에 맞는 지식경영의 성공요인으로서 타당한 것인지에 대한 근본
적인 의문의 여지가 항상 남을 수밖에 없었다.

　본 연구에서는 이와 같은 지식경영 연구의 근본적인 문제점들이
제기됨에 따라 지식경영 연구의 기본이 되는 지식경영의 성공요인
들을 국내 기업을 대상으로 실증 분석하여 그 결과를 토대로 지식
경영 연구의 기반을 마련함으로써 후속 연구의 출발점이 되고, 지
식경영을 시행하려고 계획 중이거나 시행중인 기업들에게는 실무적
인 시사점을 제공할 수 있을 것이다. 이러한 문제인식 속에서 그
동안의 지식경영 연구에서 제시된 성공요인들을 종합적으로 취합
정리하고 그 중에서도 가장 핵심적인 성공요인들을 도출한 후, 이
를 국내 기업을 대상으로 실증연구를 수행함으로써 한국기업 지식
경영의 성공요인을 구체적으로 확인 분석하여 지식경영 연구의 토
대를 바르게 정립할 필요가 있다고 본다.


## 2. 연구목적


　본 연구에서는 그 동안 여러 지식경영 연구자들이 산발적으로 제
시한 지식경영의 성공요인들을 취합하여 종합적으로 분석함으로써
여러 가지의 지식경영 성공요인 중에서도 핵심적인 지식경영의 성
공요인을 유도하여 지식경영의 성공요인을 새롭게 제시하고, 새롭
게 유도된 지식경영의 핵심적인 성공요인들에 대하여 국내 기업을
대상으로 이를 실증적으로 확인 분석하여 최종적으로는 한국기업의
지식경영 성공요인들을 도출함으로써, 이론적으로는 후속 연구자들
의 지식경영 관련 연구의 출발점이 되고, 실무적으로는 기업의 지
식경영 시행에 있어 올바른 좌표를 제시함으로써 성공적인 지식경
영 시행과 정착에 도움을 주고자 하는 데 그 주된 목적이 있다.

이와 같은 연구목적 달성을 위한 구체적인 연구내용 및 과정을 요약하면 다음과 같다.

첫째, 기존의 지식경영 선행연구들을 취합 정리하여 지식경영의 핵심적인 성공요인들을 유도하고 이를 가정적이고 이상적인 지식경영의 성공요인으로 제시한다. 이와 같은 지식경영의 성공요인 유도와 제시를 위하여 국내외 연구자들이 수행한 지식경영의 초기 연구에서부터 가장 최근의 연구에 이르기까지의 연구결과에서 제시된 지식경영의 성공요인들을 취합하여 정리함으로써 종합적으로 살펴보고, 각 연구자들이 제시한 지식경영의 성공요인을 주요 차원의 요인별로 인벤토리를 작성하여 지식경영의 성공요인들에 대한 명확한 요인별 분류와 분석을 시도하였는바, 이와 같은 요인들에 대한 차원별 분류는 일종의 해석적인 면에서 분석과 분류를 시도한 것으로서 이는 본 연구에서 실증적으로 검증하고 확인하게 될 새로운 지식경영의 핵심적인 성공요인을 유도하고 제시하기 위한 1차적인 단계로서의 의미를 지니는 것이다.

둘째, 이와 같이 1차적으로 새롭게 유도·제시된 가정적이고 이상적인 지식경영의 성공요인들을 이용하여 한국 기업을 대상으로 실증적 분석을 수행하되, 연구의 객관화와 타당성 확보를 위하여 표본 전체에 대한 분석은 물론 나아가 대기업과 중소기업으로 대상을 구분하여 실증적으로 중복하여 확인 분석함으로써 최종적인 한국기업의 지식경영 성공요인을 도출한다. 이러한 연구 목적을 달성하기 위한 방법으로 유도된 성공요인들을 측정 할 수 있는 측정도구로서, 질문지 방법과 질문지 조사방법이 갖는 결점을 보완하고 연구 내용을 충실히 하기 위한 조사방법으로서 한정된 소수의 조사대상에 대하여 질적조사를 가능하게 하는 심층적인 면접법을 병행하여 사용하였다. 이러한 조사도구를 적용한 조사대상은 두 개의 대조되는 조사대상인 대기업과 중소기업으로 구분하여 별도의 조사표본으로 선정하였다. 이와 같이 대조적인 두 개의 조사표본을 선정한 이유는 표본 전체뿐만 아니라 이들 두 조사대상에 있어 공통적으로 작용하는 지식경영의 성공요인이 존재하는지, 또는 조사대상별로 작용하는 별도의 독특한 요인이 존재하는지 여부를 알아보기 위한 것이다.

셋째, 국내 기업을 표본으로 한 실증분석의 연구결과 도출된 핵심적인 지식경영의 성공요인들 간의 상대적인 중요도 순위가 어떠한지 즉, 지식경영 성공요인들 서로간의 중요도 순위를 확인하고, 이러한 요인 간의 순위가 갖는 지식경영 측면에서의 의미에 대한 해석과 분석을 시도한다. 이것은 최종적으로 제시된 지식경영의 성공요인들 간의 어떤 개념적 상관과 요인 간의 행태적 성향을 밝히려는 시도이다.

넷째, 이러한 실증연구 결과에 따라 요인들이 갖는 분석적인 의미를 기초로 하여 향후 지식경영 연구의 기본적인 토대가 되는 한국기업의 지식경영 성공요인을 최종적으로 제시함으로써 후속 연구의 출발점으로 사용될 수 있도록 이론적인 측면에서의 시사점을 논의하고, 더불어 지식경영을 실시하는 기업에게는 실무적인 측면에서의 의미와 각 요인들이 갖는 경영전략적인 시사점을 종합적으로 분석하여 제시하고자 한다.


## 3. 연구의 방법 및 구성


지식경영의 성공요인에 관한 견해는 다양하다. 따라서 특정한 어느 한 두 연구자의 견해가 마치 전부인 것처럼 당연시되어 수용될 수는 없다. 더구나 지식경영은 그 시행의 역사가 일천한 점을 감안한다면 지식경영의 핵심적인 성공요인들을 일의적으로 단언하기 어렵다. 따라서 지식경영의 성공요인들은 여러 연구자들의 다양한 견해를 취합 정리함으로써 핵심적인 성공요인들을 분석적이고 해석적인 면에서 추출함과 더불어 실증적인 연구를 통하여 이를 확인하여야만 지식경영 연구의 이론적인 출발점으로 삼을 수 있다고 하겠다.

즉, 지식경영의 성공요인에 관하여 연구자들의 견해가 산만할 정도로 매우 다양하게 제시되고 있으나 아직까지 연구자들 간의 어느 정도 합의된 연구결과가 존재하지 않고 있는 상황이며 이러한 지식경영 연구의 초기적인 현실을 감안한다면 기존의 지식경영에 관련된 연구들을 종합하여 체계적으로 정리하고 비교 분석할 필요성이 있다. 이처럼 지식경영에 관한 체계적이고 심도 있는 연구결과에서 도출된 지식경영의 일반적인 성공요인들이 아직 존재하지 않음에 착안하여 지식경영 시행기업이라는 조직체 차원의 분석수준에서 다음과 같은 방법과 절차에 따라 본 연구를 수행하였다.

첫째, 국내외 지식경영 연구자들이 제시한 문헌상의 지식경영의 성공요인들을 일정한 분류의 체계에 따라 종합적으로 취합 정리하고, 연구자별로 제시된 지식경영의 성공요인들 중에서 다수 중복되는 요인들을 주요 차원별로 대표적인 1개의 요인씩 추출하여 가정적이고 이상적인 지식경영의 성공요인으로 유도하여 새롭게 제시하였다.

둘째, 이와 같이 새롭게 유도·제시한 가정적이고 이상적인 지식경영의 성공요인들에 관한 이론적인 배경과 선행연구들을 고찰하였다. 즉, 지식경영의 각 성공요인별로 수행된 선행연구 및 이론적인 제연구 결과들을 고찰함으로써 새롭게 제시된 지식경영의 성공요인에 대한 전반적인 이론적인 토대를 마련하고, 그 토대 위에서 본 연구의 목적에 맞는 개념적 정의와 조작적 정의를 새로 수립하여 측정지표인 질문지의 구성 및 개발과 연결시켰다.

셋째, 한국의 지식경영 시행 기업을 대상으로 지식경영의 성공요인에 대한 실증분석을 수행하였다. 즉, 국내에서 지식경영을 수행하고 있는 대표적인 기업들, 특히 매일경제에서 지식경영 우수기업으로 선정된 기업을 중심으로 하되 지식경영 성공요인의 중복 확인과 분석을 위하여 전체 표본 내에는 대기업과 중소기업으로 양분하여 선정한 표본을 구성하였다. 또한 이렇게 선정된 표본기업을 대상으로 연구 주제에 맞게 구성된 설문조사를 실시하여 그 결과를 분석하고, 더불어 심층적인 면접법도 병행하는 등 복수방법론을 적용함으로서 연구결과의 객관성과 일반화 가능성을 높이고자 노력하였다.

실증연구의 통계적 분석을 위하여 본 연구에서는 수집된 자료에 대해서 타당도와 신뢰도를 검증하고, 주로 빈도를 나타내는 교차분리분석(cross-breaking analysis)과 요인들 간의 순위에 대한 유의성 검증을 위한 F검정 및 t검정에 의하여 자료를 분석하였으며, 이를 위한 통계적 분석과 자료의 처리는 SAS 버전 8.1 통계패키지를 이용하였으며, 심층면접법에 의하여 수집된 자료는 질적인 조사방법으로서 언어에 의한 기술적 분석을 주로 실시하였다.

마지막으로, 이러한 실증적인 확인과 분석 결과를 바탕으로 연구과제들을 검증하고 본 연구의 결과를 종합적으로 요약 정리하여 이론적 실무적인 시사점을 제시하였다.

이러한 연구방법에 따라 이루어진 본 연구의 구성은 다음과 같이 이루어졌다.

본 연구는 전체 9장으로 구성하였다. 제1장은 서론으로 문제의 제기와 연구목적, 연구의 방법 및 구성을 다루었고 제2장에서는 지식경영의 본질에 관한 내용으로서 지식경영의 정의와 필요성, 지식경영의 배경이론을 살펴보았다. 제3장은 지식경영의 연구동향으로서 지식경영연구의 접근법과 지식경영의 차원별 연구 그리고 최근의 연구추이를 포함하였고 제4장에서는 지식경영의 성과평가에 대한 내용으로 지식경영과 성과측정 그리고 구체적인 지식경영의 성과측정방법을 기술하였다. 제5장은 지식경영의 성공요인 도출에 관한 부분으로 지식경영의 성공요인 분류방법과 지식경영의 연구자별 성공요인 제시, 그리고 지식경영의 핵심성공요인을 유도하여 제시하였고 제6장에서는 지식경영의 성공요인에 관한 요인별 이론적 검토의 장으로 지식경영의 성공요인별 선행연구를 고찰하고 지식경영의 성공요인별 조작적 정의를 시도하였다. 제7장에서는 한국의 기업을 내상으로 수행한 지식경영의 성공요인에 관힌 실증연구Ⅰ(질문지분석)로서 연구조사방법과 조사결과의 분석과 해석으로 구성되는 양적인 분석을 다루었고, 그리고 제8장에서는 한국의 기업을 대상으로 수행한 지식경영의 성공요인에 관한 실증연구Ⅱ(심층면접분석)는 질적인 분석으로 그 내용은 연구조사방법과 조사결과의 분석과 해석 그리고 실증연구에 사용된 두 연구방법을 비교하였다. 그리고 마지막으로 제9장에서는 연구의 요약과 결론 부분으로 연구결과의 요약과 시사점 및 연구의 한계와 제언으로 본 연구를 마무리하였다.

# 제2장 지식경영의 본질

## 1. 지식경영의 의의

### (1) 지식의 개념

지식(knowledge)이란 무엇인가에 대한 개념 논의는 플라톤, 아리스토텔레스 등 고대 철학자들에서부터, 데카르트, 흄, 칸트 등 근대 철학자, 현대의 인지심리학자에 이르기까지 계속되어오고 있는 것으로 그리 간단히 규정할 수 있는 문제는 아니다. 전통적으로 서양 철학의 인식론에서는 지식의 본질, 원천 등에 대해서 다양한 논의가 이루어져 왔다. 예컨대 데카르트를 중심으로 한 합리주의적 관점과 흄을 중심으로 한 경험주의적 관점, 이 두 가지의 관점의 통합을 시도한 칸트 등이 인식론을 주도한 대표적인 철학자들이다. 이들 간에는 관점의 차이는 있으나 지식은 '정당화된 진실한 믿음(justified true belief)'이라는 면에서는 기본적으로 의견의 일치를 보이고 있다(Nonaka & Takeuchi, 1995).

또한 Nonaka에 따르면 어느 조직이나 두 가지 형태의 지식이 존재하는데 그것이 바로 암묵지(tacit knowledge)와 형식지(explicit knowledge)이다. 암묵지는 정신적 모형(mental model)과 신념, 그리고 너무나 뿌리가 깊어 당연한 것으로 여겨지는 구성원 각 개인의 확신으로 구성된다. 모든 종업원들은 어떤 특별한 기술직이나 전문직, 특수한 기술, 제품시장, 또는 집단이나 팀 작업의 활동에 깊이 근거한 많은 암묵지를 가지고 있다(Nonaka, 1991). 대부분의 조직에서 암묵지는 거의 공유되거나 타인에게 전달되지 않는다. 그래서 지식을 소유한 개인이 조직을 떠나게 되면 종종 잃게 된다. 암묵적 지식은 조직의 문화 내에 존재할 때 그것이 보여질 수도 있다(<그림 2-1> 참조).

<그림 2-1> 지식매트릭스

| | 암묵지(tacit) | 형식지(explicit) |
|---|---|---|
| 개인의존<br>(individual dependent) | −개인적 암묵지<br>−자기 동기부여된 창의성 | −하는 방법을 앎<br>−무엇을 해야 하는지를 앎<br>−왜 하는지를 앎 |
| 개인독립<br>(individual independent)<br>−조직이나 집단에 기초 | −문화적 암묵지<br>−조직 암묵지<br>(예: 일상적 모호성) | −규정된 자산<br>(저작권, 특허, 상표) |

자료: Peter Meso and Robert Smith, "A Resource-Based View of Organizational Knowledge Management Systems", Journal of Knowledge Management, Vol.4, No.3, 2000, p.225.

일부 학자들은 이러한 지식의 속성변화를 인식론의 발전과정을 통해서 설명하고 있다. 즉 지식을 전이할 수 있는 객체(object)로 인식하느냐 아니면 프로세스(process)로 인식하느냐하는 이원론적인 관점으로 분리된 것은 철학적 인식론의 발전과 관계가 있다는 주장이다(Nonaka & Takeuchi, 1995; Aadne et al, 1996; Krogh, 1998; Cook & Brown, 1999). Nonaka & Takeuchi(1995)는 지식을 정신적으로 획득 가능한 객체로 파악한 합리주의와 행동을 통해서만 지식을 얻을 수 있다는 경험주의에서 이러한 분리가 이루어진다고 주장하였고, Krogh(1998) 역시 지식을 명시적이고, 저장 가능하고, 전달이 용이한 것으로 간주하는 인지주의자(cognitivist) 관점과 비명시적인 요소를 인정한 구성주의자(constructionist)관점에서 설명하고 있으며, Aadne et al.(1996)은 또한 지식을 객관적인 것이며 전이(transferable)할 수 있다고 보는 표상주의(representationism)와 지식을 스스로 산출(self-productive)되는 프로세스로 파악하는 반표상주의(anti-representationism)의 관점으로 설명하고 있다. Cook & Brown(1999)이 지식을 객체로서의 지식(knowledge)으로 보는 '소유의 인식론(epistemology)'과 개인과 집단의 실행(practice) 속에서 발생하는 앎(knowing)을 강조하는 '실행의 인식론'으로 구분한 것도 동일한 맥락에서 이해할 수 있다.

이러한 지식에 대한 관점을 종합적으로 정리해보면 <표 2-1>과 같다.

<표 2-1> 지식에 대한 관점

| 구 분 | 객체(object)로서의 관점 | 과정(process)으로서의 관점 |
|---|---|---|
| 주요속성 | -지식은 객관적인 것이며, 소유, 유지, 폐기가 가능<br>-보다 명시적이고, 전이가 용이함<br>-데이타와 정보에 가까움 | -지식은 주관적인 것이며, 원재료를 가지고, 역동적으로 전환, 혼합, 통합이 가능<br>-종종 암묵적이며, 전이가 어려움<br>-지식, 지혜에 가까움 |
| 배경철학 | -합리주의, 현상학<br>-인지주의(cognitivism)<br>-표상주의(representationism) | -경험주의, 실존주의, 실용주의<br>-구성주의(constructionism)<br>-반표상주의<br>(anti-representationism) |
| 지식유형 | -형식적(explicit)지식을 강조<br>-선언적(declarative)지식 | -형식지 외 암묵적(tacit)지식까지 포괄함<br>-절차적(procedural) 지식 |
| 관련용어 | -전이(transferring), 배분(distributing), 교환(exchanging), 저장(storing), 측정(measuring) | -공유(sharing), 창조(creating), 학습(learning), 적용(applying) |

자료: 박문수, 문형구, "지식공유의 영향요인: 연구동향과 과제", 지식경영연구, 제2권, 제1호, 2001, p.3.

최근 지식이 기업 핵심역량의 주요 원천이라는 인식이 확산되면서 지식경영에 대한 학계와 기업에서의 관심이 높아지고 있다(Heene & Sanchez, 1997). 지식은 조직의 생산성을 높이고 가치를 창출할 수 있는 수단으로 경쟁자들이 쉽게 모방하지 못하는 핵심적인 자산으로 중요하게 인식되면서 기업에서는 이러한 지식을 기업의 경쟁력을 강화할 수 있는 의미 있는 수단으로 받아들이고 있다. 또한 학자들은 이러한 지식을 정의하고 분류하려는 연구를 활발히 전개하고 있다. 그러나 이처럼 경영과 관련한 지식이라는 개념에 대한 기존의 많은 연구(Machlup, 1984; Sveiby, 1987; Aaker, 1989; Drucker, 1989; Itami, 1989; Kaplan & Norton, 1992; Ludvall & Johnson, 1994; Nonaka & Takeuchi, 1995; Quinn et al, 1996; Saint-Onge, 1998; Krogh, 1998; Smith, 1998)에도 불구하고, 아직까지 보편적이고 일반적으로 수용되어지는 정의는 없다고 할 수 있다. 지식경영의 본질을 이해하기 위한 경영학적 관점에서의 지식에 대한 주요 연구자들의 정의를 살펴보면 다음과 같다.

먼저, Nelson & Winter(1982)의 경우는 지식을 '문제해결(problem solving)을 위한 전반적인 지식베이스'로 인식한다. 정보투입물, 기존지식, 그리고 능력의 집합을 전체적인 기업의 지식베이스가 되는 것으로 정의하고 있어, 지식의 문제해결 측면을 중시하고 있다. 또한 Turban(1992)은 지식을 '이해할 수 있고, 문제 해결과 의사결정에 응용될 수 있도록 조직화되고 분석된 정보'로 정의하여 지식의 정보 기능을 중시하고 있다.

그리고 Wiig(1993)는 지식을 '진실, 믿음, 전망, 개념, 판단, 기대, 방법, 노하우 등으로 이루어진 것으로 특정한 상황과 문제 해결에 적용하기 위해 축적, 구성, 통합되어 오랜 기간 보유하고 있는 것'으로 정의하였으며, Nonaka & Takeuchi (1995)는 지식의 형태를 암묵지(tacit knowledge)와 형식지(explicit knowledge)로 분류하고, 암묵지란 내면화되어 있기 때문에 유형화해서 다른 사람에게 전달하기 어렵다는 특징이 있는데, 예를 들어 성공한 기업은 독특한 노하우나 그들만의 기업문화가 존재하지만 말이나 글로서 전달하기가 매우 어렵다. 반면 형식지는 예를 들면 연구보고서나 책, 데이터베이스의 형태로 분명하게 기술되어 있는 지식을 말한다고 하였다.

또한 Nonaka(1995)는 지식(knowledge)을 '정당화된 진실한 믿음 (justified true belief)'이라고 정의 내리고 있으며, 이러한 맥락에서 지식경영(knowledge management)은 '지속적인 조직학습을 통하여 혁신을 촉진시키는 데 사용되는 조직의 집합적 기술과 지능을 획득해 가는(capturing) 과정'(Nonaka, 1991; Quinn et al., 1996; Davenport et al., 1998)으로 정의하기도 하였다.

그리고 Arthur Anderson(1995)에서는 지식을 '가치를 가진 정보로서 조직의 집합적인 경험'이라고 정의함으로써, 정보로서의 지식이 지니는 가치성을 중시하였고, Leibeskind(1996)는 지식을 '증명과정을 통해 타당성이 입증된 정보'로 정의하여 지식의 입증 여부를 중시하였으며, Heibeler(1996)는 조직지식은 '시스템을 구성하고 있는 개인의 이동과 관계없이 조직이 보유하여 사용할 수 있고 행동에 옮길 수 있는 의미 있는 정보'로 정의하였다.

또한 Brooking(1996)은 지식을 '인간중심 자산, 지적 자산, 기반적 자산 및 시장 자산의 집합적 합'으로 정의하였고, Myers(1996)는 지식은 '활동을 가능하게 하는 루틴과 프로세스 안에 내재되어 처리된 정보'라고 정의하였으며, Beckman(1997)은 지식을 '성과, 문제해결, 의사결정, 학습 및 교육을 가능하게 하는 정보와 데이터의 추론결과(reasoning)'로 정의하였다.

그리고 Alavi(1997)는 지식이란 '효과적인 활동을 위해 개체의 능력을 증대시킬 수 있는 검증된 믿음'이라고 정의하였고, Demarest (1997)는 지식이란 '프랙티스(work practice), 행동으로 실천 가능한 이론(theories-in-action), 기술장비, 프로세스, 그리고 기업의 종업원들의 휴리스틱(heuristic) 등에 체화된 행동을 가능하게 하는 정보 (actionable information)의 집합, 또는 기업의 다양한 활동 중에서 창조되고 구체화되어 기업의 시장가치를 향상시켜주는 명령, 패턴 규칙과 이를 관리하는 네트워크'를 총칭해서 상업적 지식이라고 정의하였으며, Stewart(1997)는 지식을 '특허, 프로세스, 종업원 능력,

기술, 공급자 정보, 경험, 이노베이션이나 활력화를 이룩할 수 있는 개인의 축적된 노하우, 다른 기업과 차별화된 장점을 가져다 줄 수 있는 조직 내 역량'이라고 정의하였다.

또한 Davenport, Long, Beers(1998)는 지식을 '경험, 상황(context), 판단, 사상과 결합된 정보'라고 간략히 정의하였고, Leonard & Sensiper(1998)는 지식이란 '적어도 부분적으로 경험에 근거하며, 적절한 의사결정에 사용될 수 있는 정보'라고 정의하면서 복잡한 환경 속에서 기업이 경쟁력을 갖기 위해서는 암묵지를 활용한 조직의 혁신이 필요하다고 주장하였으며, Drucker(1989)는 지식을 '일하는 방법을 개선하거나 새롭게 개발, 또는 기존의 틀을 바꾸는 혁신을 단행해서 부가가치를 높이는 것'이라고 정의하였다.

특히 Krogh(1998)는 현존하는 지식에 대한 개념의 본질을 이해하기 위하여 지식에 대한 정의를 인지적 관점(cognitive perspective)과 구조적인 관점(constructionist perspective)으로 나누어 설명하고 있다. 인지적 관점에서 보는 지식은 분명하고 쉽게 코드화되어 다른 사람에게 이전될 수 있는 형태의 지식을 의미하는 것으로 흔히 형식지라고 알려져 있으나, 구조적인 관점에서 보는 지식은 인지적 관점에서 보는 지식과는 다르게 이전의 경험, 기분, 느낌 등을 통하여 표현되며 쉽게 다른 사람들과 공유하거나 구체화하기 어려운 지식으로 암묵지라고도 한다.

그리고 컨설팅 회사인 Arthur D. Little(1998)에서는 지식을 '종업원의 능력, 브랜드 가치, 배포 채널, 주요 고객과의 관계, 미래의 서비스나 상품 등과 같은 무형의 자산'이라고 정의하였고, Ernst & Young(1998)에서는 지식을 '사상, 능력, 그리고 가치를 창출할 수 있도록 강화되고 이동 가능하게 되어진 정보'로 정의하였으며, KPMG(1998)는 비즈니스에서의 지식을 '사람들의 마음속이나, 종이 혹은 전자문서에 채워져 있는 고객, 제품, 프로세스, 및 경쟁자 등에 대한 지식'으로 정의하였다.

또한 Quinn(1996)은 지식을 전문가의 지식으로 한정하였는데, 이같은 전문가의 지식은 결국 문제 해결을 위하여 깊이 있는 전문성을 염두에 두고 있는 정의리고 할 수 있다.

국내에서 김영걸(1998)은 지식이란 '검증된 진리이며, 상황에 따른 인간의 인지적 활동이 축적되어 생성된 것'이라고 정의한 바 있으며, 이건창(1999)은 지식의 가장 일반적인 형태로서 다음과 같이 정의하였다. 첫째, 지식은 개인 또는 조직의 사고와 경험을 통하여 갖게 되는 핵심 개념이다. 둘째, 지식에는 특정한 입장, 견해 혹은 의도를 반영하고 있다. 셋째, 지식은 정보와는 달리 목적을 가지고 있는 행위와 연결된다. 즉, 지식은 신제품을 만들어 내거나 새로운 기술을 개발하는 등의 특정한 목적을 위해서 존재한다는 것 등이다.

이 밖에도 Ludvall & Johnson(1994)은 지식을 노홧(know-what), 노화이(know-why), 노하우(know-how), 노후(know-who) 등 네 가지 유형으로 구분하고 있다. 여기서 노홧(know-what)은 '특정한 사실을 이해하여 안다는 것'이고, 노화이(know-why)는 '인간 정신과 행동 및 사회변화의 법칙과 원리를 아는 것'을 의미하며, 노하우(know-how)는 '어떤 것을 할 수 있는 능력과 기술'을, 그리고 노후(know-who)는 '어떤 것을 할 수 있는 능력과 기술을 보유한 사람을 아는 일'을 의미한다고 하였다.

본 연구에서는 이와 같은 지식의 특성을 고려하여 경영과 관련된 지식을 '조직의 문제해결과 혁신을 통하여 부가가치 창출을 가능하게 하는 무형의 자산'으로 정의하기로 한다. 또한 지식은 축적(stock)과 흐름(flow)의 성격을 동시에 갖는다는 관점에서 본 연구를 진행할 것이다. 그 이유는 지식의 속성상 지식이 창출된 후 조직 내 지식저장소(repository)에 저장되는 단계에서는 지식이 축적(stock)되는 특징을 지니며 축적된 지식이 다시금 조직 내 구성원들에게 공유되고 활용되기 위하여는 지식의 이전이라는 단계를 거치게 되는데 이 과정에서 지식은 흐름(flow)의 특징을 지닐 수밖에 없기 때문이다.

이상에서 살펴본 바와 같이 활용 목적과 범위, 특성에 따라서 다양한 의미로 해석되는 지식에 대한 정의를 연구자별로 요약하면 <표 2-2>와 같다.

<표 2-2> 지식의 정의 요약

| 연구자 | 지식의 정의 |
|---|---|
| Nelson & Winter(1982) | 지식은 문제해결(problem solving)을 위한 전반적인 지식베이스 |
| Turban(1992) | 이해할 수 있고, 문제 해결과 의사결정에 응용될 수 있도록 조직화되고 분석된 정보 |
| Wiig(1993) | 지식은 진실 믿음, 전망, 개념, 판단, 기대, 방법, 노하우 등으로 이루어진 것으로 특정한 상황과 문제 해결에 적용하기 위해 축적, 구성, 통합되어 오랜 기간 보유하고 있는 것 |
| Nonaka & Takeuchi(1995) | 지식은 정당하고 진실된 체험과 믿음에 의해 획득된 스킬 |
| Arthur Anderson(1995) | 가치를 가지는 정보로서 조직의 집합적인 경험 |
| Leibeskind(1996) | 증명과정을 통해 타당성이 입증된 정보 |
| Heibeler(1996) | 조직지식은 시스템을 구성하고 있는 개인의 이동과 관계없이 조직이 보유하여 사용할 수 있고 행동에 옮길 수 있는 의미 있는 정보 |
| Brooking(1996) | 인간중심 자산, 지적 자산, 기반적 자산 및 시장 자산의 집합적 합 |
| Myers(1996) | 활동을 가능하게 하는 루틴과 프로세스안에 내재된 처리된 정보 |
| Beckman(1997) | 성과, 문제해결, 의사결정, 학습 및 교육을 가능하게 하는 정보와 데이터의 추론결과(reasoning) |
| Alavi(1997) | 효과적인 활동을 위해 개체의 능력을 증대시킬 수 있는 검증된 믿음 |
| Demarest(1997) | 지식을 프랙티스(work practice), 실천이 가능한 이론(theories-in-action), 기술장비, 프로세스, 그리고 기업의 종업원들의 휴리스틱(heuristic) 등에 체화된 행동을 가능하게 하는 정보(actionable information)의 집합 |
| Stewart(1997) | 특허, 프로세스, 종업원 능력, 기술, 공급자정보, 경험, 이노베이션이나 활력화를 이룩할 수 있는 개인의 축적된 노하우, 다른 기업과 차별화된 장점을 가져다 줄 수 있는 조직 내 역량 |
| Davenport, Long, Beers(1998) | 지식은 경험, 상황(context), 판단, 사상과 결합된 정보 |

| 연구자 | 지식의 정의 |
|---|---|
| Leonard & Sensiper(1998) | 지식은 당연한 문제와 연관되고 즉시 활용될 수 있는 정보로 경험에 준거한 것 |
| Drucker(1998) | 일하는 방법을 개선하거나 새롭게 개발, 또는 기존의 틀을 바꾸는 혁신을 단행해서 부가가치를 높이는 것 |
| Krogh(1998) | 인지적 관점에서 지식은 분명하고 쉽게 코드화되어 다른 사람에게 이전될 수 있는 형태의 것, 구조적 관점에서의 지식은 이전의 경험, 기분, 느낌 등을 통하여 표현되며 쉽게 다른 사람과 공유하거나 구체화하기 어려운 것 |
| Arthur D. Little(1998) | 종업원의 능력, 브랜드 가치, 배포 채널, 주요 고객과의 관계, 미래의 서비스나 상품 등과 같은 무형의 자산 |
| Ernst & Young(1998) | 사상, 능력, 그리고 가치를 창출할 수 있도록 강화되어지고 이동 가능하게 되어진 정보 |
| KPMG(1998) | 기업의 핵심 사업영역(고객, 시장, 프로세스, 업무규칙)에 대한 경험, 사실, 규칙, 주장, 그리고 개념 |

자료: 연구자가 정리

## (2) 지식과 정보

과거 기업들의 경쟁력의 원천으로 작용했던 제품기술, 공정기술, 재무자원 등은 이제 조직 내 인적자원에 그 자리를 내주고 있고 (Pfeffer, 1994), 지식경영시대에 지속 가능한 경쟁우위를 보장해 줄 수 있는 유일한 요소로서의 지식과 인적자원의 중요성은 결국 인간만이 고유하게 가지고 있는 지식창조의 능력으로 귀착된다. Drucker(1993)도 전통적인 생산의 요소인 토지, 노동, 자본과 더불어 제4의 요소로서 지식을 제시하고, 그것도 나머지 3요소와 동등한 중요성을 갖는 것이 아니라 자본주의 이후 사회(post-capitalist society)의 유일한 중요성을 갖는 요소로서 지식을 강조하고 있다.

이러한 지식(knowledge)과 정보(information)는 일상생활에서는 물론 각종 문헌에서도 개념상의 명확한 구분 없이 혼재되어 사용되는 경우가 많으나 지식경영에 관한 내용을 체계적으로 고찰하고자 하는 본 연구에서는 이들 두 가지의 개념을 구분하여 사용하고자 하며 이러한 지식과 정보에 관하여 살펴보면 다음과 같다.

1990년대에 들어와 기업 내 지식이 핵심 경쟁력이라는 인식이 확산
되면서부터 일부 학자들이 '정보'라는 용어를 '지식'과 구분해서 사용하
기 시작했다. 원래 지식의 사전적 의미는 '원리적 통일적으로 조직화되
어 객관적 타당성을 요구할 수 있는 판단의 체계'(국어대사전, 1992),
또는 '앎의 상태 혹은 사실, 알고 있는 모든 것, 조직화된 정보'(Oxford
사전, 1995)로 정의되고 있다. Nonaka(1995)는 지식을 '정당화된 진실
에 대한 신념'이라고 정의 내리고 있으며, 정보는 인간의 '지'의 흐름
(flow)을 말하고 지식은 축적된 형태(stock)를 의미한다고도 하였다. 그
리고 Nonaka (1994)가 지식을 다층적이고 다면적(multifaced)인 개념
이라고 강조한 것처럼 그 개념을 명확하게 기술하기가 쉽지 않다.
Nonaka 자신도 1988년에 Sloan Management Review에 기고한 논문에
서 지식창조(knowledge creation) 대신에 정보창조(information
creation)라는 용어를 사용한 것만 보아도 이를 확인할 수 있다. 이처럼
정보와 지식이 개념적으로 분리되기 시작한 배경에는 지식의 암묵적
특성이 있다. 즉, 지식은 구조화 및 전이가 어려운 속성을 내포하고 있
기 때문에, 기존에 사용한 '정보'의 개념으로는 이러한 지식의 다양한
속성을 설명하는 데 한계를 인식했기 때문이다. 1990년대 중반 이후 지
식관련 논문을 살펴보면, 정보, 지식 간의 개념구분이 비교적 엄격하게
이루어지고 있음을 알 수 있다(박문수 등, 2001).

Nonaka(1994)는 또한 지식은 단순한 정보와는 달리 믿음이나 약
속에 관한 것이고, 행위에 관한 것이며, 의미(meaning)에 관한 것으
로 규정하면서, 정보와의 차이점을 분명히 했다. Machlup(1983)은
'정보를 지식을 재구성하고 변화시키며 증대시킬 수 있는 의미 또
는 메시지의 흐름'이라고 정의하며, 이 두 가지 개념을 구분하고자
하였다. 또한 Dretske(1981)는 '정보란 지식을 산출하는 일상용품
(commodity)이며, 지식은 정보에 의해 생산되는(또는 유지되는) 신
념(belief)'으로 구분한 바 있다.

일부 학자들도 지식을 다층적으로 구분해서 제시하고 있는데, <그림 2-2>에서와 같이 Saint-Onge(1996)는 지식의 형성 및 활용과 관련하여 데이터, 징보 지식, 지혜의 개념을 의미의 깊이와 해석의 원천이라는 두 가지 차원을 도입하여 단계별로 구분하여 제시하고 있는데, 이는 데이터를 의미 있는 패턴으로 정리하여 정보를 산출하고, 이러한 정보가 타당한 행동기준으로 전환될 때 지식으로서의 의미를 지니게 된다는 것이다. Alee(1997)는 여기에 의미(meaning), 철학(philosophy), 통합(union) 등을 추가로 포함시켜 더욱 세분화시키고 있다. 이렇게 지식을 다층적인 구조로 분류하는 이유는 정보에서 지식, 지혜로 가면 갈수록 의미는 깊어지지만 언어로 형식화하기 어려워지고 전이도 힘들어진다는 점을 보여주기 위한 것이다.

<그림 2-2> 데이터·정보·지식·지혜의 개념

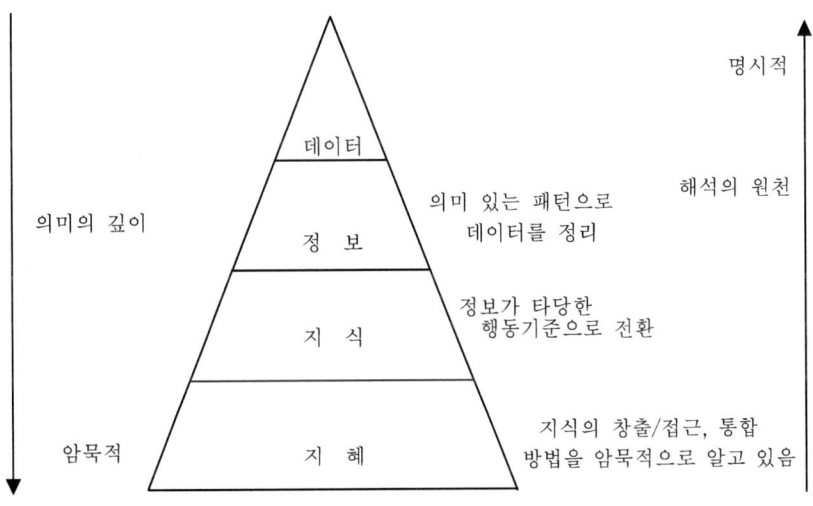

자료: Saint-Onge, op. cit., p.12.

한편 Davenport와 Prusak(1997)은 <표 2-3>에서와 같이 데이터,
정보, 지식의 개념을 비교해서 제시하고 있는데 지식으로 이동할수
록 암묵적 속성이 강해지고 전이가 어려워짐을 알 수 있다. 결국
지식의 개념이 데이터처럼 하나의 객체로서 쉽게 저장되고 전이되
는 단계에서 점점 더 구조화하기 어려운 복잡한 프로세스로 인식되
어 가는 것을 볼 수 있다.

<표 2-3> 데이터, 정보, 지식

| 데이터(data) | 정 보 | 지 식 |
|---|---|---|
| 세계의 상태에 대한 단순한 관찰들 | 관련성과 목적성을 가진 데이터 | 인간의 마음(성찰, 통합, 상황을 포함)에서 나온 가치 있는 정보 |
| －구조화가 용이<br>－기계에 저장<br>－종종 계수화가 용이<br>－전이가 용이 | －분석단위가 요구됨<br>－의미에 대한 공감대 필요<br>－사람의 중재 역할이 필요 | －구조화하기 어려움<br>－기계에 저장 곤란<br>－종종 암묵적임<br>－전이가 어려움 |

자료: Davenport & Prusak, op. cit., p.9.

## (3) 지식의 분류

이와 같이 정보와 구별되는 개념으로서의 지식으로 바라보는 관
점을 본 연구에서도 수용하되, 이를 구체화하기 위해서는 지식의
범주나 유형에 관한 분류에 대한 논의를 좀 더 진행할 필요가 있
다. 이러한 지식의 범주 및 유형에 대한 논의 역시 학자들마다 다
양하게 이루어져 왔다(신원무, 1999).

먼저 지식기반 기업이론 및 조직 연구에서 가장 영향력 있는 범주
유형을 제시한 사람은 Michael Polanyi(1962, 1966)라 할 수 있다.
"우리는 우리가 말할 수 있는 것보다 더 많이 알고 있다"라는 그의
유명한 명제가 표현하고 있듯이, 그는 말이나 수로 표현할 수 있는

지식은 가능한 전체 지식의 빙산의 일각에 불과하다고 주장한다. 그는 인간의 지식을 두 범주로 구분하였다. 명시적(explicit) 지식과 암묵적(tacit) 지식이 그것이나. 전자는 부호화된(codified) 지식으로서 형식적이고, 체계적인 언어로 전달 가능한 지식을 의미한다. 반면에 후자는 개인적인 특성(personal quality)을 지닌 것으로서 형식화하거나 전달하기 매우 힘든 지식을 의미한다. 암묵적 지식은 특수한 맥락에서의 행위, 몰입, 관여에 깊이 뿌리박고 있는데, 여기에는 인지적 요소와 기술적 요소가 모두 포함되어 있다(Nonaka, 1994). 인지적 요소는 개인들로 하여금 외부 세계에 대해 정의하고 인식하는 데 도움을 주는 스키마타(schemata), 패러다임, 신념, 관점과 같은 것을 포함하며, 반면에 기술적 요소들은 특정한 상황에 적용될 수 있는 구체적 노하우, 스킬 등과 같은 것을 의미한다.

Howells(1996)는 암묵적 지식을 '학습된 행동 및 절차에 대한 비공식적 습득을 통해 획득되는, 부호화할 수 없고, 유형화되지 않은(disembodied) 지식'으로 정의하고, 구조화되지 않은 방식의 학습이야말로 이러한 암묵적 지식의 획득/전파에 있어 핵심적인 과정이라고 주장한다.

암묵적 지식에 대한 학문적, 정책적 관심은 크게 두 가지 흐름으로 전개되었다(Howells, 1996). 하나는 기술 변화에 대한 측정을 보다 정확히 하거나 산업 및 기업 성과에 있어서 기술 변화의 역할에 대해 설명하려는 기술혁신연구에서 비롯되었다. 이러한 연구에서 분석적 관점은 기술적·경쟁적 우위를 위해 암묵적 지식에 대한 산업부문 또는 시장의 의존성을 확인하는 보다 거시적인 수준이나 특정 기술 그 자체에 있다.

또 다른 흐름은 기업 성과에 있어 학습이나 지식의 역할, 그리고 변화관리나 기업의 핵심역량에 관한 경영학 연구가 그 주류를 형성하고 있다. 즉 기업의 경쟁적 강점이나 우위는 R&D나 특정 공장의 규모나 설비의 성능과 같은 '연성기술'(soft technology)에 있다는 관심이 부각되고 있다고 할 수 있다(Morgan, 1990).

이 두 연구의 흐름은 기업 경쟁력에 있어 암묵적 노하우나 지식의 역할이 점차 중요하게 부각됨에 따라 상호 교류와 접목이 보다 활발해 지고 있다는 것을 의미한다. 이미 앞 절에서 논의했던 경쟁우위의 원천으로 작용하는 자원의 이질성, 모방곤란성, 대체 불가능성 등의 특성은 바로 이 지식의 암묵성에 기인하는 바가 매우 크므로 암묵적 지식은 기업 조직의 지식경영에 있어 간과해서는 안될 전략적 관리의 대상이라 할 수 있다.

본 연구에서는 경영 활동과 관련된 지식을 분류함에 있어 이재환과 김영걸(2001)의 분류방식인 표현방식에 따른 분류, 생성과정에 따른 분류, 내용에 따른 분류 등의 분류방법을 사용하고자 하며 그 내용은 다음과 같다.

첫째, 지식의 표현방식에 따른 지식의 분류는 지식에 대한 가장 일반적인 분류로 이는 암묵지(tacit knowledge)와 형식지(explicit knowledge)로 구분하는 방법이 있다(Polanyi, 1996; Nonaka et al., 1998). 암묵지의 표현 가능성에 대해 Polanyi(1996)는 전문가에 의해서도 완전하게 표현될 수 없는(cannot be explicated fully) 지식이라고 본 반면에 Nonaka는 암묵지를 외재화되어 형식지로 변환가능한 대상으로 보았다. 이러한 두 가지 주요한 논의를 종합하여 볼 때 머리 속에만 있다고 해서 전부 암묵지가 아니라 Polanyi의 정의처럼 형식지화할 수 없는 것은 암묵지이고, Nonaka의 주장대로 형식지화할 수 있는 것은 잠재지(implicit knowledge)라 하여 제3의 지식유형을 제안하였다. 또한 이를 바탕으로 지식을 표현 방식에 따라 암묵지(tacit knowledge)와 잠재지(implicit knowledge), 형식지(explicit knowledge)로 나누었다. 암묵지는 '인간의 언어나 수식 또는 기타 구조적인 형태로 표현하기 불가능한 지식'으로 정의되며, 잠재지는 '형식지화 할 수 있으나 아직 형식지로 표현되지 않은 지식'이다. 그리고 형식지는 '인간의 언어나 수식 또는 기타 구조적인 형태로 표현되어 있는 지식'으로 정의할 수 있는데, 이와 같이 지식의 표현방식에 따른 분류를 정리하면 <표 2-4>와 같다.

<표 2-4> 지식의 표현방식에 따른 분류

| 분 류 | 정 의 |
|---|---|
| 암묵지 | 인간의 언어나 수식 또는 기타 구조적인 형태로 표현하기 불가능한 지식 |
| 잠재지 | 형식지화 할 수 있으나 아직 형식지로 표현되지 않은 지식 |
| 형식지 | 인간의 언어나 수식 또는 기타 구조적인 형태로 표현되어 있는 지식 |

자료: 이재환, 김영걸, "조직 내 분석지 생성 영향요인에 대한 탐색적 사례연구", 지식경영연구, 제2권, 제1호, 2001, p.27.

둘째, 지식을 생성과정에 따라 분류하면, 경험지(experiential knowledge)와 분석지(analytical knowledge)로 나눌 수 있다. 경험지는 업무수행을 통한 반복적인 경험으로부터 나온 것이며, 분석지는 객관적인 데이터 및 정보의 분석에서 나온 지식을 말한다. 이에 따라 경험지는 '업무 수행 과정에서 반복적 경험과 시행착오를 거쳐 축적한 지식'으로 정의되며 이는 사실지(fact, know-what)와 방법지(know-how)로 나뉘어 진다. 또한 분석지는 '업무 수행 과정에서 축적된 기업의 데이터와 정보를 분석하여 추출한 지식'으로 정의할 수 있으며 다시 유형지(pattern)와 모형지(model)로 나눌 수 있다. 이와 같은 지식의 생성과정에 따른 분류를 정리하면 <표 2-5>와 같다.

<표 2-5> 지식의 생성과정에 따른 분류

| 분 류 | | 정의 및 상세분류 |
|---|---|---|
| 경험지 | 정 의 | 업무 수행 과정에서 반복적 경험과 시행착오를 거쳐 축적한 지식 |
| | 상세분류 | 사실지(fact, know-what), 방법지(know-how) |
| 분석지 | 정 의 | 업무 수행 과정에서 축적된 기업의 데이터와 정보를 분석하여 추출한 지식 |
| | 상세분류 | 유형지(pattern), 모형지(model) |

자료: 이재환, 김영걸, 상게서, p.28.

셋째, 지식의 내용에 따른 분류로서, Anderson(1980)은 ACT모형에서 지식을 선언적 지식(declarative knowledge)과 절차적 지식(procedural knowledge)으로 구분하였다. 선언적 지식은 명제의 형태로 표현되는 것으로 사실(fact)과 사물(thing)에 관한 지식이다(Anderson, 1980). 절차적 지식은 다양한 인지적 활동을 수행하는 방법 또는 어떤 행위의 절차에 관한 지식이며, 방법적 지식 또는 'knowing how'로 볼 수 있다. 절차적 지식은 해결하고자 하는 문제의 성격에 따라 명시적 또는 암묵적 형태를 가지며, 특정 문제 해결을 위한 작업 수행 단계들로 이루어지는데 이러한 지식의 내용에 따른 분류를 정리하면 아래의 <표 2-6>과 같다.

<표 2-6> 지식의 내용에 따른 분류

| 분 류 | 정 의 |
|---|---|
| 선언적 지식 | 명제의 형태로 표현되는 것으로 사실(fact)과 사물(thing)에 관한 지식 |
| 절차적 지식 | 다양한 인지적 활동을 수행하는 방법 또는 어떤 행위의 절차에 관한 지식 |

자료: 이재환, 김영걸, 전게서, p.28.

지금까지 논의된 지식의 분류를 요약하여 정리하면 다음의 <표

2-7>과 같다.

본 연구에서는 이러한 지식의 분류방법을 기초로 조직에서 경영 가능한 지식의 범위를 형식지, 잠재지, 경험지, 분석지, 선언적 지식, 절차적 지식 등을 포괄하되, 암묵지의 경우에는 관리 가능한 전문 가의 지식으로 한정키로 한다.

<표 2-7> 지식의 분류 요약

| 구분기준 | 유 형 |
|---|---|
| 지식표현방식 | 암묵지(tacit knowledge)<br>잠재지(implicit knowledge)<br>명시지(explicit knowledge) |
| 지식생성과정 | 경험지(experiential knowledge)<br>분석지(analytical knowledge) |
| 지식의 내용 | 선언적 지식(declarative knowledge)<br>절차적 지식(procedural knowledge) |

자료: 이재환, 김영걸, 전게서, p.28.

아래의 <표 2-8>은 이러한 지식에 대한 이해를 돕기 위하여 제 시된 내용으로 지식의 형태와 성격을 보여주고 있다.

<표 2-8> 지식의 내용

| 지식의 형태 | 사 례 | 객관성<br>여부 | 주관성<br>여부 |
|---|---|---|---|
| 개인이 마음속에 가지고 있는 신념 | 의 견 | | O |
| 집단구성원이 공동으로 지니는 신념 | 업무프로세스 | | O |
| 조직구성원이 공동으로 지니는 신념 | 기업전략 | | O |
| 기록 형태로 표현된 주장 | 보고서 | O | |
| 컴퓨터로 표현된 주장 | 전자우편 | O | |
| 시청각으로 표현된 주장 | 다큐멘터리 | O | |
| 개인의 구술에 의한 표현 | 강 연 | O | |

자료: W. M. McErloy, The New Knowledge Management, NY: MCI Press, 2005, p.19.

## (4) 지식경영의 의의

인식론의 학문대상이었던 지식이 기업에 중요한 의미를 지니게 된 과정에는 여러 학문이 관련되어 있다. March와 Agyris로 대표되는 조직학습(Organizational Learning)이론, Nelson과 Winter로 대표되는 진화경제학(Evolutionary Economics), Prahalad와 Hamel로 대표되는 조직 능력과 우위(Organizational Capabilities and Competences)이론, 그리고 Teece, Clark, Handerson 등으로 대표되는 혁신과 신상품개발(Innovation and New Product Development)이론 등이 조직의 지식을 논하면서 지식경영 이론의 성립에 중요한 밑바탕이 되었다(Grant, 1997).

지식경영이란 개념은 1986년 유엔국제노동기구(International Labor Organization: ILO)가 후원하여 열린 유럽경영컨퍼런스에서 'Management of knowledge: perspectives of a new opportunity'를 주제로 채택하면서 국제 사회에 본격적으로 등장하기 시작하였고, 1990년대 경영학자들도 세계 초일류기업들에 대한 면밀한 분석 결과 그들이 다른 기업에 비해 높은 성과를 거두고 있는 이면에는 효과적인 지식관리시스템이 있음을 발견하고 이를 '지식경영(Knowledge Management)'으로 명명하기도 하였다.

이러한 지식경영(knowledge management)은 크게 지식경영과 지식관리로 해석되어질 수 있다. 지식경영으로 해석되는 경우는 'knowledge-based management'의 의미로 이는 지식을 기반으로 하여 이를 전략적으로 활용하여 경쟁우위를 창출(유지)하는 제반 경영 활동을 말한다. 이러한 의미로 본다면 지식경영은 결국 조직이 지니는 지적자산 뿐만 아니라 구성원 개개인의 지식이나 노하우를 체계적으로 발굴하여 조직내부의 보편적인 지식으로 공유하고, 이를 활용하여 조직 전체의 경쟁력을 향상시키는 경영이론이라 정의할 수 있다. 반면에 지식관리로 해석되는 경우에는 'knowledge-resource management'의 의미로 조직의 지식자원을 관리하는 제반 경영활동을 가리킨다(정동섭 등, 2002).

그러나 이러한 지식경영은 기존의 경영이론들에서 그 개념이 이어져온 것이지 전혀 새로운 내용으로 구성된 이론은 아니다(Shana, et al., 1998). 그리고 지식경영에 대한 개념 정의나 이론들은 다양하게 존재하지만 이는 새로운 경영이론이나 혁신적인 새로운 경영기법이라기보다는 기존 경영이론의 개념을 수용하고 포괄하는 성격을 지닌다고 할 수 있다(삼성경제연구소, 1999). 따라서 지식경영은 전혀 새로운 개념이라기보다는 기존의 경영이론에서 나온 개념들이 진보되어 나타난 것으로 보는 것이 타당할 것이다.

그리고 이러한 지식경영에 대하여 많은 학자들이 정의를 내리고 있으나(Wiig, 1997; Carayannis, 1998; Wielinga et al., 1997), 아직까지 학계에서 일반적으로 수용되는 지식경영의 정의는 존재하지 않는다고 할 수 있다(Earl and Scott, 1999). 지식경영에 대한 주요 연구자들의 정의를 종합적으로 살펴보면 다음과 같다.

Tichy & Sherman(1993)은 지식경영이란 '조직이 지니는 지적자산 뿐만 아니라 구성원 개개인의 지식이나 노하우를 체계적으로 발굴하여 조직내부의 보편적인 지식으로 공유하고, 이의 활용을 통해 조직 전체의 경쟁력을 향상시키는 경영이론'이라고 정의하였고, Nonaka(1995)는 지식경영이란 '조직적 차원에서의 지식은 물론 개개인의 지식을 체계적으로 발굴하여 기업 내부에 축적하고 이 지식을 기업의 경쟁력 제고를 위해 활용하는 경영을 의미한다'라고 정의하였다.

그리고 Prusak(1995)은 지식경영은 '단순히 데이터나 정보를 저장하고 처리하는 것이 아닌 개인에게 산재되어 있는 자산인 지식을 인식하고 이를 조직 구성원의 의사결정에 이용할 수 있도록 자산화하는 것'이라고 정의하였고, Sveiby (1996)는 지식경영이란 '우수한 인력을 유치하고 보유하는 일, 고객을 끄는 일, 자사의 역량을 고객의 요구에 맞추는 일 등 무형의 자산을 최대한 활용하여 새로운 가치를 창출하는 것'이라고 설명하였다.

또한 APQC(1996)는 지식경영이란 '지식을 창출하고, 발굴하고, 모으고, 개조하고, 구성하고, 응용하고, 공유하는 것'이라고 정의하였고, O'Dell(1996)은 지식경영이란 '가치를 창조하는 지식을 찾고, 이해하고, 사용하는 체계적인 접근'이라고 정의하였다.

그리고 Malhotra(1997)는 지식경영이란 '예측할 수 없을 정도로 급변하는 경영환경 속에서 기업의 생존과 경쟁력을 갖추는 경영으로 정보기술로써의 데이터, 정보의 가공능력과 인간의 창조적 혁신능력을 통합해 가치창조의 극대화를 추구하는 기업의 조직적 프로세스'라고 설명하고 있으며, 지식경영의 이론적 기초와 실천적 방법론 개발에 관한 많은 연구를 하고 있는 Wiig(1997)는 지식경영이란 '기업의 지식관련 경영활동의 효과성을 극대화하고, 지식자산으로부터의 최대의 부가가치를 창출하기 위하여 지식을 창출, 갱신, 적용하는 일련의 체계적이고 명시적이며 의도적인 활동'으로 정의하였다.

또한 Beckman(1997)은 지식경영을 통해 산출될 수 있는 가능성에 초점을 두고 파악한 정의로서 지식경영이란 '새로운 조직적 역량을 창출하고, 구성원의 높은 업무성과를 가능케 하며, 혁신적 활동을 촉진시키는 동시에, 고객가치를 제고시킬 수 있도록 구성원의 경험과 지식, 전문성을 공식화시키는 것이며, 아울러 지식에 보다 자유롭게 접근하여 쉽게 활용할 수 있도록 추진되는 활동'이라고 정의하였다.

Quintas 등(1997)은 지식경영이란 '이미 발생하여 현존하는 필요를 충족시키기 위해 존재하고 획득한 지식자산을 규명하고 개발하기 위해 그리고 새로운 기회를 개발하기 위해 지속적으로 모든 종류의 지식을 관리하는 프로세스'라고 정의하였고, Van der Spek & Spijkervet(1997)는 지식경영을 '기업의 목표를 달성하기 위하여 기업 내의 암묵지와 형식지를 확인하고, 획득하며, 조직화하고, 축적하며, 공유하고, 이를 적용하는 일련의 체계적인 절차'라고 정의하였다.

또한 Hibbard(1997)는 지식경영이란 '다양한 곳에 내재된 기업의 집합적 전문지식을 획득하고, 가장 큰 성과를 낼 수 있는 곳에 배포하는 과정'이라고 정의하였고, Ruggles(1998)는 지식경영을 '조직 내부 또는 많은 경우 조직외부에 있는 노하우나 경험, 판단을 활동적으로 견인(leverage)함으로써 가치를 증가시키거나 창조하는 접근'으로 정의하였다.

그리고 Davenport(1998)는 '지식창고를 구축하여 지식활용을 용이하게 촉진시킴으로서 지식을 조직의 자산으로 관리하는 것'이라고 지식경영을 정의하였으며, Holtshouse(1998)는 지식경영이란 '지적자본을 실용적인 가치로 전환시키는 과정으로서 각 조직구성원들의 지식을 획득, 창출, 그리고 공유하여 지식의 가치를 극대화시키는 것'으로 정의하였다.

또한 KPMG(1998)에서는 지식경영이란 '조직 내에서 지식을 저장하고 사용하는 능력을 지식을 사용하여 성과를 향상시키도록 변화하려는 체계적이고 조직적인 시도'라고 정의하였고, Hary Srinivas (1999)는 지식경영을 '필요하고 요구되는 지식을 확인, 분석하여 조직목적에 기여할 수 있도록 지식자산(knowledge asset)을 계획하고 관리하는 것으로 이를 축적, 체계화, 전환, 보급 등의 순환과정을 통해 기업에 공헌되는 것'이라고 정의하였으며, Gartner Group(1999)에서는 지식경영을 '기업의 정보와 자산을 창조, 획득, 조직화, 이용 및 활용하기 위한 통합된 접근방법'이라고 정의하였다.

그리고 Price Waterhouse Coopers(1999)는 지식경영을 '기업의 자산으로써의 지식의 중요성을 인식하고 이를 활용하는 것'이라고 정의하였다.

이처럼 지식경영에 대한 정의는 학자마다 다를 수 있지만 한 가지 공통적인 것은 바로 지식경영의 핵심은 지식이라는 눈에 보이지 않는 무형자산에 기초한다는 점이고 아울러 이러한 지식은 정태적인 것이 아니고 생성, 축적, 공유, 활용, 학습이라는 일련의 순환과정을 갖는 동적인 플로우(flow) 개념이라는 사실도 주목할 만하다(이건창 등, 1999; 이건창 & 권순재, 2001). 그리고 지식경영에 대한 제 연구자의 다양한 정의에도 불구하고 기존 경영이론의 개념을 포괄하는 특성을 보이고 있다. 즉, 지식경영은 지식을 획득하고, 획득된 지식을 활용하여 새로운 부가가치를 창출하는 모든 경영활동을 말하는 것으로 이는 보유하고 있는 지식의 활용이나 새로운 지식의 창출을 통해 수익을 올리거나 미래에 수익을 올릴 수 있는 역량을 구축하는 일체의 활동을 의미한다. 또한 지식경영의 목적은 기업이 지식을 습득하고 공유하며, 활용하는 과정 속에서 수익과 전략적인 경쟁우위를 확보하는 데 있다는 점이다(Drucker et al., 1999, http://www.grapevine.com).

본 연구에서는 이러한 기존 연구 결과들을 바탕으로 지식경영을 '조직에서 지식을 활용하여 경쟁우위를 확보하고 가치를 창조해 나가는 일련의 경영활동'으로 정의하기로 한다. 또한 본 연구에서는 지식경영(knowledge management)의 개념을 'knowledge-based management'의 의미로 해석함으로써 지식을 기반으로 하여 이를 전략적으로 활용함으로써 경쟁우위를 창출(유지)하는 제반 경영 활동을 의미하는 개념으로 정리하고 연구를 진행시키고자 한다. 그 이유는 지식경영은 결국 조직이 지니는 지적자산 뿐만 아니라 구성원 개개인의 지식이나 노하우를 체계적으로 발굴하여 조직내부의 보편적인 지식으로 공유하고, 이를 적극적으로 활용하여 조직 전체의 경쟁력을 향상시키는 경영이론의 특성을 지니고 있는 것으로 파악하기 때문이다. 그리고 기존의 제 정의를 토대로 지식경영을 크게 조직의 지식을 자산화 한다는 관점, 지식의 생성, 축적, 공유, 활용의 과정이라는 순환적 관점, 지식을 통한 경쟁우위의 확보의 관점 등으로 범주화하고자 한다.

이와 같이 연구의 관점에 따라서 다양한 의미로 해석되고 있는 지식경영에 대한 연구자별 정의를 요약해 보면 <표 2-9>과 같다.

<표 2-9> 지식경영의 정의 요약

| 연구자 | 지식경영의 정의 |
|---|---|
| Tichy & Sherman(1993) | 조직이 지니는 지적자산 뿐만 아니라 구성원 개개인의 지식이나 노하우를 체계적으로 발굴하여 조직내부의 보편적인 지식으로 공유하고, 이의 활용을 통해 소식 선체의 경쟁력을 향상시키는 경영이론 |
| Nonaka(1995) | 조직적 차원에서의 지식은 물론 개개인의 지식을 체계적으로 발굴하여 기업내부에 축적하고 이 지식을 기업의 경쟁력 제고를 위해 활용하는 경영을 의미 |
| Prusak(1995) | 단순히 데이터와 정보의 저장과 처리가 아니라, 개인에게 산재되어 있는 자산인 지식을 인식하고 이를 조직 구성원의 의사결정 등에 이용할 수 있도록 자산화 하는 것 |
| Sveiby(1996) | 우수한 인력을 유치하고 보유하는 일, 고객을 끄는 일, 자사의 역량을 고객의 요구에 맞추는 일 등 무형의 자산을 최대한 활용하여 새로운 가치를 창출하는 것 |
| APQC(1996) | 지식을 창출하고, 발굴하고, 모으고, 개조하고, 구성하고, 응용하고, 공유하는 것 |
| O'Dell(1996) | 가치를 창조하는 지식을 찾고, 이해하고, 사용하는 체계적인 접근 |
| Malhotra(1997) | 예측할 수 없을 정도로 급변하는 경영환경 속에서 기업의 생존과 경쟁력을 갖추는 경영으로 정보기술로써의 데이터, 정보의 가공능력과 인간의 창조적 혁신능력을 통합해 가치창조의 극대화를 추구하는 기업의 조직적 프로세스 |
| Wiig(1997) | 기업의 지식관련 경영활동의 효과성을 극대화하고, 지식자산으로부터의 최대의 부가가치를 창출하기 위하여 지식을 창출, 갱신, 적용하는 일련의 체계적이고 명시적이며 의도적인 활동 |
| Beckman(1997) | 새로운 조직적 역량을 창출하고, 구성원의 높은 업무성과를 가능케 하며, 혁신적 활동을 촉진시키는 동시에, 고객가치를 제고시킬 수 있도록 구성원의 경험과 지식, 전문성을 공식화시키는 것이며, 아울러 지식에 보다 자유롭게 접근하여 쉽게 활용할 수 있도록 추진되는 활동 |
| Quintas 등(1997) | 이미 발생하여 현존하는 필요를 충족시키기 위해, 존재하고 획득한 지식자산을 규명하고 개발하기 위해 그리고 새로운 기회를 개발하기 위해 지속적으로 모든 종류의 지식을 관리하는 프로세스 |
| Van der Spek & Spijkervet(1997) | 기업의 목표를 달성하기 위하여 기업 내의 암묵지와 형식지를 확인하고, 획득하며, 조직화하고, 축적하며, 공유하고, 이를 적용하는 일련의 체계적인 절차 |

| 연구자 | 지식경영의 정의 |
|---|---|
| Hibbard(1997) | 다양한 곳에 내재된 기업의 집합적 전문지식을 획득하고, 가장 큰 성과를 낼 수 있는 곳에 배포하는 과정 |
| Ruggles(1998) | 조직내부 또는 많은 경우 조직외부에 있는 노하우나 경험, 판단을 활동적으로 레버리지 함으로써 가치를 증가시키거나 창조하는 접근 |
| Davenport(1998) | 지식창고를 구축하여 지식활용을 촉진시킴으로서 지식을 자산으로 관리하는 것 |
| Holtshouse(1998) | 지적자본을 실용적인 가치로 전환시키는 과정으로서 각 조직구성원들의 지식을 획득, 창출, 그리고 공유하여 지식의 가치를 극대화시키는 것 |
| KPMG(1998) | 조직 내에서 지식을 저장하고 사용하는 능력을 지식을 사용하여 성과를 향상시키도록 변화하려는 체계적이고 조직적인 시도 |
| Hary Srinivas (1999) | 필요하고 요구되는 지식을 확인, 분석하여 조직목적에 기여할 수 있도록 지식자산(knowledge asset)을 계획하고 관리하는 것으로 이를 축적, 체계화, 전환, 보급 등의 순환과정을 통해 기업에 공헌되는 것 |
| Gartner Group (1999) | 기업의 정보와 자산을 창조, 획득, 조직화, 이용 및 활용하기 위한 통합된 접근방법 |
| Price Waterhouse Coopers(1999) | 기업의 자산으로써의 지식의 중요성을 인식하고 이를 활용하는 것 |

자료: 연구자가 정리

## 2. 지식경영의 필요성

21세기 조직의 가장 중요한 자산은 지식근로자와 그들의 생산성이다. 다시 말하면 지식에 근거한 지식근로자가 성과를 좌우하게 되는데 이와 같은 지식근로자의 지식이 중요한 이유는 지식이 지식경영시대에 지속 가능한 경쟁우위를 보장해 줄 수 있는 유일한 요소이기 때문이다(Drucker, 1999). 과거 기업들의 경쟁력을 좌우했던 제품기술, 공정기술, 재무자원 등은 이제 조직 내 인적자원에 그 자리를 내주고 있고(Pfeffer, 1994), 인적자원의 중요성은 결국 인간만이 고유하게 갖고 있는 지식창조의 정신적인 능력에 귀착된다. 이처럼 Drucker

(1993)는 전통적인 생산의 3요소인 토지, 노동, 자본과 더불어 지식을 제4의 요소로 제시하고 그것도 나머지 3요소와 동등한 중요성을 갖는 것이 아니라 자본주의 이후의 사회(post-capitalist society)에서 지식만이 유일한 중요성을 갖는 요소라고 강조하고 있다.

기업에서 이와 같은 지식경영을 시행하는 주된 목적은 지식의 생성이나 축적 그 자체가 아니라 경쟁우위 확보나 성과 증대, 또는 부가가치 창출 등 조직유효성을 향상시키기 위해서이다. 한편 국내에서도 이러한 지식경영이 갑자기 큰 관심사가 된 이유는 고비용, 고임금, 고지가의 현상에서 경영상의 어려움을 겪고 있는 우리 기업에게는 지식자원을 이용하는 것이 글로벌 환경에서 경쟁력을 되찾기 위해 절실하게 필요했기 때문일 것이다. 지식경영의 필요성이 제기되고 있는 이유들을 좀 더 구체적으로 살펴보면 다음과 같다 (이순철, 1999).

첫째, 비슷한 유형의 자산을 갖고 있을지라도 지식과 같은 무형자산을 더 잘 활용하면 기업과 조직의 성과가 크게 차이날 수 있다.

둘째, 다운사이징(downsizing)이나 구조조정으로 지식을 갖고 있던 구성원들의 이직이 늘어나게 되었다. 즉, 원가절감을 위하여 조직구성원을 퇴직시켰으나 그 결과 지식근로자들이 부족해져 이들을 다시 채용해야만 하는 악순환이 많이 발생하고 있다. 개인이 갖고 있는 지식을 조직의 지식으로 승화시키지 않으면, 개인의 이직에 따라 지식이 사라지게 되므로 조직은 이를 방지할 수 있어야 한다.

셋째, 정보기술에 대한 투자로 지식경영을 위한 인프라 환경이 갖추어졌다. 정보기술의 발달로 비용이 감축되고 더 편리해 짐에 따라 정보기술의 이용이 생활화되고 있다. 특히 월드 와이드 웹(world wide web)의 등장은 지식경영의 인프라를 더욱 고도화 시켰다.

넷째, 한 곳에서 습득한 지식을 다른 곳에서 이용하지 못함에 따른 비효율을 제거하는 것이 필요하게 되었다. 즉, 어느 특정 부문에만 존재하거나 개인이 갖고 있는 지식을 전사적으로 공유해야만 한다.

다섯째, 새로운 문제에 대한 새로운 해결책의 고안이 필요하다. 환경의 변화, 기술의 변화, 고객 욕구(needs)의 변화로 과거와의 단절, 즉 불연속성의 시대에 접어듦에 따라 기업의 업무방식도 새로운 형태로 전환되어야 한다. 게임의 규칙이 바뀜에 따라 과거의 업무방식을 고집하는 것은 파멸의 지름길이 될 수 있으므로 지식을 이용한 새로운 업무방식이나 새로운 상품개발이 필요하다.

여섯째, 이미 존재하는 지식을 다시 창출하는 것을 방지하기 위한 벤치마킹과 같은 기법들이 개발되었다. 기업 내의 다른 부분이나 다른 업체의 탁월한 업무방식을 배우는 베스트 프랙티스(best practice)나 벤치마킹 방법론이 활성화되었으며 벤치마킹을 전문적으로 수행하는 컨설팅 업체들도 존재하게 되었다. 이에 따라 지식의 공유나 전이를 체계적으로 수행할 수 있게 되었다.

일곱째, 글로벌화로 인해 더 이상 지리적 위치의 장점을 유지할 수 없게 되었다. 지역의 소매상도 이제는 글로벌 기업인 월마트와 같은 기업들과 전면적인 경쟁이 필요한 시점이다. 따라서 소규모 기업도 이제는 지식경영이 필요하게 되었다.

여덟째, 정보화 시대의 고객들은 풍부한 정보와 이에 따른 엄격한 기준을 갖고 상품과 서비스를 평가하고 있다. 고객은 자신이 갖고 있는 기준으로 이를 만족하는 상품과 서비스를 판단하게 되므로 수동적인 상품과 서비스의 판매에는 한계가 있기 마련이다. 고객에게 가치를 창출하는 경영이 이루어져야 한다. 즉, 상품이나 서비스를 파는 시대에서 고객에게 맞는 토털 솔루션(total solution)을 판매하는 지식사회로 접어든 것이다.

아홉째, 지식근로자의 공동작업이 필요하다. 단순하게 고객과의 접점에서 상냥한 태도로 고객을 맞이하는 것 이상의 작업이 이루어져야 한다. 주문처리의 효율을 높이기 위해서는 지식을 이용하여 원가를 감축하고, 스피드를 향상시키고, 고객의 욕구를 더 정확하게 만족시키는 제반 활동들이 모두 개선되어야 하며, 이를 위해서는 주문처리에 관련된 마케팅, 판매, 생산, 구매, 유통, 개발 부문들의 전사적인 협력이 필요하다.

열째, 경영혁신 기법들의 효과를 가시회하는 것이 필요하다. 과거의 경영혁신 운동은 실패로 끝나는 경우도 많이 발생했다. 비즈니스 리엔지니어링(business reengineering)과 같은 기법을 통해 시간절감을 이룩하더라도 시간절감이 수익으로 또는 비용절감으로 연결되지 못하면 비즈니스 리엔지니어링은 실패한다. 예를 들어, 한 기업에서 비즈니스 리엔지니어링을 통해 판매사원의 관리업무를 축소하여 하루 2시간가량의 시간절감을 이룩하여 과거보다 2시간 먼저 퇴근하게 되었다. 이 기업의 사장은 절감된 2시간을 이용하여 다른 고객들을 더 방문하거나 새로운 시장을 창출하기를 원한다. 이런 경우 시간절감이 지식의 공유로 전환될 수 있도록 하는 것이 필요하다. 즉, 지식경영은 다른 경영혁신 기법들과 병행하여 실시될 수도 있다. 이와 같은 이유들 때문에 지식경영이 필요한 것이다.


# 3. 지식경영의 배경이론

## (1) 자원기초이론

### ① 개  념

자원기초이론(resource-based theory)은 1990년대에 들어와 그 연구가 본격화되기 시작한 이론으로, 이론의 발전단계상 핵심적인 기업자원의 유형을 구분하고 확인하는 연구가 주요 과제가 되고 있다 (장세진, 1997).

이와 같은 자원기초이론에서 자원은 생산적인 기업 활동에 공헌할 수 있는 기업이 보유한 유형적·무형적인 요소들을 총칭하는데,

특히 다른 경쟁기업들이 쉽게 보유할 수 없는 그 기업만의 특유한 속성을 지닌 요소를 말하는 것으로서 이는 기업에게 지속적인 경쟁우위를 제공해 줄 수 있는 것을 의미한다(Miller & Shamise, 1996).

이러한 자원의 속성에 대해서도 자원기초이론 연구자들은 다양하게 논의하여 왔으나 이는 크게 4가지 속성으로 집약되고 있다. 자원기초이론 관점에서 경쟁우위를 창출할 수 있는 자원은 그 기업이 우위를 확보할 수 있는 가치(이익)를 창출하거나 손실을 방지하는 잠재력을 갖고 있으며(가치성: valuable), 현재 및 잠재적인 경쟁상황에서 소수의 기업만이 보유하며(희소성: rare), 모방하기가 쉽지 않으며(불완전 모방성: imperfect imitable), 대체가 쉽지 않다는(대체곤난성: nonsubstituable) 속성을 지녀야 한다(Barney, 1991).

기업자원의 요건에 대해서 Barney(1991)가 제시한 위의 네 가지 속성을 논의하는 연구들이 많이 있지만, 실증 연구들에서는 모방곤란성이나 이동곤란성의 어느 한가지에만 초점을 두는 경우가 있다. 특히 Miller & Shamise(1996)는 모방곤란성이 가장 중요하다고 주장한다. 즉 자원이 이익 산출과 손실방지력의 가치를 갖고 있어야 하지만 다른 기업들도 그러한 자원들을 갖고 있을 만큼 일반적으로 입수가능성이 높으면 특별한 경쟁우위를 중화시키고 자원의 가치성을 무기력하게 만들 것이므로 무엇보다 자원은 창조하기가 어렵거나, 구매하기가 어렵거나, 대체하기가 어렵거나, 모방하기가 어려워야 하는데 이것이 자원기초관점의 핵심적인 주장이라는 것이다. 이에 Miller & Shamise(1996)는 기업자원의 속성 중 모방곤란성을 강조하여 법적인 보호를 받는 재산베이스(법적보호장벽) 자원과 법적으로 보호를 받지는 않더라도 지식으로 축적되어 모방장벽의 역할을 하는 지식베이스(지적보호장벽) 자원을 기업자원으로 유형화하는 실증연구를 수행하였다.

한편 지식경영의 이론적 기초가 되는 핵심적인 이슈(issue)이자 경영전략의 큰 흐름으로 형성되고 있는 자원기초이론의 근거를 제공한 Penrose(1959)는 기업성장론에서 기업이 존재하는 이유를 조직내부에서 보유하고 있는 자원들의 상호작용에 의한 학습을 통해서 새로운 가치를 창조할 수 있기 때문이라고 보고 있다. 아래의 인용문은 Penrose의 이론을 축약적으로 설명해 준다.

'사람들이 어느 기업에서 일할 때, 그들이 다른 동료들과 함께 일하는 방법이나 어느 특정 작업환경 속에서 최선의 작업방법에 대한 지식을 통해서 훨씬 가치 있는 활동을 영위한다'(Penrose, 1959).

이후 Wernerfelt(1984)를 비롯한 전략경영학자들에 의해 Penrose의 이론은 자원기초이론으로 발전하게 되었고 Prahralad & Hamel(1990)에 의해 핵심역량(core competence)이라는 개념이 제시되면서 동 이론이 학계와 실무계에 급속도로 확산되었다. 특히 근래에는 기업 내에 축적된 지식자원이 경쟁력의 원천임을 강조하면서 기업을 '지식자원의 집합체'로 규정하는 연구들이 나타나게 되었는데 그러한 연구자들의 대표적인 예가 Kogut & Zander(1992)이다. 이들은 기업을 개별 구성원들이 서로 보유지식을 공유하고 이전하는 장소로 정의하고, 이러한 지식공유와 이전활동을 통해 새로운 가치를 창출하고자 기업이 존재하는 것이라 보고 있다. Kogut & Zander의 이론은 독창적인 것이라기보다 자원기초이론에서 제시되어온 '기업 내 자원들의 새로운 결합을 통해 기업 특유의 경쟁력 원천이 만들어진다'는 명제에 기초하고 있다. 단지 이전의 학자들이 타 기업에 의한 모방이 어려운 유무형 자원의 중요성을 강조한 것에 비해, 구체적으로 지식자원을 가장 중요한 자원으로 부각시킨 데 의의가 있다(권석균, 1999).

요약하면 자원기초이론은 자원기반관점(RBV: resource-based view)에서 기업의 전략적 자산이란 희소하고, 가치 있고, 쉽게 모방이 불가능하며, 대체할 수 없는 것이어야만 전략적 자산으로서의 모든 조건을 갖추게 된다는 것이고(Peteraf, 1993; Michalisn et al., 1997; Wernerfelt, 1984), 지식경영의 도래와 함께 이제는 지식이 단

하나의 진정한 전략적 자산으로 인정을 받아가고 있다는 것이다 (Hamel, 1998).

② 전략적 자산으로서의 지식

자원기반관점에서는 기업이 보유하는 자원은 주어진 시장 내에서 기업이 지속적인 경쟁력을 보유하고 성과를 거둘지 여부를 결정할 수 있다. 이처럼 기업이 보유하는 자원은 전략적 자산과 비전략적 자산 두 가지 자산으로 나누어진다. 비전략적 자산으로는 기업이 장기적 성공을 거두지 못한다. 지속적인 경쟁우위와 성공은 오로지 전략적인 자산에서 비롯되며 이를 그림으로 표현하면 <그림 2-3>과 같다.

<그림 2-3>이 나타내고 있는 바는 또한 전략적 자산이란 희소하고, 가치 있고, 모방이 불완전하며, 대체할 수 없다는 4가지 특성이 결합된 것으로 정의된다는 점이다. 그리고 이러한 전략적 자산은 기업이 시장에서 새로운 기회를 개척하거나 경쟁자의 위협에 의하여 방해를 받을 때 이 자원은 가치가 있게 된다. 동일 산업의 전체 기업 중 극소수의 기업만이 그것을 소유하고 있다면 그 자원은 희소성이 있다고 볼 수 있는 것이다. 또한 경쟁자들의 모방이나 획득이 장기간 불가능하게 지속된다면 그것은 모방이 불완전한 것이다. 마지막으로, 전략적으로 그와 견줄만한 대등한 것이 없을 때 이는 대체가 불가능한 것이다.

또한 모든 유형자산은 모방하거나 획득할 수 있기 때문에 전략적 자산이 아니다. 따라서 보다 높은 품질의 자산은 무형으로 존재한다. 자원기반관점은 또한 두 가지 가징 하에서 적용되는데 이는 경쟁이 존재한다는 사전 조건(ex-ante)과 경쟁우위가 지속되는 사후 조건(ex-post)을 동시에 갖는다(Wernerfelt, 1984; Michalisn et al., 1997; Perteraf, 1993)는 점이다.

이러한 전략적 자산으로서의 모든 조건을 두루 갖추고 있는 것이 바로 기업의 지식이며 이제 지식경영 시대에 지식이야말로 진정한 경쟁우위를 창출할 수 있는 핵심역량이라고 할 수 있다.

<그림 2 3> 지속적 경쟁우위 자산들 간의 관계

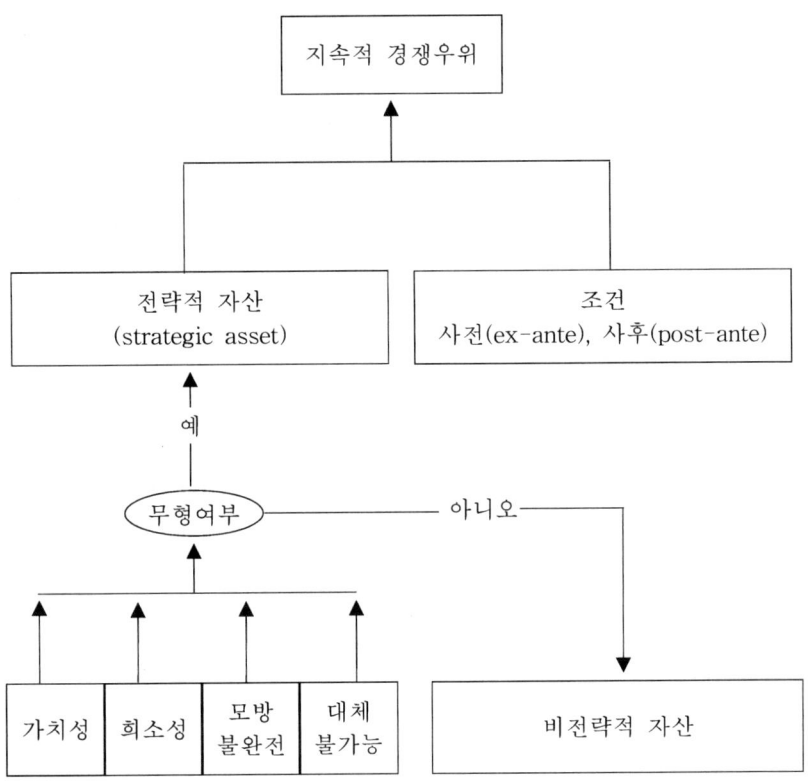

자료: Peter Meso and Robert Smith, op. cit, p.225.

또한 자원기초이론에서 중심이 되는 개념인 기업의 핵심역량(core competency)과 핵심능력(core capability)은 최근 들어 그 연구의 흐름이 다음의 학습조직이론과 결합되어 조직지식(organizational knowledge)이라는 연구개념을 부각시켰고 이러한 조직지식을 가장 핵심적인 기업자원으로 설명하려는 연구의 흐름(Nonaka, 1995; Grant, 1996; Kogut & Zander, 1992)은 점차 증대되어가고 있는 추세이다.

## (2) 학습조직이론

### ① 개 념

학습조직(learning organization)은 개인, 집단 및 조직 등 모든 차원에서 새로운 지식의 창출(knowledge creation)이 자유롭게 이루어질 뿐만 아니라, 나아가서 이들 개인, 집단, 조직 수준간의 다차원적인 지식이전을 통한 이차적인 지식창출이 활성화되어 있는 기업의 모습을 일컫는다. 지식창출이란 객관적인 정보뿐만 아니라 비가시적이고 주관적인 조직구성원의 통찰력과 사고력이 관여하는 통합적 활동이다. 지식은 전문 연구집단의 체계적이고 집중적인 연구개발 노력의 결과이기도 하지만, 모든 조직구성원의 일상적인 업무활동과 반성적 성찰활동의 결과이다. 따라서 조직 내외적으로 일어나는 학습활동은 일상적인 업무활동과 유리된 별개의 독립적인 활동이 아니다. 다시 말하면 지식창출이란 소수의 전문가 집단에서만 이루어지는 특수한 활동이 아니라 조직구성원 모두가 자기의 업무활동에서 문제제기를 하고 보다 나은 개선을 위해 능동적으로 노력하는 데서 이루어지는 것이다. 이와 같이 지식창출과 지식이전, 활용이 구성원들의 창조욕구와 주인의식에 의하여 지속적으로 이루어지고 그 결과로서 조직 전체 차원에서 총체적인 경쟁력이 증폭되는 기업, 아울러 구성원들의 강한 공동체 의식과 연대감하에서 끊임없이 변화, 발전하는 기업이 바로 학습조직이다(권석균, 1996).

오늘날 이러한 학습조직의 중요성은 기업의 유지, 성장을 위한 방법으로서 더욱 커가고 있는데 그 주요 이유는 다음과 같은 두 가지로 생각해 볼 수 있다.

첫째, 기업 운영에 있어서 지식(knowledge)의 중요성에서 그 원인을 찾을 수 있다. 이는 경쟁력의 원천이 유형자산에서 무형자산으로 바뀌고 있기 때문이다. 과거에는 생산설비와 같은 유형자산에 의해 기업 경쟁력이 좌우되는 것으로 간주되었으나, 21세기 정보화 사회에서는 지식, 정보력, 구성원의 창의성과 열정 등과 같은 무형 자산에 의해 더욱 큰 영향을 받게 된다. 따라서 현대의 기업은 지 식자원을 체계적으로 축적하고, 이를 조직 전체에 확산시켜서 구성 원의 능력이나 기술을 향상시키고 스스로 문제를 해결할 수 있는 조직, 즉 학습조직으로의 전환이 필요하다.

둘째, 학습조직이 중요하게 된 또 다른 이유는 최고경영층이나 특정 집단에 의한 참여가 아닌 전 구성원의 참여를 통한 경영혁신 이 필요해지고 있기 때문이다. 역동적으로 변화하는 경영환경에 적 응하기 위한 혁신을 추구함에 있어 최고경영자 혹은 소수의 관리자 의 노력으로는 그 성과가 제약될 수밖에 없다. 그보다는 오히려 구 성원 한 사람, 한 사람이 자기가 처한 위치에서 직면한 문제점을 인식하고 스스로가 해결해 나가는 노력이 더욱 요청되는 것이다(권 석균, 1996).

② 조직학습과 학습조직

조직학습(organizational learning)과 학습조직(learning organization) 은 그 개념적 차이에도 불구하고 학자나 실무자들에 의하여 혼용되어 사용됨으로써 많은 혼란이 야기되고 있기도 하는데 여기서는 이러한 조직학습과 학습조직의 개념적 차이를 알아본다.

조직학습이론(organizational learning theory)의 주요 논제는 기업 간 학습능력이 다르기 때문에 새로운 조직지식과 조직역량을 축적 하고 활용하는 데 차이가 난다는 것이다(권석균, 1995). 특히 이 이 론에서는 조직학습과 개인학습의 차이를 강조하고 있다. 즉, 조직구 성원 개인의 학습이 조직수준의 학습에 주요한 토대가 되지만, 개 인학습이 잘된다고 하더라도 반드시 조직수준의 지식과 역량이 창 조, 축적되는 조직학습이 활성화되는 것은 아니라는 것이다. 조직학 습은 개인학습의 단순집합(aggregation)이 아니며, 개인지식의 결합과 충돌로 인하여 조직에 유용성을 가지는 지식의 창조가 이루어지는 것이기 때문이다. 특히 Duncan & Weiss(1979)는 조직학습을 개인의 지식체계에 대응하는 조직지식(organizational knowledge)의 변화과정으로 파악하면서, 조직구성원 개인의 지식과 노하우가 조직 내 공유과정을 통해 형성되는 조직체계가 형성되면 조직의 환경대응 행동에 변화가 야기된다는 것이다. 이후 조직지식에 대한 학자들의 연구는 다양하게 전개되었다.

조직학습의 난이도는 습득하려고 하는 지식이 얼마만큼 암묵적(tacit)인가, 구체화(articulated)된 것인가에 달려 있다(Winter, 1987). 명시적이고 구체성이 높은 지식은 암묵적이고 구체성이 낮은 지식에 비해 상대적으로 습득이 용이하고 시간도 짧게 걸리는 것이 일반적이다. 그리고 암묵적이고 비구체화된 지식을 어떻게 습득하고 확산 및 내부화시킬 것인지가 혁신적인 기업이 되기 위한 열쇠가 된다. 또한 이를 Cohen & Leventhal(1990)은 흡수능력(absorptive capacity)이라 정의하고, 기업들은 흡수능력에 차이가 있다는 점을 강조했다. 한편 국내에서 김인수(1995)는 흡수능력이 국가경쟁력에 미치는 영향에 대해 연구한 바 있다.

역사적 관점에서 볼 때 자원기초이론과 조직학습이론은 그 뿌리를 달리하고 있으나, 지식자원이 기업경쟁력의 원천으로서 중요성을 더해감에 따라 수렴하는 현상을 보이고 있다. 양이론 모두 궁극적으로는 지식의 축적, 공유, 및 이용 과정이 차별화됨에 따라 기업 특유의 경쟁력이 발현된다고 보고 있다(권석균, 1995).

이와는 달리 학습조직은 조직전체의 차원에서 지식이 창출되고 이에 기초하여 환경적응력과 경쟁력을 증대시켜 나아가는 조직 자체를 일컫는다. 따라서 학습조직은 조직학습뿐만 아니라 개인 및 집단학습에 의해서도 구현될 수 있는 집단의 바람직한 모습이다 (<그림 2-4> 참조).

<그림 2-4> 학습조직화의 기본체계

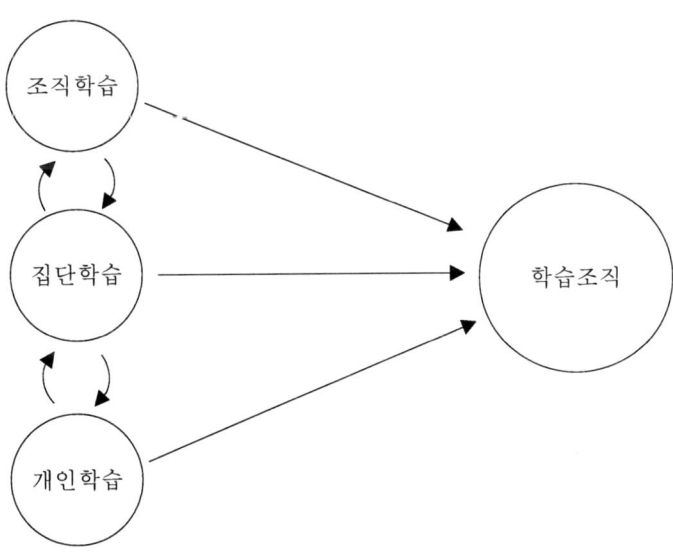

자료: 삼성경제연구소, 조직학습의 이론과 논쟁, 1996, p.31.

이는 조직학습과는 달리 다분히 가치판단적인 개념이며 학습조직
에 대한 연구는 주로 실무자 또는 실무지향의 연구자들에 의하여
이루어지고 있다. 그러나 여기서 유의해야 할 점은 학습조직의 개
념이 아직 하나의 조직유형(organizational typology)이 아니라는 점
이다. 그 이유는 학습조직이 보유하는 제속성에 대한 체계적인 실
증적 연구가 아직 이루어지지 않았기 때문이다. 따라서 학습조직에
대한 연구는 현재까지 이론적 정교함이나 엄격함보다는 조직의 제
반 시스템과 전략, 구조, 문화 등을 잘 활용하여 환경적응력과 경쟁
력을 증진시키는 여러 가지 방안에 대한 사례연구나 주관적 해석에
의존하는 경우가 많다.

이와 같이 학습조직과 조직학습에 대한 연구가 서로 다른 흐름을
형성하고 있지만, 학습조직에 대한 체계적인 연구를 위해서는 이론
적으로 상당한 정도의 풍부함을 확보해가고 있는 조직학습에 대한

연구를 활용하는 것이 중요하다고 본다(권석균, 1995).

③ 지식경영과 학습조직의 비교

최근 강조되고 있는 지식경영과 관련하여 개념상의 혼란을 가져오고 있는 것이 학습조직이다. 이러한 경영혁신의 두 가지 패러다임은 과연 서로 보완적인지 아니면 서로 상충되는 것인지, 또는 전혀 별개의 것인지가 문제의 요지인 것으로 보인다. 이러한 두 가지 패러다임에 대하여 개념 정의와 기본전제, 핵심영역과 관련영역 등을 중심으로 살펴보면 다음과 같다(손태원, 1999).

Nonaka(1995)는 지식경영에 대하여 '지적자원을 가치로 전환하는 창조적 과정으로, 지식의 획득 또는 창출, 확산, 공유, 재창출을 통하여 기업의 생존력과 경쟁력을 제고하려는 일련의 조직 과정'이라고 정의를 내리고 있다.

한편 학습조직(learning organization)이라는 용어는 Garratt(1987)과 Hayes, Wheel-wright와 Clack 등(1988)이 처음으로 소개하였고, 학습조직이 변화시대의 이상적인 조직유형으로서 자리 잡게 된 것은 1990년 Senge가 시스템이론에 입각하여 학습조직을 논의하면서부터라고 할 수 있다.

Garvin(1993)의 학습조직에 대한 정의도 이와 동일하다. 즉, 학습조직이란 '선행적으로 지식을 창조하고, 습득하고, 변화시키며, 이렇게 얻어진 새로운 지식과 통찰력에 바탕을 두고 조직의 행동을 변화시켜 나가는 조직'으로 정의하고 있다.

지식경영이 창조석 과정과 조직설계과정을 강조하는 것이 특징이라면, 학습조직의 경우는 조직행동의 변화를 강조하고 있는 것이 특징이라고 하겠다. 즉, Nonaka의 지식경영이 창조성의 우위를 통한 경쟁력을 추구한다면, Senge(1990) 등의 학습조직은 선행적인 변화관리를 통한 생존력의 우위를 확보하는 데 중점을 두고 있다. 두 가지 논점 모두 결코 다른 주장이라기보다는 수사어의 차이일 뿐 동일한 내용을 개념정의에 포함시키고 있는데 그 특징을 비교하여 정리하면 <표 2-10>와 같다.

<표 2-10> 지식경영과 학습조직의 비교

| | 지식경영 | 학습조직 |
|---|---|---|
| 1. 정의 | '지적자원을 가치로 전환하는 창조적 과정으로 지식의 획득 또는 창출, 확산 ,공유, 재창출을 통해 기업의 생존력과 경쟁력을 제고하려는 일련의 조직과정' | '선행적으로 지식을 창조하고, 습득하고 ,변화시키며, 이렇게 얻어진 새로운 지식과 통찰력에 바탕을 두고 조직의 행동을 변화시켜 나가는 조직' |
| 2. 기본 전제 | '창조적 지식을 창출하기 위해 구성원의 창조적 욕구를 자극하고, 감정에 서 우러나는 원동력을 이끌어낼 공유 비전이 제시되는 경영'(노나카, 지식경영(1998), 21세기북스) | '조직의 구성원들이 스스로 원하는 것 을 창조할 수 있는 역량을 끊임없이 확장해 나갈 수 있고, 서로의 열려진 사고의 유형들이 존중되고 배양되며, 집단적 열망이 표현될 수 있는, 그리 어떤 것이 학습인가를 지속적으로 배워가는 조직'(Senge, 제5의수련(1996), 21세기북스) |
| 3. 핵심 개념 | 형식지와 암묵지의 전환과정<br>◦ 사회화(socialization)<br>◦ 외부화(externalization)<br>◦ 종합화(combination)<br>◦ 내면화(internalization) | ◦ 시스템사고(system thinking)<br>◦ 공유비전(shared vision)<br>◦ 사고모형(mental modeling)<br>◦ 자아완성(personal mastering)<br>◦ 팀학습(team learning) |
| 4. 핵심 성공 요인 | 지식관리를 위한 정보인프라와 지식창조를 위한 기업문화 구축 | 시스템사고를 통한 비전, 전략, 구조, 인적자원의 연계성과 통합을 위한 기업문화 구축과 변화관리 |
| 5. 공통점 | \* 학습과 지식창조는 동전의 양면: 변화관리와 창의성 경영의 핵심기반<br>\* 학습조직의 역량구축에서 지식경영이 출발되어야 함<br>\* 개인·팀·조직 전반에서 학습이 공유될 때 지식경영이 성립됨 | |

자료: 손태원, "경영혁신사조의 변천 과정에서 본 지식경영과 학습조직의 위상연구", 경제논총, 1999, p.482.

이처럼 지식경영과 학습조직이 정립되기 위한 기본 전제로 논의
되고 있는 각각의 관점을 비교해 보아도 전혀 다른 논거가 아니다.
<표 2-9>에 요약되어 있는 바대로 양 개념 모두 조직구성원의 창
조적 욕구가 전제되어야 하며, 비전이나 사고의 유형 또는 감정적
원동력 등이 자유롭게 표출되고 공감되는 조직의 구축 또는 변화를
필수적인 요건으로 제시하고 있다. 두 패러다임을 구성하고 있는
핵심 개념들이 다소 다른 듯 보이지만 각각의 개념들을 비교해 보
면, 상호 연계된 맥락을 가지고 있는 것으로 보인다. 지식경영에서
주장하는 핵심 개념인 사회화, 외부화, 종합화, 내면화 등 지식창출
의 SECI 모형[2]은 이미 조직행동론 분야에서 오래 전부터 다루어져
온 기본 개념들이며 이러한 개인, 집단, 조직 수준에서의 개념과 기
법들을 창조성과 관련하여 재구성한 모형으로 평가된다. 따라서 지
식경영과 학습조직의 두 대표 모형에서 사용되고 있는 핵심 개념들
이 결코 새로운 것이 아니라, 새로운 경영현실에 새롭게 적용될 수
있도록 재구성된(restructured) 창조적 모형이라고 평가된다. 이러한
동질적인 구성의 이유는 바로 지식은 학습과정의 결과이기 때문이
다. 즉, 시스템 사고의 견해에서 볼 때 지식과 학습은 서로 순환적
으로 연계되어 있으며 별개의 것이 아니기 때문이다.

경영 현실에 대한 실천적인 측면에서도 두 패러다임이 성공적으
로 활용되기 위하여 필요한 조건들을 제시하고 있는데 이 부분에서
도 매우 유사한 주장이 제기되고 있다. 즉, 지식경영이 성공적으로

---

2) Nonaka(1991)는 지식창조의 과정을 SECI 모형으로 설명하고 있다. SECI
   는 사회화(socialization), 외부화(externalization), 결합화(combination),
   내면화(internalization)의 머리글자에서 따온 것으로 이들은 지식변환
   유형마다 공통적으로 존재하는 하나의 공통적인 공유된 마당(場)의 개
   념인 'Ba'가 있음을 강조하고 이들 각각의 'Ba'를 통해 지식창조과정을
   가속화시킨다고 하였다. 또한 Nonaka는 지식창조를 촉진하는 조건으로
   기업의 의도, 자율성, 요동과 창조적 혼돈, 중복성, 필요다양성 등 5가
   지 요소를 들었다.

정착되기 위해서는 정보기술과 인프라 그리고 기업문화의 적합성 (fit)을 강조하고 있으며, 학습조직의 구축에 있어서도 비전, 전략, 구조, 문화들과의 연계와 통합을 강조히고 있다.

견론적으로 지식경영과 학습조직은 전혀 별개의 것이 아니라 동전의 양면 또는 수레의 두 바퀴로 보아야 한다. 언급한 바와 같이 기업의 경쟁우위를 확보하기 위해 각기 창조적 과정과 선행적 변화 관리를 강조할 뿐만 아니라, 그러한 과정들이 구체화되기 위해서는 두 이론에서 주장하는 핵심 개념들의 상호연계가 중요하다. 즉, 이 둘은 별개의 개념이 아니라 지식경영은 학습조직의 역량구축에서 출발되어야 하며 개인, 팀, 조직 전반에서 학습이 공유될 때 지식경영이 구축될 수 있다는 순환적 인과관계 또는 시스템적 사고에서 바라보아야 할 것이다(손태원, 1999).

# 제3장 지식경영의 연구동향

## 1. 지식경영연구의 접근법

지식경영의 선행연구와 관련한 연구동향을 살펴보면 크게 다음의 두 가지로 접근법으로의 분류가 가능하다.

첫 번째 경향은, '지식창조과정 중심적 접근'으로서 일본의 Nonaka 교수를 중심으로 하여 연구되고 있는 조류로써 이는 일본 기업들을 대상으로 하여 주로 연구되고 있는 것으로, 이러한 연구경향은 집단 내 구성원 간의 암묵지의 교류 및 지식형태의 전환프로세스 등을 근간으로 하는 지식창조활동이 강조되는 접근론이다(Nonaka, 1995).

또 다른 하나의 경향은, '지식관리시스템 중심적 접근'으로서, 주된 연구 관심은 주로 지식의 입수, 관리, 공유를 위한 정보 인프라 및 정보시스템의 구축에 있으며 미국 등 서구의 기업들이 상대적으로 선호하고 있는 지식경영에 대한 접근론이다(Edvinsson et al., 1997).

Nonaka를 중심으로 하는 지식창조과정 중심적 접근에서는 경쟁력의 터전인 조직내부에서 가치나 지식의 창조가 이루어지기 위해서는 어떤 조건이 필요한가를 탐구해 나가자는 것으로 연구가 요약된다. 따라서 지식창조를 위한 문화와 조직구조가 강조되고 있으며 이는 Davenport & Prusak(1998), Ruggles(1998) 등의 연구와 일치되는 점이기도 하다. 특히 Ruggles(1998)는 미국과 유럽의 기업 431개를 대상으로 수행한 지식경영의 설문조사 연구에서 조직 내 지식의 공유활동을 저해하는 첫 번째 요소는 다름 아닌 조직문화라고 밝히고 있다. 특히 조직 구성원들 간의 지식 공유와 활용은 다름 아닌 원활한 커뮤니케이션에 의하여 좌우되기 때문에 지식경영의 인프라를 구축하고 실천하는 본격적인 변화단계에 들어가기에 앞서 기업이 속해 있는 조직문화에 대한 진단이 먼저 이루어져야 한다고 주장하고 있다(Davenport & Prusak, 1998). 또한 학습능력의 정도와 관련된 학습조직화 정도, 경영층-중간관리자-일선 구성원 간의 지식공유 및 창조를 지향하는 조직적합성, 이상적인 조직구조의 탐색, 의사소통 및 감수성 개발을 통한 새로운 지식의 창출 능력 등이 지식창조과정을 중심으로 한 지식경영 접근법의 주된 내용이 된다.

지식관리시스템 중심적 접근론은 지식을 어떻게 효과적으로 관리하여 기업의 이윤을 극대화할 것인가 하는 미국식의 지식경영 접근 방법을 말한다. 이러한 미국식 지식경영의 관점은 조직 내 지식의 재사용과 공유에 초점을 맞춤으로써 지식관리시스템을 가장 중요한 지식경영의 요소로서 강조하고 있다. 구체적으로 이러한 접근법에서는 지식의 입수, 공유, 보존, 관리, 창조를 위한 하부기반으로서의 IT를 활용한 지식관리시스템의 구축이 중요시되며, 지식의 공유문화는 이러한 지식의 공유와 관리, 창조를 위한 전제조건으로서 강조된다. 이와 같은 지식관리시스템이 갖는 의미는 기술요소와 기술 외적 요소가 갖는 상호관계성을 가지고 서로가 서로에게 영향을 미치므로 매우 중요하다고 할 수 있다. 따라서 이러한 지식관리시스템 중심적 접근론에서 볼 때 지식경영의 주된 과제는 지식관리의 지원을 가장 최적화 할 수 있는 시스템의 구축 및 운영이다.

## 2. 지식경영의 차원별 연구

본 연구에서는 이러한 지식경영의 연구 경향을 바탕으로 하여 좀 더 구체적으로 지식경영의 성공요인을 고찰하기 위하여, Cohen(1982)이 제시한 성공적인 지식경영 프로젝트 수행을 위한 인프라스트럭쳐

(infrastructure)를 기준으로 김효근 등(2001)이 수정 제시한 바 있는 전략(strategy), 프로세스(process), 문화 및 사람(culture & people), 기술(technology) 등의 4가지 차원을 중심으로 관련된 지식경영의 선행연구들을 검토하였다

## (1) 지식경영의 개념연구

먼저 지식경영의 개념에 대한 학자들의 연구를 살펴보면 다음과 같다.

1991년 Nonaka가 Harvard Business Review에 지식창조에 관한 논문을 게재한 것을 필두로 지식경영에 관한 학계의 여러 연구가 본격적으로 시작되었다. Nonaka(1991)는 그의 논문에서 지식창조기업의 개념을 설명하면서 암묵지와 형식지의 두 가지 지식에 관하여 설명하고 있다. 또한 4단계의 지식창조활동을 일본기업의 사례를 들어 설명하였다.

지식경영이 실제로 기업에서 어떻게 진행되고 있는지를 설명하는 사례를 들어 지식경영을 소개하는 연구들도 진행되었다. Demarest (1997)는 기업의 실제 현장에서 지식경영을 수행하면서 얻은 지식을 가지고 지식경영 프로세스에 관해 설명하고 있으며, Edvinsson(1997)은 Skandia사의 지식경영 사례를 가지고 지식경영과 지식경영 방법론 및 지식경영을 통해 얻게 된 Skandia의 이익 등에 대해 설명하고 있다. Davenport(1998)는 4개 회사의 31개의 지식경영 프로젝트를 연구하여 기업들이 지식을 어떻게 관리하고 있는지를 살펴보고 지식경영의 8가지 성공요인들을 도출하였다. 이 밖에도 지식경영의 중요성을 강조하거나 지식경영의 방법론을 소개하고 성공 또는 실패요인을 설명하는 연구들이 다수 진행되었다.

지식경영의 개념연구와 관련하여 Nahapiet & Ghoshal(1998)는 지식경영에 있어서의 핵심적인 개념은 지식의 교환(exchange)과 결

합(combination)이라고 주장하였으며 지식을 포함한 모든 새로운
자원은 이 두 가지 발생과정을 통해 창조된다고 설명하였다.

<표 2-11>은 이러한 지식경영의 개념 연구를 중점적으로 정리한 것이다.

<표 2-11> 지식경영 개념 연구

| 연구자 | 내용 |
|---|---|
| Nonaka(1991) | 지식창조 기업의 개념과 지식의 종류 및 4단계의 지식창조활동을 소개함 |
| Spender(1996) | 지식경영에 관련된 이론들과 함께 지식경영에 관한 연구를 통합시킴 |
| Appleyard(1996) | 기업들 간의 지식이전 유형을 살펴보고 지식의 흐름 메커니즘과 결정요인을 설명함 |
| Drew(1997) | Benchmarking의 중요성을 설명하여 지식소유의 중요성을 설명함 |
| Prokesch(1997) | British Petroleum의 지식경영 사례를 조직구조, 프로세스, 정보기술, 네트워크 측면에서 살펴 봄 |
| Edvinsson(1997) | Skandia의 지식경영 활동에 사용한 지식경영 방법론과 지식경영을 통해 얻은 이익 등에 대해 소개함 |
| Demarest(1997) | 지식경영에 대한 전반적인 소개로 지식경영 프로세스 모형을 소개하고 이에 대한 인프라스트럭처에 대해 설명함 |
| Wiig(1997) | 지적자산관리와 지식경영을 정의하고 두 가지의 균형 있는 통합과정을 설명함 |
| Ruggles(1998) | 미국과 유럽의 431개 기업을 연구하여 지식경영이 무엇이고 어떻게 해 나가야 하는 것인지 그리고 장애요인은 무엇인지를 설명함 |
| Fahey et al. (1998) | 조직의 지식경영의 11가지 실수들을 소개함 |
| O'Dell et al.(1998) | 조직 내 Benchmarking이 성공할 수 있는 요소들을 밝힘 |
| Davenport et al. (1998) | 31개의 지식경영 프로젝트를 연구하여 4개의 범주로 분류하고 8개의 이 프로젝트의 성공요인을 규명함 |
| Nahapiet & Ghoshal (1998) | 핵심개념은 지식의 교환과 결합이라고 설명 |

자료: 김효근 등, 전게서, p.47을 연구자가 보완.

## (2) 지식경영 전략관련 연구

지식이 경쟁우위의 원천으로서 그 중요성이 강조되기 시작하면서 전략경영 부문에서도 지식과 지식경영에 관한 문헌이 나타나게 되었고, 기업이 조직화되는 현상을 지식의 관점에서 설명하는 논문들이 출현하기도 하였으며(예: Tsoukas, 1996), 지식과 경쟁우위의 전략적 연계성 및 변화하는 기업 환경에 대처하기 위한 경쟁전략의 근원으로 핵심지식의 관리에 대한 중요성(Liedtka et al., 1997; Chakravarthy, 1997)을 강조하기도 하였다.

Grant(1995)는 조직을 지식 측면에서 설명하고 있다. 즉, 기업을 경영의 주요 과업이 현존하는 자원과 역량을 적절하게 활용함으로써 가치를 극대화시키는 동시에 미래를 위한 기업의 자원을 개발하는 특이한 자원과 역량의 모음으로 설명하는 자원기반관점(Resource-based View)의 하나로 지식을 기업의 가장 중요한 전략적 자원으로 간주하고 있으며 더불어 Grant(1996a, 1996b)는 급변하는 동태적인 경쟁환경에 효과적으로 대응하기 위해서는 쉽게 모방되지 않는 각 기업 특유의 자원이 경쟁우위의 원천이 되므로, 본원적 전략(generic strategy)에 기초한 시장전략보다는 자원 및 이에 근거한 역량우위가 더 중요하다는 입장이다.

그리고 Nonaka(1991) 역시 지식을 경쟁우위 획득의 원천으로 보고 이를 어떻게 유지하고 이용할 것인지에 대해 논의하였다. Sanchez(1996)는 기업의 전략적인 유연성을 향상시키는 기업의 생산과정에서의 지식관리에 대해서 설명하고 있으며, Mowery(1996)는 조직의 지식이전을 전략적 제휴 관점에서 보고 조직의 역량강화에 미치는 영향에 대해 설명하기도 하였다.

또한 Davenport et al.(1998)은 최고경영자의 지원에 관하여 설명하였는데 최고경영자의 지원은 변화관리 프로그램에서 중요한 성공요소로서 지적되고 있으며 특히 지식경영에 있어서 최고경영진의 지원은 지식의 사용을 지원하는 경우에 비해 지식전파를 지원하는 경우에 있어서는 결정적인 요소로 나타나고 있다고 설명하였다.

이와 같이 전략과 관련된 지식경영의 주요 선행연구를 정리하면 <표 2-12>과 같다.

<표 2-12> 지식경영 전략관련 연구

| 연구자 | 내 용 |
|---|---|
| Nonaka (1991) | 지식을 경쟁우위 획득의 원천으로 보고 이를 어떻게 유지하고 이용할 것인지에 대하여 논의 |
| Sanches et al. (1996) | 기업의 전략적인 유연성을 향상시키는 기업의 생산과정에서의 지식관리에 대하여 설명 |
| Mowery et al. (1996) | 전략적 제휴를 통한 지식의 이전이 조직의 역량강화에 미치는 영향을 설명 |
| Grant (1996) | 자원 및 역량기업을 지식통합기관으로 보고 개인들 속에 존재하는 지식을 적용하는 것이 조직의 주요 역할로 설명 |
| Bierly et al. (1996) | 미국의 21개 제약회사들을 지식전략의 유형에 따라 4가지로 분류하고 이들 그룹 간의 전략의 변화와 이유을 비교 |
| Tsoukas (1996) | 기업을 지식시스템으로 파악하고 개인의 지식을 구성하는 3요소를 설명하고 이에 따라 기업을 설명 |
| Amiable (1996) | 지식경영에 필요한 창조적 환경을 만들기 위하여 경영진의 역할을 설명 |
| Quintas et al. (1997) | 지식경영을 조직과 사람의 관점에서 설명하고 지식경영을 위한 전략의 설정과 구현, 지적자산과 지식경영 프로세스의 평가방법을 설명 |
| Liedtka et al. (1997) | 변화에 대응하는 방법으로 지식과 관계를 연계 사이클을 설명하고 협력과 학습의 중요성을 강조 |
| Chakravarthy (1997) | 변화에 대응하기 위한 경쟁전략의 새 모형을 제시하고 조직내부 자원으로 지식을 관리해야 함을 주장 |
| Serge(1997) | 지식경영의 방법으로 리더십의 유형과 역할, 학습자의 유형과 역할에 대해 설명 |
| Davenport & Prusak(1998) | 최고경영자의 지원은 지식전파에 중요한 요소라고 설명 |

자료: 김효근 등, 전게서 p.47을 연구자가 보완.

## (3) 지식경영 프로세스 연구

지식경영의 프로세스에 연관된 연구들은 지식경영과 관련된 제도, 의사소통, 자원관리, 평가, 보상에 대한 연구들이 해당된다. 이는 기업에서 실제로 지식경영을 시행할 때 나타날 수 있는 현실적인 문제들과 관련된다는 측면에서 매우 중요하다고 볼 수 있다.

Tampoe(1993)는 지식근로자의 성과와 동기요인으로서의 보상간의 관계에 대해 실증적으로 연구한 결과, 개인의 성장, 작업자율성, 업무성취, 그리고 금전적 요인이 동기유발 요인으로 인지되었으나, 상대적으로 금전적 요인의 중요성이 적다고 결론지었다.

또한 Levinthal(1993)은 성공적으로 미지의 지식을 찾는 사람들에게 커다란 보상을 실시해야 하며, 실패한 사람들에게도 안전망을 제공해야 한다고 주장하였다.

그리고 Marshall et al.(1993)은 보상 및 인센티브 제도를 이용하여 경영진이 가장 높은 가치를 두는 성과와 행동을 지식근로자들에게 알릴 수 있다고 주장했다.

또한 Schein(1996)은 조직의 학습을 방해하는 요인을 조직의 3개 계층간 의사소통의 차이로 규명하고 조직원간의 상호작용의 중요성을 강조하였고, Nonaka & Konno(1998) 역시 의사소통의 공간의 중요성을 지적하면서 'Ba'를 지식창조의 물리적, 심리적 공간으로 보고 그 중요성과 역할을 설명하고 있다. 또한 지식경영과 관련하여 중요하게 논의되고 있는 평가보상의 문제도 언급되고 있는데, Glazer(1998)는 조직의 지식을 평가하기 위해 지식의 소유자인 지식근로자를 평가과정에 포함시키는 방법을 설명하고 그 사례를 보여주었다.

그리고 김효근 등(1998)은 지식경영과 관련한 평가 보상의 형태 및 지식기여도와의 관련성에 관한 연구를 진행하였는데 그 결과 평가 및 보상이 지식기여도를 높이는 직접적인 동인으로 나타나지 않았다.

지식경영 프로세스 관련 주요 선행연구를 정리하면 <표 2-13>와 같다.

<표 2-13> 지식경영 프로세스 연구

| 연구자 | 내 용 |
|---|---|
| Tampoe (1993) | 지식근로자의 성과와 보상을 연구하고 금전적 보상의 중요성은 상대적으로 적다고 결론 |
| Schein (1996) | 조직학습을 방해하는 요인으로 조직의 3개층간의 의사소통 차이로 규명하고 조직원간의 상호작용의 중요성 논의 |
| Libeskind (1996) | 조직 내 지식의 증발과 모방을 방지하는 내부적인 제도적 역량을 설명 |
| Szulanski (1996) | 조직 내 베스트프랙티스 이전의 효과와 중요성을 설명하고 이전의 장애요소를 밝힘 |
| Keltner et al. (1996) | 능력에 따른 진급과 교육 등의 인적자원관리의 변화가 서비스업종의 고개 서비스 개선에 미친 영향을 논함 |
| Brian D. Janz (1997) | 지식근로자의 팀 효과성에 영향을 미치는 요소로서 자율성, 상호의존성, 팀개발 등을 제시, 지식과 정보의 상호교환 필요성을 강조 |
| Jordan et al. (1997) | 지식경영을 실시하기에 앞서 조직의 지식경영 스타일을 진단하기 위해 조직지식의 차원과 프레임 웍을 개발 |
| Lank (1997) | 스칸디나비아의 중소기업을 연구하여 기업 내 지적자산을 평가하는 새로운 방법론을 제시 |
| Kleiner et al. (1997) | 조직 지식을 획득하는 방법으로 learning history를 소개 |
| Davenport et al. (1997) | 조직 내 지식을 어떻게 관리하고 이를 고객에게까지 확대, 활용하는 방법을 지식의 특성, 기술, 관리적인 측면에서 설명 |
| Cliff (1998) | 지식경영의 중요요소로 조직 구조의 역할을 설명하고 조직 안의 네트웍의 중요성을 설명 |
| Glazer (1998) | 조직의 지식을 평가하기 위해 지식을 소유하는 지식근로자를 평가과정에 포함시키는 방법과 사례를 설명 |
| Nonaka et al. (1998) | 조직의 지식창조 공간으로서의 'Ba'의 중요성과 역할을 설명 |

자료: 김효근 등, 전게서, p.48을 연구자가 보완.

## (4) 지식경영 문화 및 사람에 관한 연구

기존의 지식경영 관련 문헌들 중에서 가장 많이 논의되는 부분이 지식경영 문화의 형성과 사람에 관련된 문제들로서, 이는 대부분이 지식경영의 환경요소로서의 지식공유 문화형성을 강조하고 있다.

먼저 Gupta & Govindarajan(1991)은 지식의 속성 및 지식관련 문화형성과 관련하여 지식전이의 활성화를 위한 커뮤니케이션의 강도를 강조하였는데 이러한 커뮤니케이션의 강도는 조직문화의 개방성 요인을 중심으로 접촉빈도, 비공식성 등을 모두 포괄하는 개념이라고 설명하였다.

또한 Krogh(1998)는 지식경영을 기업 혁신의 방법으로 보고 지식경영에서 가장 중요한 요소를 사람이라고 설명하고 있다. 즉 변화에 민감한 사람을 중요하게 생각하고 지식공유를 위해 상호간의 관심, 신뢰, 개방성을 갖는 것이 중요한 요소라고 설명한다. Davenport et al.(1996)은 역시 30개의 지식작업의 개선방법을 비교 분석한 결과 지식경영은 획일적인 방법이 아닌 각 기업의 지식활동과 조직문화 등에 맞춘 나름대로의 방법론을 적용해야 함을 주장하였으며, Sviolka(1996)는 지식관리시스템의 단순 도입만으로는 지식경영이 성공할 수 없음을 지적하고 조직 변화관리의 필요성을 강조하였다.

그리고 Wathne 등(1996)은 북유럽의 45개 기업을 대상으로 조직간 연구를 실시한 결과 조직의 개방성이 지식전이에 영향을 준다고 주장하고 있으며, Szulanski(1996)는 연구결과 지식교환이 성공적으로 이루어지기 위해서는 상호간의 의사소통이 원활해야 함을 강조하고 있다.

이와 같이 지식경영의 문화 및 사람에 관한 주요 선행연구를 정리하면 <표 2-14>과 같다.

<표 2-14> 지식경영 문화 및 사람에 관한 연구

| 연구자 | 내 용 |
|---|---|
| Gupta & Govindarajan (1991) | 지식전이의 활성화를 위하여 커뮤니케이션의 강도를 강조하고 이를 구체적으로 설명함 |
| Sviolka(1996) | 4개의 보험사를 중심으로 전문가 시스템 구축사례의 성공, 실패를 비교하고 성공적인 시스템 구축을 위한 변화관리와 리더십의 중요성을 설명 |
| Davenport et al. (1996) | 30개 기업의 지식작업의 개선방법을 비교하여 각 기업의 지식활동과 조직문화 등에 맞춘 방법론을 적용해야 함을 주장 |
| Wathne et al. (1996) | 북유럽의 45개 기업을 대상으로 연구를 실시한 결과 조직의 개방성이 지식전이에 영향을 준다고 주장 |
| Kim et al. (1997) | 지식창조와 공유를 위해 신뢰가 중요함을 설명하고 이를 형성하기 위한 공평한 프로세스를 3가지 요소로 설명 |
| Roos et al. (1997) | 지식경영의 성공요소는 조직원의 지식공유에 대한 자발성 정도에 달려 있다고 주장하고 공유문화를 만드는 3가지 방법을 소개 |
| Leonard et al. (1998) | 암묵지를 성공적으로 다루는 환경을 만드는 방법을 설명 |
| Krogh(1998) | 지식창조에 있어 배려(care)형성의 중요성을 설명 |

자료: 김효근 등, 전게서, p.48을 연구자가 보완.

## (5) 지식경영 기술관련 연구

지식경영에 있어 기술은 중요한 핵심 동인으로 언급되어져 왔다. Vian & Johnson(1983)은 개인간의 상호작용에 필요한 기술적 도구와 방법을 설명하였다. 또한 Bawden(1986)은 지식생성에 있어 정보기술의 역할과 정보환경의 중요성을 역설하면서 정보기술이 지식경영의 핵심동인이라고 주장하였다. Scharge(1990)는 지식공유방법의 변화를 연구하였는데 펜의 사용이 정보기술의 발전과 함께 점차 그룹웨어의 사용 등으로 발달되어 가는 과정 속에서 나타나는 정보기술과 지식경영과의 관계를 설명하였고, Orlikowski(1993)는 그룹웨어인 Lotus Notes의 구현에 대한 사례연구를 진행하면서 얻은 교훈들을 설명하였다.

또한 Davenport & Prusak(1998)은 지식관리시스템은 지식경영의 실천도구로서 지식의 창출, 공유, 활용을 총체적으로 지원할 수 있고 따라서 지식관리시스템을 구축, 운영하는 것은 지식경영을 구현함에 있어서 가장 가시적인 효과를 얻을 수 있는 부분이라고 설명하였다.

이러한 지식경영 기술관련 주요 선행연구를 정리하면 <표 2-15>와 같다.

<표 2-15> 지식경영 기술관련 연구

| 연구자 | 내 용 |
|---|---|
| Vian & Johansen(1983) | 개인간의 상호작용에 있어 기술적 도구의 효과와 방법을 설명 |
| Bawden(1986) | 지식생성에 있어 IS의 역할과 정보환경의 중요성에 대하여 설명 |
| Johnson(1987) | 정보기술 도구의 새로운 지식, 아이디어 생성의 사례 |
| Wilson(1987) | 지식을 저장하는 시스템 구축에 도서관 운영의 기법을 도입하여 지식을 조직하는 방법을 제시 |
| Scharage(1990) | 지식공유방법으로 펜의 사용부터 그룹웨어까지의 도구의 장단점 설명 |
| Orlikowski(1993) | 그룹웨어를 구축하는 사례를 통해 배운 교훈을 설명 |
| Collins(1995) | 암묵지를 형식지화 하는 방법을 제시하여 모든 종류의 지식을 포착하는 기술을 명료화 함 |
| Leonard-Barton (1995) | 혁신 프로젝트 수행으로서 지식경영 도구를 구축하는 프레임워크를 제시 |
| Davenport & Prusak (1998) | 지식관리시스템의 활용이 지식경영 효과의 관건임을 설명 |

자료: 김효근 등, 전게서, p.49를 연구자가 보완.

# 3. 지식경영의 최근 연구추이

지식경영은 새롭게 변화하고 있다. 이러한 변화와 새로운 지식경영(TKNM; The New Knowledge Management)의 연구추세를 어떻게 보아야 할 것인가에 관하여는 다음의 세 가지 이론을 통하여 설명할 수 있다(McElroy, 2005).

첫째 이론은, 지식경영의 1세대(단계)는 원래 지식경영이란 정보기술, 월드 와이드 웹(world wide web), 모범사례(best practice), 학습에서 얻어진 교훈, 그리고 가장 중요한 문제인 지식 공유에서 도출된 분야라는 시각이다. 또한 지식경영의 2세대에서는 인적요소, 시스템 사고에 주목하며, 지식창조의 본질은 암묵지(tacit knowledge)와 형식지(explicit knowledge)간의 변환과정으로 간주한다. 그리고 지식경영의 3세대에서는 지식의 분류법(taxonomy)을 구축하고 이를 실제 사용함으로써 지식의 내용을 효율적으로 관리하고 재정리하는 단계로서 이 단계에서는 지식경영의 초창기와 마찬가지로 정보기술에 관해서 많은 편견들이 존재할 수 있다.

둘째 이론은, 첫째 이론보다 다소 미묘하고 난해한 내용이 포함되어 있는데 이 이론에 따르면 지식경영의 1세대는 지식이란 단어 자체에서 오는 혼란과 문제점은 없으며 그 초점 또한 의사결정자들에게 적시에 정보를 배포하여 의사결정을 수행하게 하는데 이는 보통의 기술을 통하여 이루어질 수 있다고 주장한다. 지식경영의 2세대에서는 Nonaka의 SECI모형에 의하여 촉발된 암묵지의 형식지 변환에 필요한 정보기술이 과연 무엇인가로 연구의 초점이 변화하였다. 그리고 지식경영의 3세대는 '지식을 정적인 존재와 흐름이라는 역설적 시각', '맥락과 설화 그리고 내용 관리가 지식경영의 중심이라는 시각', '조직은 구성원의 활동을 불가피하게 복잡적응시스템의 활용을 통해 이해(sense-making)가 이루어진다고 보는 견해',

'과학적 관리에 대한 거부감과 지식관리의 적절한 기계적 모형의 유용성' 등의 내용이 모두 포함된다.

마지막 셋째 이론은, 1998년 이후 오랜 기간을 통하여 정립된 것으로 지식경영 연구에서 가장 신중하여야 하고 기초가 되는 개념화에 대한 연구가 포함된다. 이는 앞의 두 이론과 구별되는 것으로서 '지식관리'와 '지식프로세스'의 차이를 명확히 함으로써 이러한 두 가지 지식과 지식의 사용에 관한 차이점을 분명히 해준다. 이는 학습조직이론과 복잡적응시스템이론을 매우 견고하게 결합한 것으로, 마음속에 내재된 지식과 문화적인 결과물에 체화된 지식을 분명히 구분해 주는 각기 다른 중요한 유형의 지식에 관하여 분명한 개념적 정의(definition)를 내리고 있다. 또한 이 이론에서 지식의 창출과 기준(criterion)은 지식관리의 필수불가결한 대상이자 업무상 발생하는 문제의 처리방법으로 간주된다. 그리고 지식경영의 중요한 목표인 지속가능한 혁신이 강조되는 것이 특징이며, 정보기술은 지식경영의 핵심동인(driver)으로 보기보다는 지식경영과 지식업무의 목표 달성을 확장시키는 촉진자(enabler)로 간주하는 것이 특징이다. 또한 지적자본을 보는 새로운 안목을 제공하고 과정에 기초한 (process-based) 사회적 혁신자본을 강조한다. 결국 이러한 세 번째 이론은 성숙한 지식경영의 원칙을 제공해 주는 진보된 이론이라 할 수 있다(Firestone, 2005).

# 제4장 지식경영의 성과평가

## 1. 지식경영과 성과측정

테일러(Frederick Taylor)에서 사이몬(Herbert Simon)에 이르기까지 전통적인 서구 경영에 뿌리 깊이 박혀있는 견해는 조직을 정보처리를 위한 기계로 보는 것이다. 이러한 견해에 따르면 사용할 수 있는 지식은 단지 계량화 할 수 있는 자료(hard data), 성문화된 절차, 일반화된 원리와 같이 공식적이고 체계화된 것들만 해당된다. 마찬가지로 새로운 지식의 가치를 측정하는 주요 지표도 효율성 증가, 비용절감, 투자수익률 개선과 같은 계량지표들이었다(Nonaka, 1991). 그러나 무형자산에 대한 관리를 중시하는 지식경영의 특성상 이처럼 가시적인 지표들만이 성과측정의 도구로 사용될 수는 없다. 즉, 지식경영의 성공여부는 포괄적인 성과측정을 바탕으로 논의되어야 하는데 이를 위해서는 지식경영의 특성에 알맞은 성과측정 지표들이 개발되어야 한다는 것이다.

지식경영은 그 자체가 목적일 수는 없다. 즉, 지식경영은 경영성과를 떠나서는 논의될 수 없기 때문에 지식경영과 경영성과와의 관계를 측정하여 지식경영의 결과에 대한 성공 여부가 논의되어야 하고, 이를 위해서는 지식경영의 성과측정 측정지표들도 개발되어야 한다.

본 연구에서는 지식경영의 성공기준을 지식경영의 시행 결과와 연결시켜 재무적인 성과와 비재무적인 성과, 그리고 이들 양자를 동시에 고려한 차원에서 지식경영의 성공 기준을 기존의 우량기업의 판단기준3)과 비교 검토해 보고 새로운 지식경영의 성과평가방법

---

3) T. J. Peters & R. H. Waterman(1984)은 '초우량기업의 조건'으로 합리주의적인 사고방식, 구성원에 대한 동기부여, 애매함과 모순의 관리, 행

들을 알아본다. 또한 지식경영의 성공요인을 일정한 분류의 틀에 따라 취합 정리하고 각 차원별로 연구자들의 지적(합의)의 빈도가 높은 요인들을 지식경영의 성공요인으로 1차적으로 유도하여 제시하였다.

지식경영기업의 성공 여부를 평가하는 기준으로서 지식경영 성과는 크게 재무적 성과와 비재무적 성과로 나누어 볼 수 있다. 그러나 지식경영의 성과의 특성 때문에 지식경영의 성과측정과 관련하여 그 동안 많은 연구가 진행되어 왔음에도 불구하고 공통적으로 인정되는 하나의 측정방법은 아직까지 개발되지 못한 것이 사실이다. 즉 지식경영의 성과 역시 어떤 특정한 요인에 의하여 좌우되는 것이 아니며 기업의 경영 성과는 기업을 둘러싸고 있는 복잡다기한 환경적 요인들이 기업의 성과를 결정한다는 점에서 그 원인을 찾을 수 있을 것이다.

전통적으로 기업의 성과측정 지표로 이용되고 있는 재무지표들은 지식경영의 성과 측정에도 여전히 유효하나 지식경영의 전체성과를 반영한다고 볼 수는 없다. 즉 ROE(return on equity)나 ROA (return on asset) 등과 같은 재무 지표들이 지식경영의 재무적 성과들을 반영할 수는 있으나, 지식경영을 시행하는 기업의 비재무적 (non-financial)인 성과는 반영하지는 못한다는 것이다.

지식경영은 조직 내 암묵적인 지식을 조직의 형식지로 변환시켜 조직 구성원들이 상호 공유함으로써 조직의 성과 증진에 기여할 수 있게 되는데 이처럼 비가시적인 지식의 특성으로 인하여 그 성과 측정이 근본적으로 용이하지 않게 되는 것이나. 즉 지식경영으로 인하여 발생하는 비재무적이고 무형적인 성과측정이 용이하지 않다는 점이 성과측정을 어렵게 하고 있다는 것이다.

---

동을 중요시함, 고객밀착, 자주성과 기업가 정신, 사람을 통한 생산성 향상, 가치관에 근거한 실천, 기축 유지, 간소한 조직과 작은 본사, 엄격과 온건의 양면 동시보유 등을 제시한 바도 있다.

한편 김상욱(1999)은 지식경영의 성공기준으로서의 성과평가시스템이 갖추어야 할 기본적인 요소로 다음의 네 가지를 제시하고 있다. 첫째, 지식경영의 결과를 반영할 수 있게 평가제도를 수정해야 한다는 것인데 이는 재무성과 등 유형자원 뿐만 아니라 지식경영으로 축적한 지적자산을 반영하여 평가를 하지 않으면 빙산의 일각만을 가지고 평가를 하게 된다는 이유 때문이다. 둘째, 기업의 성과를 좌우하는 핵심성공요소를 지식경영의 결과가 반영하고 있는 지를 평가해야 한다는 것인데 이는 무의미한 정보를 축적하는 것을 방지해야 한다는 것을 의미한다. 셋째, 기업의 성과가 인센티브뿐만 아니라 정규 성과평가에도 반영해야 한다는 점이다. 넷째, 지식경영 활동에 대한 과정을 직접 평가하여 이를 지표로 관리할 필요가 있다는 것 등이다.


## 2. 지식경영의 성과측정방법

지식경영의 성과를 측정하는 방법에 대한 기존의 연구는 크게 세 가지로 나누어 볼 수 있다. 첫째는 가장 전통적인 접근방법인 재무적인 성과로 지식경영 성과를 측정한 연구이며(Bierly & Chakrabarti), 둘째는 기업의 지적자산에 중점을 두고 이를 측정한 연구(Ross & Ross, 1997; Wiig, 1997; Sveiby, 1997; Stewart, 1997), 셋째는 재무적 지표와 인적자산 지표, 구조적자산 지표, 외적자산 지표를 함께 고려한 균형성과표를 이용한 연구가 있다(Kaplan & Norton, 1992; Knight, 1999; Drew, 1997). 그러나 단순히 재무적 성과를 이용한 연구는 지식의 특성을 충분히 반영하지 못한다는 점이 문제점으로 지적되고 있으며, 지적자산을 측정하는 연구는 지나치게 기업의 재무적인 관점을 간과하고 있다는 것이 문제점으로 지적되고 있다. 또한 균형성과표를 이용한 연구는 각 기업이 지니고 있는 다양한 측면을 측정할 수는 있으나 모든 기업에 공통적으로 적용할 수 있는 일반화된 측정도구를 개발할 수 없기 때문에 기업간 객관적 비교가 어렵다는 한계점이 있다(이건창 등, 2002).

본 연구에서는 지식경영의 성과평가방법으로 가장 많이 논의되고 있는 균형성과표와 함께 국내에서 제시되고 있는 지식경영의 성과평가방법에 대하여 자세히 고찰하고자 한다.

## (1) 균형성과표에 의한 평가방법

균형성과표(BSC: Balanced Scorecard)는 기존의 성과측정시스템의 문제를 해결하기 위하여 Robert S. Kaplan과 David P. Norton이 1992년 하버드 비즈니스 리뷰에 논문을 게재하면서 알려지기 시작한 것으로 주로 기업의 경영성과 측정시스템으로 많이 이용되고 있다. BSC는 조직의 사명과 전략들을 측정하고 관리할 수 있도록 포괄적인 측정지표들의 집합으로 바꾸어주는 하나의 툴(tool)이다. BSC는 투하자본 수익률과 같은 과거의 재무 측정지표들을 포함하면서 과거 성과에 대한 재무적인 측정지표를 추가해서 미래 성과를 창출하는 측정지표를 제공하고 있다.

BSC는 4가지 관점에 따라 조직전략과 비전을 가시화하고, 목표를 달성할 수 있게끔 해준다. 또한 회사구성원들이 어떻게 현재와 미래 고객들을 위해 가치를 창조할 것인지, 미래 성과를 향상시키는 네 필요한 사람과 시스템, 절차에 대한 투자와 내부역량을 어떤 방법으로 조합해야 하는지를 측정하게 해준다. 재무적 시각으로 단기적인 성과에 관심을 기울이는 한편 또 다른 측면에서는 장기적으로 뛰어난 재무적, 경쟁적 성과를 이룰 가치동인(value driver)을 명확하게 규명해준다. 재무회계 모형은 물리적 자산이나 유형자산 관리에 탁월한 기능으로 수백년간 회사전반의 관리시스템으로 중추적인 역할을 해왔다. 그러나 정보시대에서는 무형자산과 비물리적인 요소의 관리가 더 중요해지고 있다. 전통적 재무회계 모형이 정기적인 경쟁역량을 흡수하는 형태로 재구축돼야 한다는 요구가 팽배해지면서 부각된 것이 바로 균형성과표이다.

즉, 이러한 균형성과표는 재무적 성과지표의 한계점을 극복하기 위하여 재무적인 측정지표와 운영적인 측정지표 모두를 고려한 평가체계를 말하는데 구체적으로는 고객, 내부 프로세스, 학습 및 성장, 재무에 이르는 네 가지 관점을 통합적으로 고려하여 기업의 성과를 측정했다는 점에서 이상적인 지식경영의 성과 측정도구라 할 수 있는바 이러한 균형성과표 관점에 의한 평가방법을 살펴보면 다음과 같다.

첫째, 고객(customer) 관점에서의 평가로서 BSC는 기업이 경쟁하기로 선택한 고객과 세분시장을 파악한다. 세분시장은 기업의 재무적 목표에서 수입원천을 나타내며, 고객시각은 만족도, 충성도, 확보율, 유지율, 수익성 등 핵심적 고객 성과측정지표를 타깃으로 삼은 고객과 세분시장에 맞게 정렬할 수 있도록 한다. 또 타깃으로 삼은 고객과 세분시장에 전달할 가치명제를 명확하게 파악하고 측정할 수 있도록 한다. 사업단위 관리자는 고객을 만족시키고 기쁘게 하는 것 외에도 BSC의 고객관점에서 사명선언문과 전략선언문을 구체적인 시장 및 고객중심의 목표로 전환시킨다.

둘째, 내부 업무프로세스(internal business process) 관점에서의 평가로서 관리자들은 고객과 주주의 목표를 달성하는데 어떤 프로세스가 가장 핵심인가를 밝혀낸다. 관리자들은 내부 프로세스 가치사슬을 구체화하며 가치사슬은 현재와 미래의 고객 욕구를 파악하고 그 욕구에 대한 새로운 해결책을 발견하는 혁신 프로세스에서 출발된다. 따라서 고객사슬은 기존 고객에게 기존 제품과 서비스를 전달하는 운영 프로세스로, 나아가 기업이 제공하는 제품 및 서비스로부터 고객의 가치를 증가시키는 사후 서비스로 이어진다. 또한 관리자는 주주와 타깃고객 세분시장의 목표를 달성하기 위해 탁월한 주요 프로세스를 파악한다. 전통적인 성과측정 시스템은 단지 기존 비즈니스 프로세스의 원가, 품질, 시간 측정지표를 통제하거나 향상시키는 데 초점을 맞추는 반면, BSC 접근방법은 내부 프로세스 성과에 대한 요구가 개별적인 외부 고객의 기대로부터 도출될 수 있도록 유도한 것이다.

셋째, 학습과 성장(learning & growth) 관점에서의 평가는 궁극적으로 재무, 고객, 내부 비즈니스 프로세스에서 야심적인 타깃을 충족시키는 힘은 조직의 학습과 성장 역량에 달려있다. 학습과 성장을 가능케 하는 세 가지 원천은 직원과 시스템, 조직이다. 일반적으로 전략이 효과적으로 달성되기 위해서는 조직 역량을 구축하도록 도와주는 사람과 시스템 그리고 프로세스에 대해 상당한 투자가 필요하다.

넷째, 재무적(financial) 관점에서의 평가는 사업 단위들이 BSC 구축과정을 통해 회사 전략을 자신의 재무적 목표들로 연결시킬 수 있도록 한다. 재무적 목표들은 성과측정 기록표에 있는 다른 시각에서 도출된 목표들과 측정 지표의 핵심으로 작용한다. 성과측정 기록표는 장기적으로 지속되는 재무적 목표에서 출발, 장기적으로 지속될 경제적인 성과를 전달하기 위해 재무적 프로세스와 고객, 내부 프로세스 그리고 궁극적으로 직원 및 시스템을 함께 연결함으로써 전략의 줄거리를 연결시킨다. 단 하나의 타깃이 모든 사업단위에 적용되는 것은 바람직하지 않다. 그러므로 사업단위 중역진은 BSC의 재무적 관점은 전략에 부합되는 재무적 평가기준을 결정해야 한다. 다시 말해, 재무적 목표와 측정지표는 전략으로부터 기대되는 재무적 성과를 규정하고, 성과 측정기록표의 4가지 관점의 목표와 측정 지표에 근거해서 이를 모두 목표와 연결할 수 있어야 한다. 기업의 재무적 목표는 사업 라이프 사이클 단계에 맞춰, 전략적인 목표와도 부합되게 설정해야 한다. 즉, 성장단계, 유지단계, 수확 단계에 대응되는 재무적인 목표를 세워 성과측정을 실시한다.

BSC는 결국 전략으로부터 도출된 측정지표들을 통합하는 새로운 관리시스템을 뜻한다. BSC는 과거 성과의 재무적인 측정지표들을 유지하는 한편, 미래 재무성과의 요인들을 전략적 목표달성을 위해 가시화하면서 관리할 수 있도록 여러 가지 측정지표들로 도움을 준 다. 이런 목표달성 과정은 초기 요인과 기업을 둘러싼 고객, 내부 프로세스 그리고 학습과 성장 관점들을 가시적인 목표들과 측정지 표들로 명백하게 전환시키는 데서 비롯된다.

그러나 이러한 균형성과표는 모든 기업에 공통적으로 적용할 수 있는 일반적인 측정도구로서 존재하는 것이 아니라, 적용하는 기업 마다 새롭게 만들어지고 구성되어야 한다는 한계점을 가지고 있다 (Kaplan & Norton, 1993).

## (2) 분야별 지식경영 효과 측정지표에 의한 평가방법

지식경영의 성과 측정과 관련하여 필요한 것은 지식경영과 사업 성취도와의 관계를 측정하는 측정지표들이 개발되어야 하고, 지식 경영의 성과에 대한 결과를 측정하지 않으면 지식경영 자체를 합리 화하기 어려울 것이라는 사실이다.

이순철(1999)은 지식경영 효과 측정지표에 의한 평가방법에 대하 여 다음과 같이 설명하고 있다. 전통적인 성과측정은 기업의 업무 성과를 평가하기 위하여 기존의 재무회계시스템에서 얻어지는 고전 적인 재무지표의 달성과 평가에 치중하여 새로운 평가지표의 개발 이나 다차원적 성과측정에는 큰 관심을 두지 않았다. 그러나 이와 같은 전통적 성과측정은 과거 지향적이고 결과 중심적인 재무관점의 평가로서 기업의 장기적인 투자나 기술개발 등의 비재무적 지표 달성에 대한 효과적인 측정은 기대할 수 없다. 이로 인하여 조직의 비전이나 조직의 전략구현이 어렵게 되는 결과를 낳게 된다.

따라서 지식경영의 효과를 재무적으로 측정하는 것이 가장 이상적이나 실제로는 용이하지 않기 때문에 사례나 우화와 같은 형태로라도 기록해 두는 것이 필요하다. 측정의 목표는 지식경영을 합리화하는 것보다는 지식근간을 넓힐 수 있는 곳에 자원을 투자한다는 자원투자에 대한 우선순위를 결정하는 데 있어야 한다. 이에 따라 지식경영의 효과를 측정하는 것도 중요하지만 지식에 관련된 특허, 기술, 운영방식, 고객과의 관계와 같은 무형자산들도 측정해야 한다.

이러한 측정의 목표는 미래에 필요한 지식자산과 현재 보유하고 있는 지식자산의 격차를 좁히는 데 있다. '측정할 수 있다면 더 잘 관리할 수 있다'는 일반론적 원칙도 지식자산을 측정하는 큰 이유가 될 수 있다. 이와 같이 지식경영의 성과측정을 위하여 사용될 수 있는 효과 측정지표는 <표 2-16>와 같이 정리될 수 있다.

## <표 2-16> 분야별 지식경영 효과 측정지표

| 측정분야 | 측정지표 |
|---|---|
| 지식업무의 생산성 증대 | 업무시산난축 |
| | 착오감축 |
| | 지식 재사용 증대 |
| | 종업원 수의 감축 |
| | 종업원 당 작업량 증대 |
| | 지식획득 비용 감축 |
| | 전문가로 만드는 데 소요되는 비용과 같은 교육 비용 단축 |
| 지식업무의 효과 증대 | 고객에 대한 가치 증대 |
| | 문제해결 시간의 단축과 같은 사이클 타임 단축 |
| | 고객의 욕구와 기대도 만족 증대 |
| | 매출증대 |
| | 결과 위주의 품질 증대와 원가 감축 |
| | 의사결정의 스피드 증대 |
| | 제품이나 프로세스 개선 |
| | 부가가치 없는 작업의 제거 |
| | 고객과의 접촉 증대 |
| | 판매상담 성공증대 |
| | 프로젝트 가격증대 |
| 지식노동자의 평가 | 누가 어떤 정보를 이용하나? |
| | 많이 이용되는 정보의 원천은? |
| | 지식 공유의 증대 |
| | 지식창출의 측정 |
| | 새로 창출되는 지식 건수 |
| | 새로 창출되는 지식 건수 중에서 탁월한 지식 건수 |
| 지식경영활동의 평가 | 지식공유의 기회 마련(박람회, 컨퍼런스, 뉴스) |
| | 방법론, 교육 등의 지식 전달 방식 개선 |
| | 지식경영시스템의 수요 증대 |
| | 종업원간의 커뮤니케이션 비용 감축 |
| | 재무보고의 표준화 |
| | 데이터 취합에 이용되는 시간 단축 |
| | 팀간의 협조 증대 |
| | 전략적 역할의 증대 |

자료: 이순철, "지식경영 구축을 위한 방법론", 제2회 지식경영 학술심포지엄, 1999, p.256.

## (3) 성과, 조직확산 및 핵심요소 구비정도에
## 의한 평가방법

국내에서는 지식경영 우수기업을 평가하는 기준으로 매일경제─부즈앨런 & 해밀턴(2002)의 지식경영 기업의 성공 여부 평가방법은 성과(results), 조직 내 확산정도(breadth), 핵심요소의 구비정도(key element) 등 세 가지를 기준으로 하고 있는데 그 내용은 다음과 같다(www.mk.co.kr).

첫째, 성과(results)는 지식경영을 도입한 후 수익성, 생산성, 매출액 등 측정가능한 눈에 보이는 성과를 의미한다. 둘째, 조직 내 확산정도(breadth)는 지식경영이 조직차원에서 어느 정도까지 확산돼 있는가를 평가하는 것이다. 셋째, 핵심요소의 구비정도(key element)는 지식경영 실천에 필수적인 네 가지 핵심 요소로 지식경영전략, 지식경영활동 지원 프로세스, 조직차원의 지원, 적절한 IT(정보기술)인프라구조 등의 요소가 얼마나 갖추어져 있는가를 평가하는 기준이다.

이러한 지식경영 성공여부 평가기준에 따른 구체적인 부문별 세부 평가요소는 다음과 같이 나누어지고 평가 기준별 상대적인 중요도에 의한 평가배점도 부여된다4)(www.mk.co.kr). 첫째는 지식경영 요소로서 여기에는 지식 항목의 전략적 정의, 지식의 원천 및 필요수준 정의, 지식의 창출, 공유, 활동, 협동 개선을 위한 프로세스 설계 및 관리, 지식경영 전담팀의 존재 여부 및 위상, 지식경영 확산을 위한 변화관리 프로그램, 지식경영 성과 측정 및 보상과의 연계,

---

4) 매일경제의 지식경영 우수기업의 선정을 위한 평가 배점은 지식 content: 전략과 연계하여 필요지식과 지식확보 방안을 정의하고 있는가?(35%), process: 지식을 창출, 공유, 활용이 일상 업무 속에서 실현되고 있는가?(30%), organization: 지식경영 활동이 조직화되어 있는가?(20%), IT: 지식경영 활동을 지원하는 적절한 정보시스템이 구축되어 있는가?(15%) 등으로 구성되어 있다.

필요 정보 시스템의 구비 등이 포함된다. 둘째는 지식활동지표로서 여기에는 고객 만족도 향상, 생산성 향상, 지속 적인 지식 창출을 위한 엔진 구축 여부, 지식문화 혁신(예: 학습 조직, 등록 지식 수익 증가) 등이 포함된다. 셋째는 재무 성과로서 여기에는 가시적 재무 성과 달성 여부, 비용 감소, 매출/순익 증가 등, 지속적인 재무성과 개선을 위한 지식경영 엔진 구축 여부, 지식경영의 재무성과 개선과의 논리적 연관성, 재무성과의 적합한 측정 등이 포함된다.

본 연구에서는 이러한 매일경제-부즈앨런 & 해밀턴의 평가방법을 중심으로 지식경영의 성공 기업을 논의하고 여타의 방법을 부수적으로 고려하여 성공적인 지식경영 기업의 개념에 접근하고자 한다. 따라서 본 연구에서 표본으로 선정된 기업은 이와 같은 매일경제-부즈앨런 & 해밀턴의 평가방법에 따른 우수 기업을 중심으로 실증적인 분석을 수행한 것이다.

# 제5장 지식경영의 성공요인 도출

## 1. 지식경영의 성공요인 분류방법

지식경영의 시행에 있어 중요한 성공요인으로 작용하는 요인들은 다음과 같은 자료원과 정리 원칙에 따라 연구자별로 수집하고 취합 정리하여 본 연구에 사용하였다.

첫째, 국내외 학술지를 중심으로 하였다. 이는 주로 미국의 지식 경영 관련 경영학 학술지와 국내 지식경영 및 경영일반 학회지에 수록된 연구자들의 연구 논문을 중심으로 하였는데 이는 연구 결과와 자료의 권위를 높여줄 것이다.

둘째, 국내외 컨설팅 회사와 기업의 연구소 연구자료를 사용하였다. 지식경영의 실천적인 특성상 실제로 지식경영의 주체인 기업을 지원하고 자문하는 각종 외국의 컨설팅회사나 국내 기업의 연구소에서 출간된 연구 자료는 기업 현장과 실무적으로 연결된 매우 의미 있는 자료가 될 것이다.

셋째, 지식경영의 성공요인을 언급한 연구자료의 취합범위와 관련한 문제로, 지식경영의 시행 역사가 일천한 점을 감안하여 최대한의 관련 자료를 수집하고 정리하기 위하여 전수조사를 원칙으로 하였으나 자료원이 불분명한 일부 연구 결과들은 반영하지 아니하였다.

넷째, 지식경영 성공요인의 구체적인 나열 및 적시와 관련하여, 본 연구에서는 연구자별로 제시한 가장 구체적인 요인들을 중심으로 취합하여 정리하되, 일부 연구는 커다란 차원이나 카테고리로 분류한 것이 있었으나 이 경우에도 본 연구의 메타분석적인[5] 특성

---

5) 자료분석형태를 제1차 분석, 제2차 분석, 메타분석(meta analysis)으로 구별하기도 한다. 제1차 분석은 연구에서 얻은 원자료에 대한 분석을

을 고려하여 연구자별로 제시한 지식경영의 성공요인에 대한 어의
나 연구자의 제시 의도를 분석적이고 해석적인 차원까지 고려하여
분류함으로써 연구자들이 제시한 연구 결과를 최대한 반영하려고
시도하였다.

본 연구에서 새롭게 지식경영의 성공요인을 유도해내기 위한 과
정 중에서 1차적으로, 지식경영의 성공요인을 취합하고 요인별로
분류하기 위하여 다음과 같은 Cohen(1998)의 연구를 바탕으로, 김
효근 등(2001)이 제시한 지식경영의 요인별 개념적, 조작적 정의에
따라 요인들을 분류하는 개념적 틀을 기본적으로 사용하였으며, 그
분류에 사용된 개념적 틀의 내용은 구체적으로 <표 2-17>과 같다.

이처럼 <표 2-17>의 지식경영의 성공요인 분류의 틀을 사용하여
기존의 연구자들이 지적한 요인들을 취합하고 각 차원별로 빈도가
높은 요인들을 대하여 1차적으로 지식경영의 성공요인들로서 가정
하고 제시하여 본 연구를 진행하였다.

---

의미하고, 제2차 분석은 구 자료에 대해 보다 나은 통계적 기법을 적
용하여 새로운 해답을 얻기 위한 분석을 의미하며, 메타분석은 기존
발견사항에 대한 통합을 목적으로 개별 연구의 결과들을 통계적으로
분석하는 것을 의미하는데 메타분석이라는 용어는 Glass(1976)가 처음
사용하였음.

## <표 2-17> 지식경영의 성공요인 분류의 틀

| 차 원 | 요 인 | 개념적 정의 | 조작적 정의 |
|---|---|---|---|
| 전 략 (Strategy) | 핵심지식에 대한 인지도 | 조직의 전략과제를 달성하는 데 있어 핵심지식이 무엇인지 알고 있는 제도 | 기업비전 내용, 기업의 전략과제 내용, 전략달성의 핵심지식, 목표달성에 필요한 지식의 파악정도, 사업의 베스트 프랙티스에 대한 인지정도 |
| | 가치공유 | 지식경영이 무엇인지 알고 지식경영의 가치를 파악하고 있는 정도 | 지식경영 인지도, 지식경영 필요성 인지정도, 지식경영 실용성 인지정도, 지식이용의 실용성 인지정도 |
| | 최고경영자의 지식경영 인지도 | 최고경영자가 지식경영의 가치를 파악하고 있는 정도 | 최고경영자의 지식경영 인지정도, 지식경영 지원정도, 지식창조 강조정도, 지식공유 강조정도 |
| 프로세스 (Process) | 의사소통 채널 | 구성원 간의 의사소통 채널의 종류 | 사용하는 의사소통 채널, 비중, 사용빈도, 효율성, 의사소통의 방해요인, 비공식적 의사소통의 이용정도 |
| | 관계의 다양성 | 구성원 간에 형성하고 있는 관계의 다양성 정도 | 업무조언자 범위, 업무수행 시 평균 관련 인원수, 비공식적 관계 형성 기회 유무, 비공식적 모임에 대한 기업의 태도, 사적인 관계 형성정도 |
| | 교육/훈련 프로그램 | 조직 내 존재하는 교육/훈련 프로그램의 종류와 내용 | 교육/훈련 프로그램의 유무, 빈도, 내용, 실용성 여부, 비실용적인 이유 |
| | 문서관리 체계 | 조직 내 문서, 정보, 지식을 전달하여 관리하는 역할과 책임체계의 존재 유무 | 관리부서/담당자 유무, 역할, 필요성, 효과성 |
| | 보상체계 | 새로운 아이디어나 정보의 제공, 공유에 대한 보상 체계 유무 | 지식공유관련 보상유무, 지식창조관련 보상여부 |
| | 지식 접근성 | 조직 내 존재하는 정보에 접근하여 획득할 수 있는 정도 | 지식의 위치파악 가능성, 지식의 요구 가능성 정도, 획득 불가능의 이유 |
| 문화 및 사람 (Culture/People) | 창의성 | 새로운 방법으로 업무를 해결하려는 의지 | 다양성 인정정도, 최고경영자의 창의성에 대한 장려 정도, 자유로운 의사표현정도, 실패용납정도, 다양한 의사표현 가능성, 자율성(의사결정권자) |
| | 신뢰성 | 타인 또는 집단의 말과 약속, 구두 혹은 문서화된 표현들 혹은 지식이 믿을만하다고 생각하는 어떤 개인 또는 집단의 기대 | 타인의 정보에 대한 신뢰정도, 타인의 능력에 대한 신뢰정도, 타인의 판단력에 대한 신뢰정도, 타인에 대한 관심정도, 타인이 자신에 대해 험담을 하지 않을 것에 대한 신뢰, 타인과의 대화에 있어 솔직한 정도 |
| | 협력도 | 상호의존적 직무의 완성을 위한 개인적 노력의 의식적 공헌도 | 타부서(팀)간의 협력필요, 협력가능정도, 협력하고자 하는 의지 정도 |
| | 개방성 | 타인에게 지식을 제공하거나 타인의 지식을 받아들이려는 정도 | 동료간 정보요구의 용이성, 정보제공의 호의도, 정보를 공유하고자 하는 의지정도, 타인과의 대화에 있어 솔직한 정도 |
| | 구성원의 컴퓨팅 능력 | 조직 구성원의 컴퓨터 사용 능력 | 운영프로그램, 문서작업 프로그램, 스프레드쉬트, PC통신, 인터넷 사용에 익숙한지의 여부 |

| 차 원 | 요 인 | 개념적 정의 | | 조작적 정의 |
|---|---|---|---|---|
| 기 술 (Technology) | 정보기술 이용도 | 조직 내 업무수행에 있어 정보기술의 활용정도 | | PC의 주요용도, 인터넷 이용여부, 업무에 있어서 PC가 필요한 정도 |
| | 정보기술 인프라 | 조직 내 정보기술 기반 상태 | | 연평균 전산 관련 지출 예산, PC보급률, 네트워크 접속방법 |
| | 지식경영 도구 | 지식축적 도구 | 지식을 포착·저장하는 도구의 유무 | DB존재 유무, 용도, 효율성, 관련기술의 존재 유무 (Data mining, Data warehousing, Knowledge Repository) |
| | | 지식공유 도구 | 저장된 지식을 공유할 수 있는 도구의 유무 | Groupware의 설치여부/사용용도/효율성, Internet의 설치여부/사용용도/효율성, 관련 기술의 존재여부 |
| 기 타 (TheOthers) | (기타요인) | (위의 어느 요인에도 속하지 않는 요인) | | |

자료: 김효근 등(2001), "조직의 지식경영 준비도 측정도구 개발에 관한 연구," 지식경영연구, 제2권 제1호, p.49에 기타 차원을 추가함.

## 2. 지식경영의 연구자별 성공요인 제시

지식경영에는 조직의 경쟁우위의 원천으로서 핵심역량을 제고시키기 위한 여러 가지의 활동들이 포함되어 있다. 이와 같은 지식경영에 관하여 많은 학자들과 지식 관련 컨설팅 회사들은 지식경영의 성공요인을 다양한 측면에서 제시하고 있다(Quinn, 1996; Edvinsson, 1996; APQC, 1996; Probst, 1997; Wiig et al., 1997; Demarest, 1997; Krogh et al., 1998; Woods & Sheina, 1998; Radding, 1998; Arthur D Little, 1998; Dvenaport & Long & Beer, 1998; Davenport & Prusak, 1998; Earl, 1994; KPMG, 1998; Leonard & Sensiper, 1998; Nonaka & Takeuchi, 1995; O'Dell & Grayson, 1998; Ruggles, 1998; Sveiby, 1997; Ulrich, 1998; 김영걸, 1998; 김효근 등, 1998; 김상현, 1998; 안순종, 1998; 김경수, 1998; 김영배, 1998; 김희집, 1998; 김성희, 1998; 장세진, 1998; 이근, 1998; 손영호, 1998; 포스코경영연구소, 1998; Zack, 1999; 송희경, 이종국과 한관희, 1999; 이순철, 1999; 삼성경제연구소,

1999; 전국경제인연합회, 2001). 반면 지식경영의 실패에 관한 내용은 거의 발표되지 않기 때문에 그 실패 원인을 분석하기란 어렵다 (Davenport, 1997; Davenport & Prusak, 1998; 이순철, 1999). 그러나 초기 단계임에도 불구하고 기업에서 지식경영을 시행한 기업 중에서 절반 이상이 성공할 정도로 성공률도 높은 편이다(Davenport & Prusak, 1998). 주요 연구자들이 제시하고 있는 지식경영의 성공요인을 구체적으로 살펴보면 다음과 같다.

Earl(1994)은 지식경영을 실시하고 있는 기업들의 사례연구를 통하여 성공적인 지식경영을 위한 핵심요소로서 정보기술의 지식시스템(knowledge system) 활용, 외부와의 네트워크(network) 구축, 지식근로자(knowledge worker)의 유지 및 활용, 학습조직(learning organization)으로의 이행 등 네 가지를 제시하였다.

또한 Nonaka & Takeuchi(1995)는 주로 일본기업을 대상으로 지식경영을 연구하여 지식에 관한 비전(knowledge vision)의 선포, 중간관리자를 중심으로 운영하는 미들업다운(middle-up-down) 경영, 수직적 조직의 효율성과 수평적 조직의 유연성을 동시에 추구하는 하이퍼텍스트(hypertext) 조직구조의 구축, 지식담당 임직원(knowledge crew)에 대한 경력경로(career path) 제공, 조직구성원들 간의 상호작용 기회 확대, 신지식을 창출하고 공유하기 위한 외부와의 네트워크 형성 등을 지식경영의 성공요소로 제시하였고, 지식창출을 촉진시킬 수 있는 조건들로는 전략적 의도(intention), 조직구조의 자율성(autonomy), 창조적 혼돈(creative chaos), 정보의 중복(redundancy), 구성원의 다양성(variety)과 같은 다섯 가지 요인들을 들고 있는데, 여기에서 주목할만한 점은 서구의 지식경영이 지식의 공유와 활용을 중심으로 한다는 것이라면 Nonaka가 말하는 지식경영은 새로운 지식 창조에 중점을 둔다는 것이다.

그리고 Leonard-Barton(1995)은 전략적 의도, 핵심역량, 창조적 갈등, 인지적 다양성, 실험 등을 지식경영의 주요 성공요인으로 제시하였고, Quinn 등(1996)은 효과적으로 지식자산을 이용하기 위해서는 적절한 구성원의 선발, 구성원의 능력 및 기술의 개발, 체계적인 기술 및 조직적 구조의 개발, 구성원의 성과에 대한 적절한 보상제도 구축과 같은 활동이 선행되어야 함을 강조하였으며 Edvinsson(1997)은 스칸디아 금융회사 자산가치분석에서 인적자산과 구조적자산 그리고 고객자산을 제시하였으며 구체적으로는 인적자산은 자기개발, 업무능력, 대인관계 요인을, 구조적자산에는 기업 환경과 문화, 프로세스, 정보기술, 지식경영전략 등을 들고 있다.

또한 미국생산성품질센터(APQC, 1996)는 지식경영 이니셔티브를 시행하기 위해 벤치마킹 파트너 기업들이 사용하는 몇 가지 접근방법과 솔루션들을 관찰하였는데, 그 결과 기업들의 전략(strategy), 구조 및 자금(structure and funding), 문화 이슈와 가능요인(cultural issues and enablers), 기술(technology), 평가(measurement), 경험학습(lesson learned) 등을 지식경영의 성공요인으로 제시하였다 (http://www. webcom. com/quantera/ Apqc. html).

그리고 Probst(1997)는 최고경영자의 의지와 조직문화, 조직구조를 지식경영의 성공요인으로 강조하였고, Wiig 등(1997)은 지식경영의 성공요인으로서 업무 및 프로세스, 사람, 구조, 권한에 이르는 네 가지 요소를 제시하였으며 Demarst(1997)에 따르면 조직에 실질적인 가치를 가져다 줄 수 있도록 지식을 관리하기 위해서는 문화적 기반 (cultural infrastructure), 운영적 기반(operational infrastructure), 기술적 기반(technological infrastructure)이 마련되어 있어야 한다고 주장하고 있다.

또한 Alavi(1997)는 지식관리 프로세스의 효과적인 구축 및 실행을 위해서는 사회 문화적(socio-cultural), 조직적(organizational), 기술적 (technological) 요인의 관리가 선행되어야 한다고 주장하였고, Krogh 등(1998)은 지식경영 영향요인을 '조직 내에서 의도적으로, 그리고 끊임없이 지식을 생성하기 위한 조직적 메커니즘(organizational mechanism)'이라고 정의하면서, 지식을 생성하고자하는 전략적 의도 (intention), 조직 내 대화(conversation), 지식창출에 적합한 조직구조 (organizational structure), 조식구성원 산의 관계(relationship), 그리 고 인적지원(human resource) 등의 다섯 가지를 성공 요인으로 제시 하였다.

Davenport와 Prusak(1998)은 지식관리 프로젝트 성공요인을 체계 적으로 문서화한 지식, 비공식적인 토론 유형의 지식과 누가 무엇을 아는지에 대한 전자적인 저장소의 구축, 지식창출과 배포를 위한 환 경 개선, 지식을 문화, 리더십, 비즈니스 가치와 연계하는 일, 특정지 식의 보유자를 알아내는 지식지도, 회사의 기본적인 변화보다는 독 립 프로세스나 기능에 대한 운영상의 개선들로 구분하고 있다.

또한 Davenport와 Long과 Beer(1998)는 24개의 회사에서 31개의 지식경영 프로젝트를 대상으로 연구한 결과, 지식경영을 경제적 성과 또는 가치와의 연계(link to economic performance or industry value), 인터넷 등 기술적 조직적 인프라 확보(technical and organizational infrastructure), 표준화되고 유연한 지식관리체계의 보 유(standard, flexible knowledge structure), 지식 친화적인 기업문화 의 조성(knowledge friendly culture), 지식경영에 관한 명확한 목표와 용어의 사용(clear purpose and language), 조직 구성원을 동기 부여 하는 방식의 변화(change in motivational practices), 지식이전을 위 한 다양한 채널의 구축(multi channels for knowledge transfer), 지식 경영에 대한 고위 경영자의 지원(senior management support) 등의 아홉 가지를 지식경영의 성공요인으로 꼽았다.

그리고 Woods와 Sheina(1998)는 지식경영의 성공을 위해서는 요소 기술이 필요하고 구체적 요인으로서는 문서관리시스템, 정보검색, 멀 티미디어 DB, 그룹웨어 등의 필요한 요인을 제시하였고, Radding(1998)은 지식경영의 시행에 있어 고객, 주주와의 관계, 기업 환경, 프로세스, 서비스, 인적자산을 성공요인으로 제시하였으며,

Ulrich(1998)는 GE의 관계자들과 Ulrich 자신을 포함한 외부 전문가들과 공동으로 선정한 조직변화의 7가지 지식경영의 주요 성공요인에 관하여 언급하였다. 이러한 성공요인으로 조직변화 선도자, 비전수립, 조직변화에 대한 필요성 확산, 이해관계자들의 조직변화 참여유도, 조직구조와 시스템변경, 모니터링, 조직변화의 지속을 제시하였다.

또한 김영걸(1998)은 최고경영자의 비전과 적극적 지원, 지식 친화적인 조직문화의 형성, 조직 및 지식인프라의 설치, 평가 및 동기부여 제도의 변화, 지식전달 채널의 다양화 등을 성공요인으로 제시하였고, 김효근 등(1998)은 지적자산에 따른 평가, 무형자산의 회계·재무 항목에 포함, 조직문화의 조성, 전략분석 및 평가제도, 효율적 정보시스템 구축 등을 성공요인으로 제시하였으며, 김상현(1998)은 지식경영의 성공요인으로 정보조직 및 분석기술, 전자문서 처리기술, 이미지 정보처리기술, 통합응용기술, 효율적인 지식관리 방안의 도출과 이의 전사적 활용, 공유문화, 지식의 창조, 최고경영층의 강력한 의지와 모든 직원의 동참, 조직적인 관리방안, 기존자원의 최대활용, 새로운 기술의 보완적용, 단계적 구축방안의 확립 등을 제시하고 있다.

그리고 안순종(1998)은 전략적인 방향에서는 사업결과와 연계되는 방향정의, 비즈니스사례 결정, 경영진의 스폰서십을 제시하였고, 사람과 조직 차원에서는 측정·보상 정의, 지식능력·태도 정의, 지식교육프로세스 개발, 습관·행동변화 유도를, 기술인프라 부문에서는 지식내용 관리, 검색기능, 연결성을, 지식프로세스 차원에서는 지식정책이나 과정창조, 지식리더, 롤, 재원정리, 지식획득, 필터링, 개발, 유지, update를 위한 프로세스개발 등을 제시하였으며, 지식 내용에서는 전략적 필요지식과 source 정의, 비즈니스와 연계되는 분류능력 개발, 지속적 내용 변화관리, 외부내용과 연결 등을 성공요인으로 제시하였고, 김경수(1998)는 전략차원에서는 지식관리와 전략목표 및 측정과의 연계, 지식자산의 가치를 인식, 최고경영층의 적극적 지원·선도력, 지식의 전략적 자산화, 효과적 커뮤니케이션 플랜 개발을, 사람차원에서는 지식공유·활용·재활용의 문화 확산, 지식의 독점방지 대책, 지식장려문화 정착, 지식공유 관련 항목의 성과평가에 반영, 인센티브, 보상·이점·측정·평가방안 제공을, 프로세스 차원에서는 업무단위에 적합한 지식의 축적·제공, 업무 workflow와 연계·최적화, 지식자산관리를 위한 표준 프로세스의 정의, KMS가용성 극대화를 통한 추가시스템 및 채널제거를, 기술 차원에서는 지식관리 아키텍쳐(architecture)의 표준화, 운영(중앙집중적 지원, 보안, 백업, 성능관리) 등을 지식경영의 성공요인으로 제시하고 있다.

또한 김영배(1998)는 지식경영의 성공요인으로 경영진의 리더십, 핵심가치관 제시, 권한위양(empowerment), 자발적 학습조직의 활성화, 교육훈련체계 마련 등을 제시하였고, 김희집(1998)은 전략 차원에서는 경영진의 의식 및 스폰서십, 단계적인 접근방법을, 조직 및 문화 차원에서는 리더십, 지식창출과 공유문화, 인센티브관리, 핵심 사용자 그룹의 주도적 참여를, 프로세스 차원에서는 업무프로세스와 지식공유·창출의 연계, workflow의 효율화, 지식관리시스템 및 절차의 반복화를, 정보기술 차원에서는 시스템인프라, 시스템표준화, 지식관리 아키텍쳐 수립, 시스템 용이성 및 유연성 확보 등을 성공요인으로 제시하였으며, 김성희(1998)는 지식경영의 실행에서 정보기술을 활용한 지식관리시스템 구축, 지식전담조직의 마련, 지식근로자 육성, 지식친화적 문화의 형성, 최고경영자의 지식경영 의지, 전략과의 연계성 등을 제시하고 있는데, 구체적으로는 경제적 수행결과나 가치의 결합, 기술적/조직적 지식지향 인프라 구축, 유연성 있는 지식구조, 지식친화적 문화, 목적과 용어의 명확화, 차별화된 동기유도, 지식이전의 다양한 채널, 최고경영자의 이해와 독려를 성공요인으로 제시하였으며, 지식경영의 실행 후의 교훈으로 조직 내 지식과 경영의 확실한 정의, 지식경영 노력과 조직전략 및 목표의 철저한 연관, 지식관리자의 조직화 및 권한위양, 지식공유 독려를 위한 업무프로세스 변환, 조직 내 실제로 지식 필요부분 및 그룹에 우선적용, 지식경영프로세스를 사이클로 정의하여 지식 고부가가치화, 개방적, 공유적, 창조적 환경구축을 위해 적합기술 지원, 조직 내 지식가치 및 활용도 측정, 지식개선을 선도할 대화와 모임 독려, 지도자들의 지식공유와 상호학습 독려, 모든 프로세스에서 지식경영에 통합 등을 제시하고 있다.

그리고 이근(1998)은 지식경영의 성공요인으로 물리적인 시스템의 구축, 인식의 변화, 평가체계 및 보상체계의 개선, 최고경영자의 의지 등을 성공요인으로 제시하였고, 손영호(1998)는 최고경영자의 리더십(지식경영의 필요성 인식, 전략수립, 적극지원), 조직문화(조직구성원의 적극적 활용, 정보의 공유), 기술(지식수립·관리·분류, 커뮤니케이션 활성화 기술, DB, 정보관리자, 지원팀 등 지식경영을 성공적으로 구현하기 위한 각종 시스템과 조직·제도), 측정(경영전략 지원정도, 이용자의 만족정도, 조직구성원의 참여정도) 등을 성공요인으로 제시하였으며, 포스코경영연구소(1998)는 강력한 리더십과 파트너십, 지적자본을 개발하고 활용하는 전략, 신속하고 유연한 프로세스, 지적자본의 중요성 인식, 보상을 통한 강력한 동기부여, 정보인프라, 자유로운 의견교환과 지식공유 등을 성공요인으로 제시하고 있다.

또한 Zack(1999)은 조직의 지식 및 학습능력(learning capability)을 개발하고 이용하고자하는 의도로서의 전략적 차원(strategic context), 경쟁자와의 지식차이(knowledge gap) 및 지식자체의 경쟁력에 관한 지식차원(knowledge context), 조직의 구조 및 문화적 요인, 보상제도 등에 관한 조직적 차원(organizational context), 지식경영을 지원할 수 있는 정보기술 기반 및 정보기술 활용 능력에 관한 기술적 차원(technology context)의 네 가지 차원을 지식경영의 성과를 결정하는 요인으로 제시하였다.

그리고 송희경·이종국·한관희(1999)의 지식전환전략에 관한 연구에서는 지식경영의 성공요인을 인간, 최고경영자의 리더십, 조직과 문화의 전환, 지식의 성과측정 기능, 지식관리시스템 등을 성공요인으로 꼽고 있으며, 이순철(1999)은 지식 비전의 창출과 전파, 지식을 통한 핵심역량의 지원, 지식공헌을 위주로 채용 및 평가와 보상, 비용이 아닌 투자관점에서의 지식경영, 최고경영자의 지원, 지식의 내역 및 조직문화와 동기부여 등이 종합된 기술의 개발, 기술을 통한 내외부 관련자들의 연계, 고객 지식의 활용, 기술을 통한 조직지식 구축, 사용자 중심의 기술 개발, 학습조직의 구축, 외부와의 지식연계, 상호작용의 마당 제공, 지식근로자에 대한 관심 증대, 중간 관리자의 역할 강조, 지식경영의 효과적 측정방법 개발, 지식 근간을 넓힐 수 있는 곳에 자원 할당, 핵심 성공요인의 파악, 통찰력을 제공할 수 있는 곳을 지식전이의 대상으로 선정, 네트워크 체제, 포럼의 활성화, 지식 관련 조직편성, 종업원들에게 지식에 대한 책임 부여, 지식획득과 전달이 용이한 경로개발 등 총 24가지의 성공요인을 제시하였다.

또한 삼성경제연구소(1999)는 지식경영의 구현을 위한 성공요인으로 최고경영층의 강력한 리더십과 지원, 조직구성원들의 동참을 위한 조직원 내의 정보공유, 지식창출자와 지식제공자들을 존중하고, 지식과 관련된 행동을 장려하며 개방적이고 신뢰성이 충만한 지식경영 문화의 정착, 지식경영과 사업 성취도와의 관계를 측정하는 측정 지표의 개발 등을 포함하는 지식경영 성과측정 등을 성공요인으로 제시하고 있다.

그리고 전국경제인연합회(2001)는 우리나라 전국경제인연합회 CKO(최고지식경영자)클럽 회원들을 대상으로 조사한 연구 결과에서 지식경영의 성공요인으로 CEO의 강력한 의지, 조직의 분위기·문화, 부서 간의 의사소통·협력, 평가보상체제, 구성원의 지식경영(KM)인지도, 경영전략, 기술 등의 순서로 제시하고 있으며, 장애요인으로는 종업원의 인식부족, 조직문화(권위주의), 추진 주체의 추진력 미흡, 지식공유시스템 미흡과 부서이기주의, 공정한 평가 및 보상체제 미흡, 공유 필요성 미흡, 과도한 비용 발생의 순으로 제시하고 있다.

이 밖에도 장세진(1998)은 지식경영의 성공요인으로 인센티브 제공을 제시한 바 있으며, 비교적 최근의 연구로 신상문(2002)은 조직의 하위문화를, Berdrow와 Lane(2003)은 전략적 통합, 관계의 다양성, 교육훈련, 창의성, 정보인프라를, 김찬중 등(2004)은 최고경영자의 의지, 평가보상, 조직문화, 지식관리시스템, 조직구조 등을 제시하였다.

본 연구에서는 이미 한차례 언급한 것과 같이 Cohen(1998)[6]이 성공적인 지식경영 프로젝트 수행을 위한 인프라 스트럭춰(infra structure)의 차원으로 제시한 전략과 기술, 조직 및 인간으로 분류한 것을 바탕으로 국내에서 김효근 등(1999)이 수정 제시한 전략(strategy), 프로세스(process), 문화와 사람(culture & people), 기술(technology) 등 4가지 차원의 성공요인 분류 기준에 따라 세부적인

---

6) Cohen(1998)은 지식경영프로젝트를 수행한 O'Dell, Petrash, Prusak의 수행결과를 정리하여 성공적인 지식경영 프로젝트의 차원을 사람, 조직, 기술, 전략으로 나누었다. 이를 바탕으로 김효근 등(2001)은 기존의 지식경영 연구에서 중요하게 지적되어 온 프로세스와 문화를 추가하여 (예: Davenport et al., 1997) 전략, 프로세스, 문화 및 사람, 기술의 4차원으로 나누었다.

## <표 2-18> 지식경영의 성공요인 취합정리

| 차원 | 연구자 / 요인 | Earl 1994 | Leonard-Barton 1995 | Nonaka & Takeuchi 1995 | APQC 1996 | Edvinsson 1996 | Probst 1997 | Alavi 1997 |
|---|---|---|---|---|---|---|---|---|
| 전략 | 핵심지식에 대한 인지도 | | O (핵심역량) | | O (전략) | O (지식경영전략) | | |
| | 가치공유 | | O (전략적의도) | O (지식비전선포) | O (전략) | O (지식경영전략) | | |
| | 최고경영자의 지식경영 인지도 | | O (전략적의도) | | O (전략) | O (지식경영전략) | O (CEO의지) | |
| 프로세스 | 의사소통채널 | | | O (미들업다운) | | O (프로세스) | | |
| | 관계의 다양성 | | | O (상호작용) | | O (프로세스) | | |
| | 교육/훈련 프로그램 | O (학습조직) | | | O (경험학습) | O (프로세스) | | |
| | 문서관리체계 | | | | | O (프로세스) | | |
| | 보상체계 | O (보상제도) | | | O (평가보상) | O (프로세스) | | |
| | 지식용이성 | | | | | O (프로세스) | | |
| | 지식접근성 | | | | | O (프로세스) | | |
| 문화 및 사람 | 창의성 | | O (실험) | | O (문화) | O (기업문화) | O (조직문화) | O (문화적요인) |
| | 신뢰성 | | | | O (문화) | O (기업문화) | O (조직문화) | O (문화적요인) |
| | 협력도 | | | | O (문화) | O (기업문화) | O (조직문화) | O (문화적요인) |
| | 개방성 | | O (인지적다양성) | | O (문화) | O (기업문화) | O (조직문화) | O (문화적요인) |
| | 컴퓨팅 능력 | O (지식근로자) | | | | O (업무능력) | | |
| 기술 | 정보기술 이용도 | | | | O (기술) | | | O (기술적요인) |
| | 정보기술 인프라 | | | | O (기술) | O (정보기술) | | O (기술적요인) |
| | 지식경영도구 - 지식축적도구 | O (지식시스템) | | | O (기술) | | | O (기술적요인) |
| | 지식경영도구 - 지식공유도구 | O (지식시스템) | | | O (기술) | | | O (기술적요인) |
| 기타 | (기타 요인) | 네트워크조직(구조)구축 | 창조적갈등 | 경력경로·네트워크조직(구조) | (조직)구조·자금 | 인적자산(자기개발, 대인관계)구조적자산 고객자산 | 조직구조 | 조직요인 |

| Demar -est | Wiig 등 | Woods &Sheina | Ulrich | Krogh 등 | Davenpo -rt & Pusak | Davenport 등 | 안순종 | 김효근 근등 | 송희경 이종국 한관회 | 삼성 경제 연구소 |
|---|---|---|---|---|---|---|---|---|---|---|
| 1997 | 1997 | 1998 | 1998 | 1998 | 1998 | 1998 | 1998 | 1998 | 1999 | 1999 |
| | | | O (비전수립) | O (전략적 의도) | | | O (방향 정의) | | | |
| | | | | O (전략적 의도) | | | | | | |
| | | | O (변화 선도자) | O (전략적 의도) | O (리더십) | O (CEO의 지원) | O (스폰 서십) | | O (리더십) | O (리더십. 지원) |
| | O (프로 세스) | | | O (조직내 대화) | O (프로 세스) | O (다양한 채널) | | | | |
| | O (프로세스) | | | | O (프로세스) | | | | | |
| | O (프로 세스) | | | | O (프로 세스) | | O (교육프 로개발) | | | |
| | O (프로 세스) | 문서관리 시스템 | | | O (프로 세스) | | | | | |
| | O (프로 세스) | | | | O (프로 세스) | O (성과 연계) | O (측정/ 보상) | | O (성과 측정) | O (성과 측정) |
| | O (프로세스) | | | | O (프로세스) | | | | | |
| | O (프로 세스) | | | | O (프로 세스) | | | | | |
| O (문화적 기반) | O (조직 문화) | | | | O (문화) | O (기업 문화) | | O (조직 문화) | O (조직 문화) | |
| O (문화적 기반) | O (조직 문화) | | | | O (문화) | O (기업 문화) | | O (조직 문화) | O (조직 문화) | O (신뢰성 문화) |
| O (문화적 기반) | O (조직 문화) | | | | O (문화) | O (기업 문화) | O (조직 문화) | O (조직 문화) | | |
| O (문화적 기반) | O (조직 문화) | | | | O (문화) | O (기업 문화) | O (조직 문화) | O (조직 문화) | | O (개방, 공유) |
| | O (사람) | O (검색 능력) | O (인적 자원) | | | O (지식 능력) | | O (인간) | | O (지식창 조자) |
| O (기술적 기반) | O (멀티미 디어) | | | | | O (기술 인프라) | | O (정보시 스템) | | 사용자중 심기술 |
| | O (DB) | | | | O (저장소) | O (기술관리 체계) | O (내용 관리) | | O (KMS) | O (사용자중 심기술) |
| | O (그룹 웨어) | | | | | O (기술관리 체계) | O (검색 기능) | | O (KMS) | O (사용자중 심기술) |
| 운영적 기반 | (조직)구 조 권한 | | 조직구조 시스템변경 조직변화의 필요성확산 | | | 경제적가 치와의 연계 조직인프라 | 비즈니스 사례결정 태도 | 지적자 산 평가 무형자 산 포함 | | |

| 이순철 | 박기동 우성진 | Zack | 김상수 김용우 | 안중호 | 전국경제인연합회 | 신상문 | Berdrow & Lane | 김찬중 서도원 이덕로 | 빈도 | 소계 |
|---|---|---|---|---|---|---|---|---|---|---|
| 1999 | 1999 | 1999 | 2000 | 2001 | 2001 | 2002 | 2003 | 2004 | | |
| O (핵심역량 지원) | | | O (전략) | | O (전략, 기타) | | | | 9 | |
| | | | O (전략) | | O (전략,인지도) | | O (전략적 통합) | | 8 | |
| O (CEO 지원) | O (CEO 의지) | | O (리더십, 전략) | O (지원,리더십) | O (전략, CEO) | | | O (CEO 의지) | 17 | 34 |
| | O (미들업 다운) | | | O (프로세스) | | | | | 8 | |
| | | | | O (프로세스) | | | O (관계의 다양성) | | 6 | |
| O (학습 조직) | O (학습 조직) | 학습능력 개발 | | O (프로세스) | | | O (교육훈련) | | 11 | |
| | | | | O (프로세스) | | | | | 5 | |
| O (평가보상) | O (보상) | O (보상) | O (평가보상) | O (인센티브) | O (평가보상) | | | O (평가보상) | 16 | |
| | | | O (지식특성) | O (프로세스) | | | | | 5 | |
| | | | O (지식특성) | O (프로세스) | | | | | 5 | 56 |
| O (조직문화) | | O (문화요인) | O (조직문화) | O (조직문화) | O (조직문화) | O (하위문화) | O (창의성) | O (조직문화) | 20 | |
| O (조직문화) | | O (문화요인) | O (조직문화) | O (조직문화) | O (조직문화) | O (하위문화) | | | 17 | |
| O (조직문화) | | O (문화요인) | O (조직문화) | O (조직문화) | O 협력적 문화 | O (하위문화) | | | 16 | |
| O (조직문화) | O (공유문화) | O (문화요인) | O (조직문화) | O (조직문화) | O (조직문화) | O (하위문화) | | O (조직문화) | 20 | |
| O (지식 노동자) | | | O (수행능력) | | | | | | 10 | 83 |
| | | | | | | | | | 2 | |
| | | O 정보활용 기술 | O (시스템기능) | O (정보기술) | | | O (정보 인프라) | | 12 | |
| O (조직지식 구축) | O (네트워크) | O 정보활용 기술 | O (사용자편의성) | O (정보기술) | | | | O (KMS) | 15 | |
| O (공유기술) | O (네트워크) | O 정보활용 기술 | O (사용자편의성) | O (정보기술) | | | | O (KMS) | 14 | 43 |
| 지식관련 조직 네트워크 | CKO임명 | 지식차원 조직구조 등 조직적 차원 | 업무특성 | | | | 통제 | 조직구조 | 조직 구조 (8) 등 31 | 31 총 247 |

지식경영의 성공요인들을 취합하여 정리하였으며, <표2-17>은 이와 같은 절차에 의하여 수행된 지식경영의 성공요인에 관한 주요 연구 내용을 취합 정리한 것이다.

이와 같이 기존 지식경영 연구에서 언급하고 있는 지식경영의 성공요인을 취합하여 종합적으로 살펴볼 때, 기존의 연구자들은 전략적인 차원에서 최고경영자의 강력한 지원과 함께 동기부여에 적합한 평가와 보상제도를 마련하여 시행하고, 지식 친화적인 개방적이고 창의적인 조직문화를 조성하며, 지식관리도구로서 지식관리시스템 등 기술적인 기반이 충분히 마련되어야 지식경영이 성공할 수 있다고 주장하고 있음을 파악할 수 있었다.

# 3. 지식경영의 핵심성공요인 유도

## (1) 지식경영의 성공요인 분석

앞에서 지식경영의 성공요인들을 제시하고 있는 기존의 국내외 여러 연구 중 그 최초의 연구인 1994년 Earl의 지식경영에 대한 연구로부터 2004년 김찬중 등의 연구에 이르기까지 약 11년여에 걸쳐 27인(공동 연구의 경우는 1인으로 간주)이 수행한 지식경영 성공요인 관련 연구들을 중점적으로 검토하여 보았다.

각 연구자들은 그들의 분석 초점에 따른 지식경영의 성공요인에 대한 연구 주제와 그들이 제시하고 있는 지식경영의 성공요인들에 있어서도 실로 다양하다.

그러나 각각의 연구자들이 분석 제시하고 있는 지식경영의 여러 특징적인 성공요인들을 볼 때 무질서하게 다양하기만 한 것은 아니다. 연구자별로 제시된 요인 간에는 상당히 유사한 요인들이 많으

며 연구자들 서로가 합의를 보고 있는 요인 또한 적지 않다는 것을
쉽게 알 수 있었다.

이미 본 연구의 기본목직의 하나가 지식경영을 수행하는 데 있어
서 요구되는 성공요인을 발견 제시하기 위한 것이라는 것을 언급하
였다. 때문에 여기에서는 이제까지 지식경영의 성공에 기여하는 특
징적인 요인으로 제시된 여러 요인들에 대하여 각 연구자들 간에
어느 정도 상호유사성을 나타내고 있으며 또는 합의를 보이고 있는
가에 대한 것을 먼저 검토해 보기로 한다.

위의 <표 2-18>을 살펴볼 때 각 연구자들이 지식경영의 성공요
인으로 제시하고 있는 요인의 전체 수는 무려 247개나 된다. 이들
요인에 대한 것으로 <표 2-18>에서 요인 명칭을 나타내는 '행'내
의 요인들은 그 구체적 표현은 다소 달라도 그들의 성격상 별로 속
성이 다르지 않아 하나의 동일한 요인으로 분석하여 본 것이다.

개략적으로 위의 <표 2-18>에 있는 내용들을 각 지식경영의 성
공요인별로 검토하여 볼 때 여러 연구자들에 의하여 가장 많이 지
적(또는 합의)되고 있는 요인은 최고경영자의 지식경영 인지도와
개방적 조직문화라는 것을 알 수가 있었다.

구체적으로 연구자들이 지적하고 있는 지식경영의 성공요인들을
각 차원별로 빈도에 따른 순서별로 나열하여 보면 다음과 같았다.

먼저 전략 차원에서는 최고경영자의 지식경영인지도(17인의 연구
자), 핵심지식에 대한 인지도(9인의 연구자), 가치공유(8인의 연구
자) 등의 빈도에 따른 순위로 되어 있음을 알 수가 있었다.

다음으로 프로세스 차원에서는 보상체계(16인의 연구자), 교육훈련
프로그램(11인의 연구자), 의사소통채널(8인의 연구자), 관계의 다양
성(6인의 연구자), 문서관리체계 및 지식용이성과 지식접근성(각 5인
의 연구자) 등의 빈도에 따른 순위로 되어 있음을 알 수 있었다.

그리고 문화 및 사람 차원에서는 창의성과 개방성(각 20인의 연
구자), 신뢰성(17인의 연구자), 협력도(16인의 연구자), 구성원의 컴

퓨팅 능력(10인의 연구자) 등의 빈도에 따른 순위로 되어 있음을
알 수가 있었다.

기술 차원에서는 지식경영도구 중 지식축적도구(15인의 연구자),
지식공유도구(14인의 연구자), 정보기술인프라(12인의 연구자), 정보
기술이용도(2인의 연구자) 등의 빈도에 따른 순위로 되어 있었다.

한편 기타 요인으로 분류된 지식경영의 성공요인들 중에서는 조
직구조(8인의 연구자)에 관한 지적이 가장 많은 빈도를 보이는 것
을 알 수가 있었다.

이와 같이 연구자 상호간에 합의를 보이고 있는 요인 간의 빈도
를 각 차원별로 검토하여 보면 결국 전략 차원에서는 최고경영자의
지식경영인지도 요인이, 프로세스 차원에서는 보상체계 요인이, 문
화 및 사람 차원에서는 창의성과 개방성 요인이, 기술 차원에서는
지식축적도구 요인이, 그리고 기타 요인 중에는 조직구조 요인이
가장 높은 빈도를 나타내고 있어 이들 요인들이 지식경영의 가장
핵심적인 성공요인으로 지적(또는 합의)되고 있음을 1차적으로 확
인할 수가 있었다.

## (2) 새로운 지식경영의 가정적인 성공요인 유도

다음으로 그 표현은 다소 달라도 그들의 성격상 별로 다르지 않
아 하나의 동일한 요인으로 분석하여 본 '행' 내의 요인들을 개념적
유사요인으로 묶어 명칭을 통합하고, '열' 내의 여러 요인들을 중요
한 하나의 요인으로 축소하기 위하여 각기 제시된 요인 간의 개념
적 유사성을 기준으로 하여 통합을 시도하여 보았다.

여기서 통합을 위한 개념적 유사성이란 어떤 하나의 귀납적 논리
적 체계에 입각한 것은 아니고 요인분류를 위하여 앞서 제시된 개
념적, 조작적 정의와 더불어 각 요인이 갖는 어의적 개념을 중심으

로 한 논리적 판단에 의한 유사성을 포함한 것을 말한다.

다시 말하면 이러한 개념적 유사성이란 각 연구자들이 제시하고 있는 연구의 논리적 전제와 분석조섬, 표현되고 있는 문맥상의 의미, 그리고 각 요인에 대한 개념적, 조작적 정의 등을 기준으로 한 논리적 판단인 것이다.

이와 같은 개념적 유사성에 의하여 각 요인들 간의 융합 가능한 한계를 표시한 것이 '굵은 검은 선'에 의하여 1차적으로 차원별로 분리하여 놓은 것이나, 실제로는 동일한 '행' 내의 요인들이 가장 개념적으로 근접되어 있는 유사 요인군들이다.

이와 같은 방법에 의하여 각 차원별 가장 높은 빈도를 보이고 이는 대표 요인들이 유사 요인군별로 통합되어지는데, '행' 내에서의 그 표현이 다소 다르나 개념적 유사요인으로 포괄할 수 있는 대표적 요인들을 새롭게 제시하여 보면 다음과 같다.

첫째, 전략 차원에서 가장 높은 빈도를 보이고 있는 '최고경영자의 지식경영 인지도'에 포함되어 있는 최고경영자의 의지, 최고경영자의 지원, 최고경영자의 리더십, 최고경영자의 스폰서십, 최고경영자의 지식경영전략 등의 요인들을 함께 묶어 이들 유사한 요인들이 갖는 개념적 속성을 고려하여 이 요인들을 '최고경영자의 의지'라는 개념적 요인으로 통합 대표하기로 하였다.

둘째, 프로세스 차원에서는 가장 높은 빈도를 보이고 있는 '보상체계'에 포함되어 있는 여러 연구자들이 제시한 요인인 보상제도, 측정보상, 평가보상, 인센티브 등의 요인들을 함께 묶어 이들 유사한 요인들이 갖는 개념적 속성을 포괄할 수 있는 '평가보상'이라는 개념적 요인으로 통합 대표하여 나타내기로 하였다.

셋째, 문화 및 사람 차원에서는 '창의성'과 '개방성'을 가장 많이 지적하고 있어 이들 요인을 조직문화라는 포괄적 개념을 오히려 하나의 요인으로 지적하였다. 이는 어느 한 가지 요인만 별도로 분리하여 문화를 설명할 수 없는 문화의 특성이 반영된 것이라 판단되

108

어 본 연구에서도 문화의 개방성보다는 '조직문화'를 하나의 요인으로 나타내기로 한다. 그러나 이러한 조직문화의 측정에 있어서는 여러 가지 요인들을 두루뭉술하게 포괄함으로써 논리적인 모순과 측정상의 오류에 빠지는 이른바 'umbrella concept'을 피하기 위하여 본 연구에서는 조직문화의 요인 중 빈도가 상대적으로 높게 나타난 '창의성'과 '개방성'의 2가지 요인만을 '조직문화' 요인에 대표적으로 포함시키기로 하였다.

넷째, 기술 차원에서는 '지식경영도구' 요인은 지식축적도구(15인의 연구자)와 지식공유도구(14인의 연구자)를 포함하는 개념으로 이를 합하면 29인의 연구자가 지적하고 있는바 여기에서 지식축적도구와 지식공유도구의 분리하여 논의하기 어려운 기술적 속성과, 개념적 속성을 대표할 수 있는 타당한 표현으로서 지식경영도구를 대체할 수 있는 '지식관리시스템'이라는 개념적 요인으로 통합 대표하여 나타내기로 한다.

다섯째, 본 연구에서 요인 분류를 위한 기본적인 차원 분류와 요인 분류의 틀이 가지는 속성 때문에 부득이 기타 요인으로 분류된 요인들 중에서 두드러지게 연구자들이 중복하여 지적하고 있는 요인인 조직구조와 관련된 요인(8인의 연구자)은 유연한 조직구조, 체계적 조직구조개발, 조직적 인프라, 조직인프라 설치, 지식관련 조직편성 등 유사한 요인들을 함께 묶어 이들 유사한 요인들이 갖는 개념적 속성을 고려하여 이 요인들을 '조직구조'라는 개념적 요인으로 통합하여 대표적으로 사용하기로 하였다.

이와 같이 본 연구에서 1차적으로 유도 제시한 핵심적인 지식경영의 성공요인을 정리하면 <표 2-19>과 같다.

<표 2-19> 본 연구에서 제시하는 지식경영의 핵심성공요인

| 차 원 | 요 인 | | 빈 도 | 계 | 비율(%) |
|---|---|---|---|---|---|
| 전 략 | 최고경영자의 의지 | | 17 | 17 | 15.5 |
| 프로세스 | 평가보상 | | 16 | 16 | 14.5 |
| 조직문화 | 조직문화 | (창의성) | 20 | 40 | 36.4 |
| | | (개방성) | 20 | | |
| 기 술 | 지식관리시스템 | | 29 | 29 | 26.4 |
| 기 타 | 조직구조 | | 8 | 8 | 7.2 |
| | | | 계 | 102 | 100 |

# 제6장 지식경영 성공요인의 이론적 검토

## 1. 지식경영의 성공요인별 선행연구

새로 유도된 5개의 핵심적인 지식경영 성공요인들은 어느 정도 상호독립성을 갖는 다른 개념적 차원(dimension)으로까지 인정될 수 있는 요인들로서 최고경영자의 의지, 평가보상, 조직문화, 지식관리시스템, 조직구조 등을 제시하였다.

이제 여기에서는 유도된 각 지식경영의 성공요인에 대하여 이론적인 면에서 개념적인 속성을 분명히 밝히고 실증적인 측정을 위한 분석적 토대를 마련하여 보았다.

이렇게 하기 위하여 먼저 각 지식경영의 성공요인에 대해 주요 연구자들이 제시하고 있는 개념과 분석적 논의를 검토하고 다음으로 그러한 개념적인 분석적 논의와 한국의 지식경영 시행 특성을 결부시켜, 새로운 조작적 정의를 수립하여 보았다.

지식경영의 성공요인들로 제시되고 있는 각 개념들의 내용은 관련 연구자들의 이론적인 분석초점에 따라 각기 서로 다르다.

그러나 여기에서는 5개의 각 개념적 요인에 대하여 가능한 한 대표적인 연구자들로써 비교적 많은 사람들에 의하여 빈번히 인용되고 있는 몇몇 학자들의 개념적인 분석적 논의를 중점적으로 살펴보기로 한다. 그리고 이러한 이론적인 검토를 기초로 본 연구의 연구과제를 수립하여 보았다.

## (1) 최고경영자의 의지

최고경영층은 환경적 상황과 조직의 능력(organizational capability)에 대한 공유된 관점을 조성하고, 이를 통해 조직 구성원들의 행동에 강력한 영향을 미친다(Lyles & Schwenk, 1992). 또한 최고경영층은 책임감을 가질 수 있게 하며 조직구성원이 지속적인 변화 프로세스를 위해 노력할 뿐만 아니라 새로운 시도를 통해 실수를 경험 학습할 수 있는 환경을 제공한다(Spender, 1996).

이러한 최고경영층의 지식경영에 대한 주요 지원 활동은 첫째, 지식경영이 조직의 성공을 위한 필수적인 요소라는 메시지를 지속적으로 보내는 것, 둘째, 기술적·조직적 인프라에 대한 요구를 파악하여 자원을 투자하는 것, 셋째, 어떤 지식이 조직에게 가장 중요한 것인지를 명확히 하는 것 등을 들 수 있다(Davenport & Prusak, 1998).

또한 최고경영자의 지원은 대부분 변화관리 프로그램에서 중요한 성공요소로서 지적되고 있다. 특히 지식경영에 있어서 최고경영진의 지원이 지식의 사용을 지원하는 경우보다 지식전파에 있어서는 결정적인 요소로 나타나고 있다(Davenport et al., 1998).

정보시스템 도입 및 활용에 있어서 최고경영자 지원의 중요성은 1960년대 이후부터 강조되어 왔던 주제였다(Agyris, 1971; Dean, 1968; Diebold, 1969; Senn, 1978; Thong, 1996). Yap(1989b)은 두 가지 이유에서 최고경영자의 지원이 왜 정보시스템의 도입 및 지원에 필요한지를 정리하였는데, 첫 번째는 최고경영진이 더 넓은 시각을 가지고 있으므로 기업이 정보기술을 활용할 기회를 잘 인식할 수 있다는 점이고, 두 번째는 정보기술의 도입은 많은 비용이 필요하고 조직 전체가 관계되는 일이므로 최고경영자의 지원이 절대적이라는 점이다. 그리고 DeLone(1988)은 최고경영자의 역할을 정보시스템 사용의 성공 요소와 관련하여 두 가지로 정리하였다. 첫 번째는 최고경영진이 정보시스템에 관하여 가지고 있는 지식(knowledge)이고, 두 번째는 최고경영진의 컴퓨터화에 대한 직접 참여이다. 또한 Amiable(1996) 등은 창조적인 환경을 만들기 위하여 경영진이 장려하는 역할을 세 가지로 보았다. 첫 번째는 목표의 명확화(Bailyn, 1996)이고, 두 번째는 상급자와 하급자 간의 개방적인 의사소통(Kimberly, 1981; Kimberly & Evanisko, 1981)이며, 이어서 세 번째는 팀의 작업과 아이디어에 대한 상급자의 지원이다(Delbecqu & Mills, 1985; Orpen, 1990).

그리고 지식경영전략의 일관적인 추진과 전 사원의 지속적인 참여와 인식전환을 위해서는 최고경영자의 지식경영 추진에 대한 강력한 의지가 필요하다. 그리고 강한 의지를 통하여 조직구성원 전체의 참여를 실질적으로 유도해 내는 최고경영자의 역할이 바로 리더십인 것이다. 대체로 최고경영자가 얼마나 지식경영을 구현하고자 하는 의지를 가지고 있는 것인가 하는 것은 조직구성원들에게 성공사례를 보여주거나 필요성을 역설함으로써 얻어진다. 지식경영이 최고경영층의 지원을 받지 못하는 경우에는 전략의 단계에서부터 완전히 재구성해야 할 필요가 있다(하형태, 1999).

한편 지식경영은 밑에서부터 시행될 수도 있다. 지식을 사용하여 업무 성취도를 증대시키는 지식근로자들이 증가하는 것이 바로 밑에서부터의 지식경영이다. 그러나 지식근로자들이 창출한 지식이 더 효과적으로 기업 전체에서 공유되기 위해서는 최고경영층의 리더십이 필요하다. 즉 개인의 지식을 조직의 지식으로 전환하기 위해서는 최고경영층이 리더십을 갖고 지식경영을 추구해야 한다. 결국 지식경영은 밑에서부터 출발할 수도 있고 위에서부터 출발할 수도 있으나 근본적으로 최고경영층의 리더십에 의해서 완성될 수 있다(이순철, 1999).

특히 한국기업의 경영자들은 가치지향성이 매우 큰 것으로 나타났는데 이것은 한국기업들이 소유경영자에 의해 운영되는 기업들이 많고 경영자들의 가치관이 경영목표, 전략, 조직에 강하게 반영되고 있기 때문이다(서도원, 1988).

이와 같은 내용을 바탕으로 본 연구에서는 최고경영자의 의지를 아래와 같이 제시하였는데 그 구체적인 내용은 다음과 같다.

최고경영자의 의지는 지식경영 구현에 대한 최고경영자의 명확한 메시지 전달, 지식경영에 대한 최고경영진의 명확한 인식, 전 사원에게 지식경영에 대한 참여 독려, 최고경영진이 지식경영에 스스로 참여한 정도, 지식경영 구현에 필요한 적극적인 물적·인적 자원의 지원정도 등이다.

본 연구에서는 이상의 논의를 토대로 최고경영자의 의지가 과연 지식경영의 성공요인으로 작용하는지 여부를 검증하고자 한다.

## (2) 평가보상

평가와 보상은 조직이 가치 있게 생각하는 활동과 결과가 무엇인지를 조직구성원에게 알릴 수 있는 가장 쉬운 수단이다. 지식에 기초한 질적 평가와 보상이 이루어 질 때 조직원은 자신의 지식이 노출되는 위험을 감수하게 되며 지식활동에 동참하게 된다(Marshall et al., 1996).

O'Dell & Grayson(1998)에 의하면 시간의 경과에 따라 조직구성원은 금전적 보상보다 업무 자체로부터 보상을 발견할 수 있어야 한다. 또한 Tampoe(1993)는 지식근로자의 동기유발 기제로서 개인적 성장, 운영상의 자율성, 업무 성취, 금전 등의 4가지를 제시하고 이중에서 특히 전문적, 개인적 성취가 지속적 동기유발의 원동력이 된다고 보았다. 이는 Lank(1997)가 금전적 보상보다는 전문성의 인정, 희망 업무 수행 기회 부여 등이 동기유발 기제로서 강한 영향을 미친다고 주장한 것과도 일맥상통한다.

Hurber(1991)는 전수자가 기대하는 보상 및 문책 정도가 개인과 집단간 정보전달에 영향을 준다고 주장하고 있으며, O'Dell & Grayson(1998), Ruggles(1998) 또한 보상시스템의 구축이 지식공유를 촉진할 수 있는 요인임을 강조하고 있다.

McDermott & O'Dell(2001) 역시 Ford사 등 5개 기업에 대한 사례연구를 통해 보상과 인정시스템이 지식공유를 촉진시킬 수 있다고 밝히고 있다.

권태형 등(1999)의 연구에서는 '적절한 보상시스템의 부재'가, Ruggles의 연구에서는 여덟 번째(19%)인 데 반하여 국내 기업들은 네 번째(40%) 큰 지식경영의 장애요인으로 꼽아 대조적인 차이점을 보여주고 있다.

이처럼 지식경영 활동 및 지식자원에 대한 평가와 종업원에 대한 동기부여는 지식경영 운영의 중요한 요인이 된다(Wiig, 1993; Arthur Anderson, 1996; Van der Spek, 1997; Szulanski, 1996). 구성원들은 자신의 행동에 대해 적절한 보상을 받지 못한다고 인식할 때 이직 성향이 증가한다(Gomez-mejia, 1990). 따라서 조직은 적절한 보상을 실시하여야 하는데 이를 위해서는 지식근로자의 활동에 대한 공정한 평가 체계가 존재해야 한다.

지식경영의 평가는 무엇을 평가하느냐에 따라 세 가지로 나눌 수 있다(APQC, 1997). 즉, 첫째는 지식 자체의 유용성을 평가하는 지식자산가치평가, 둘째는 지식경영에 기여한 사람의 기여정도 및 기여 능력을 평가하는 지식기여도평가, 셋째는 지식경영을 통해 기업이 얻은 효과를 평가하는 지식경영 성과평가이다.

지식자산 자체를 평가할 때, 조직 내외의 지식이 모두 지식관리시스템 내부로 들어올 수 있는 것은 아니다. 미래에 가치를 창출할 가능성을 가진 지식 혹은 그 자체만으로 가치를 가지고 있는 지식 등이 수집되어야 한다. 이때 지식의 가치성을 판단할 때 평가의 문제는 중요한 문제이다. 왜냐하면 한번 사장된 지식이 후에 가치를

창출한 것으로 판단되면 이것은 기업으로서는 커다란 손실이며 후
에 이용되지 않을, 즉 가치 창출에 도움을 주지 못하는 지식은 오
히려 지식경영에 해가 될 수 있기 때문이다.

지식기여자를 평가하는 것은 지식의 유용성을 평가하는 것과도
상통하는데 이러한 지식기여자 평가는 지식경영의 문화를 만들어
가는 중요한 제도인 것이다. 지식기여자 평가를 통해 지식공유 활
동이 구성원 각 개인의 평가와 연계됨으로 인하여 구성원 개인의
행동 변화를 촉진할 수 있다. 그리고 지식기여자 평가를 통해 기여
자에게 보상과 인센티브를 제공할 수 있게 된다.

지식기여에 대한 보상은 조직구성원 개인의 지식경영에 기여한
정도를 평가하여 보상함으로써 지식경영 참여도를 높이고자 하는
제도이다. 보상은 재정적 보상과 자기만족을 통한 자기 보상의 두
가지로 나뉘어 지는데 미국의 조사 기업의 36%만이 임금으로 주는
보상시스템을 가지고 있다. 즉, 지식공유에 대한 인센티브와 보상을
하기 위하여 공식적인 재무보상을 채택하고 있는 기업이 의외로 적
다. 이보다 더 중요한 것은 자기보상(self-rewarding) 혹은 지식공
유를 통해서 업무를 좀 더 효율적으로 진행할 수 있는 문화라고 한
다(APQC, 1997).

몇몇 학자들은 지식경영활동 평가 및 보상의 필요성에 관하여 언
급해 왔다(Tampoe, 1993; Lnak, 1997; Marshall et al., Levinthal
and March, 1993). 전술한 바와 같이 Tampoe(1993)는 지식근로자
의 성과와 동기요인으로서의 보상간의 관계에 대해 실증적으로 연
구했다. 개인의 성장, 작업 자율성, 업무 성취, 그리고 금전적 요인
이 동기유발요인으로 인지되었으나, 금전적인 부분은 다른 요인에
비해 상대적 중요성이 적다고 결론지었다.

Levinthal(1993)은 성공적으로 미지의 지식을 찾는 사람들에게 매
우 큰 보상을 실시해야 하며, 실패한 사람들에게도 안전망을 제공
해야 한다고 주장했으며, Marshall et al.(1993)은 보상 및 인센티브

제도를 이용하여 경영진이 가장 높은 가치를 두는 성과와 행동을 지식근로자들에게 알릴 수 있다고 주장하였고, 김효근 등(1998)은 지식경영과 관련한 평가 보상의 형태 및 지식기여도와의 관련성에 관한 연구를 수행하였는데 그 결과 평가 및 보상이 지식기여도를 높이는 직접적인 동인으로 나타나지 않았다.

본 연구에서는 이상의 논의를 바탕으로 평가보상이 과연 지식경영의 성공요인으로 작용하는지 여부를 검증하고자 한다.

## (3) 조직문화

일반적으로 조직연구에 있어서 문화적 접근을 이용한 연구가 점차 증가하고 있으며 많은 문헌연구들은 기업문화가 조직유효성을 결정하는 주요 요소가 된다고 주장하고 있다(Schein, 1986).

Nonaka와 Takeuchi(1995)는 그들의 저서에서 암묵지가 조직 구성원들의 행위와 경험뿐만 아니라 그들의 사고, 이상, 가치관 등과 깊이 연관되어 있음을 지적하면서 조직의 문화적 배경이 지식창출과 공유에 영향을 준다는 것을 강조하였다. Ruggles(1998)는 431개의 미국과 유럽의 기업들에 대한 실증연구 결과 조직문화가 지식경영 추진에 현재 직면하고 있는 가장 큰 장애요인임을 주장하고 있다(Ruggkes, 1998; Harris & Kathy, 1999).

조직문화는 다양한 조직상황에서 조직구성원의 행동에 지침을 제공해 주는 비공식적인 신념, 원칙, 관습, 가치체계, 행동규범, 그리고 사업방법의 수단이다(Deal & Kennedy, 1982). 이러한 조직문화는 일반적으로 오랜 시간과 조직별로 독특한 역사적 과정을 거치면서 형성되는 것(Schein, 1984)이므로, 지식경영의 초기 단계에서는 조직문화에 대한 연구의 수행은 한계가 있을 수밖에 없다. 지식경영과 학습조직의 문헌에서 자주 언급되는 조직의 분위기 특성은 학습

지향성, 신뢰, 활발한 의사소통, 개방성, 자발적인 참여와 리더십이
다(Botkin, 1999; Cook & Yanow, 1993; Liebowitz, 1999;
Davenport & Prusak, 1995; O'Dell & Grason, 1998).

이러한 조직문화가 갖는 중요성을 감안하여 본 연구에서는 지식
경영의 성공요인 중 조직문화 요인은 보다 구체적으로 살펴보았다.
이와 같은 조직문화 요인에 관하여는 먼저 조직문화의 정의를 연구
자별로 요약하여 정리하여 보고, 이어서 지식경영과 관련한 조직문
화의 내용을 상세히 고찰하였다.

먼저 조직문화의 정의를 요약하면 <표 2-20>와 같다

① 조직문화연구에 대한 방법론쟁

현재까지 조직문화를 보다 잘 이해하기 위한 적절한 연구방법에 대
한 학자들 간의 합의가 제대로 이루어지지 못하고 있는 실정이다. 조
직문화 연구의 방법론에 대한 학자들의 논쟁의 대부분은 질적 연구방
법(qualitative method)과 양적 연구방법(quantitative method) 사이의
논쟁에 그 뿌리를 두고 있다. 전통적인 조직문화연구는 대부분 심층
면접, 관찰, 민속학적 방법론 등의 질적 연구방법에 의존하고 있는데,
이러한 질적 연구의 목적은 한 조직의 문화를 보다 잘 이해하고 기술
하기 위한 것이다(Quinn & Spreitzer, 1989).

그러나 질적 연구방법이든 양적 연구방법이든 조직문화연구에 있
어서 나름대로 장단점을 가질 수밖에 없다. 따라서 조직문화를 연
구하는 데 있어서 양자의 방법은 서로 보완적으로 사용되어야만 한
다(Cooke & Rousseau, 1988). 질직 연구방법의 장점이라면, 연구의
초점이 되는 조직 특유의 언어를 통하여 그 조직의 문화를

<표 2-20> 조직문화의 정의 요약

| 연구자 | 조직문화의 정의 |
|---|---|
| Ouich (1981) | 조직의 기본가치와 신념을 구성원들에게 전달하는 상징, 의식, 신화의 체계 |
| Sathe(1985) | 조직과 목표에 관한 일련의 중요한 가설 |
| Duncan (1989) | 기업의 종업원들에 의해 학습되고 공유되며 한 세대의 구성원으로부터 다음 세대의 구성원들에게 전승되는 신념과 기대 및 가치관의 집합 |
| Schein (1990) | 조직 내에서 외적인 적응과 내적인 통합의 문제를 극복하기 위해 구성원들에 의해 창조, 발전되어 그들의 행동을 이끄는 기본적인 가정, 즉 공유된 가치와 신념의 시스템 |
| DuBrin (1993) | 조직 내 구성원의 외적인 행동에 영향을 미치는 공유된 가치와 신념의 시스템 |
| Robbins (1993) | 다른 조직과 차별화되는 조직 내 구성원들의 공유된 의미의 시스템 |
| Greenberg (1993) | 조직 내 구성원들에 의해 공유된 태도와 가치관, 행동규범 및 기대 등으로 구성된 인지의 틀(cognitive framework) |
| Monday(1993) | 공유된 가치관과 신념의 시스템 |
| Holt(1993) | 종업원들이 집단에 공통된 행동유형을 결정짓는 일련의 공유된 가치와 신념 |

자료: 연구자가 정리

보다 잘 기술할 수 있고, 보다 심도 있는 정보를 얻을 수 있으며, 가시적 정보가 거의 없는 이슈나 과정에 대하여 탐색적 조사연구방법으로 사용될 수 있다는 것이다. 그러나 이러한 질적 연구는 연구의 신뢰성, 객관성, 비교가능성이 약하기 때문에 조직문화에 대한 가설검증이나 이론정립에서 비판을 면할 수가 없다.

반면에 양적 연구방법은 개인, 하부조직, 그리고 조직 간의 횡단적 평가나 비교가 용이하고, 서로 다른 연구단위나 연구자에 의한 반복연구가 가능하며, 자료를 해석하는 데 있어서의 공통적인 준거의 틀(frame of reference)을 설정하기가 쉽다는 장점이 있다. 그러나 이러한 논리실증주의에 기반을 둔 양적 연구방법은 실제로 조직문화를 연구하는 데 있어서 지금까지 잘 사용되어 오지 않았다(Cooke & Campbell, 1979).

그 이유에 대하여 Van Mannen(1982)은 다음과 같이 설명하고 있다.

즉, 설명되어지는 분산의 양이 상대적으로 매우 보잘 것 없고, 연구들 간의 비교가능성이 부족하고, 설명력이 있는 타당성(validity)을 확보하기가 쉽지 않으며, 많은 조사연구들이 이해하기 어려운 매우 높은 수준의 기술적 복잡성을 보이고, 다변량분석(multivariate analysis)이 인과적으로 매우 복잡하기 때문이라는 것이다. 그래서 조직문화를 연구함에 있어서는 빈도(frequency)보다는 의미(meaning)가 더 중요하다고 하였다.

이러한 이유로 대부분의 조직문화 연구방법들은 다음과 같은 몇 가지 점에서 계속적으로 도전을 받아왔다(Ott, 1989). 첫째, 논리실증주의 관점(logical-positivist perspective)에서 볼 때 질적 연구방법들은 타당하고 신뢰성 있는 연구결과들을 산출할 수 있는 방법이 아니며, 둘째, 조직문화의 관점이 타당하게 성립될 수 있는 것인지에 대한 연구자들의 합의가 없기 때문에 조직문화 연구방법에 대한 합의도 불가능하다는 것이다.

그래서 Ott(1989)는 조직문화 연구방법의 선택에 대한 몇 가지 제언을 하고 있다. 첫째, 조직문화연구는 그 개념이 어떻게 정의되든지 간에 다양한 연구방법의 사용을 필요로 한다. 둘째, 일반적인 질석 연구방법, 특히 민속학적 방법은 조직문화를 기술하고자 할 때 매우 유용하다. 반면에 일반화하고자 할 때에는 덜 유용하고, 관련변수들 간의 관계에 대한 가설을 검증하고자 할 때에는 쓸모가 없다. 셋째, 조직문화연구의 전략과 도구는 연구하고자 하는 바에 적합해야 한다. 그러기 위해서는 다양한 자료수집방법이 조직문화의 수준에 따라 별도로 활용되어야 한다. 넷째, 조직문화의 수준이

가시적인 수준(인공물, 가공물, 관행 등)으로 갈수록 측정이 보다 빠르고 비용이 덜 드는데, 이렇게 원하는 측정의 속도와 비용을 고려하여 무엇을 조직문화의 측정치로 사용할 것인가를 결정해야 한다. 다섯째, 연구방법의 선택은 연구의 목적을 반영해야 한다. 분석의 목적이 조직의 기능을 향상시키는 데 사용되어질 기본가정에 대한 단순한 정보의 제공이라면 임상적 연구모형(clinical model)이 유리하고, 조직문화에 대하여 기술하고자 하는 것이라면 민속학적 연구스타일(ethnographic style)이 유리하며, 조직문화와 조직관련 변수들 간의 관계에 대하여 설명하고자 할 때에는 양적 연구방법이 유리하다. 여섯째, 논리실증주의 패러다임(logical positivist paradigm)에 속하지 않는 여하한 조직문화 연구방법들은 논리실증주의자들에 의하여 도전을 받을 것이며, 반대로 논리실증주의 패러다임에 속하는 여하한 연구방법도 질적연구방법론자들(qualitative methodologists)에 의하여 도전을 받을 것이다.

② 조직문화에 대한 본 연구의 관점
이와 같이 조직문화의 연구방법에 대한 제 관점들을 종합적으로 살펴볼 때 어떤 방법도 연구의 모든 측면을 다 유효하게 반영할 수 없다는 것은 자명한 일이다. 따라서 앞서 살펴본 Ott(1989)의 제언에서처럼 연구의 목적과 관점에 따라서 그 연구방법을 달리 적용해야 되는 바, 본 연구에서는 설문조사를 통한 지식경영기업 구성원들의 반응을 확인하고 비교 분석하려는 연구 목적이 주가 되므로 설문조사에 의한 양적인 방법에 의한 조사분석과 양적 연구방법이 가지는 단점을 보완하기 위한 방법으로 응답의 구체적인 이유 등을 확인할 수 있는 심층 면접법을 병용하여 지식경영의 성공요인으로서의 조직문화를 측정하고 그 결과를 분석하였다.

③ 조직문화의 유형

가. 개  념

일반적으로 분류라는 행위는 특정의 대상을 그들 간의 관계에 기초하여 집단화하는 것으로서, 우선 대상의 유사성을 인식하고 그 유사성에 기초하여 대상을 집단화하게 된다. 이런 점에서 조직문화 유형에 대한 선행연구들을 살펴보면 조직문화의 개념과 구성요소에 대한 견해가 논자들에 따라 상이하기 때문에 유형분류의 기준조차도 서로 판이하게 달라서 유형분류의 일반적 역할을 다하지 못하고 있는 실정이다(김병석, 1991).

조직문화를 설명하는 여러 가지 이론과 관점들이 존재하듯이 조직문화의 모델에 있어서도 다양한 형태들이 존재한다. 어떤 조직문화 유형이든 그 자체로는 좋은 유형, 혹은 나쁜 유형이라고 말할 수가 없다. 조직문화는 개인의 '퍼스낼리티'와 같아서 각 조직마다 특징적인 유형을 가질 수 있기 때문이다. 조직문화의 유형을 구분하는 것은 조직문화 유형에 대한 가치 판단을 하기 위해서라기보다는 조직문화를 중심으로 조직의 제 문제를 연계시켜 고찰하려고 할 때 편의상 조직의 문화유형을 구분하는 것이 유용하다.

<표 2-21> 조직문화유형에 관한 선행연구

| 연구자 | 조직문화의 유형 | | 분류의 기준 |
|---|---|---|---|
| Harrison (1972) | 권력지향형 과업지향형 | 역할지향형 인간지향형 | 이념적 지향 |
| Handy (1978) | 클럽문화 과업문화 | 역할문화 실존문화 | |
| Graves (1986) | 권력문화 과업문화 | 역할문화 인간문화 | 공식화와 집권화 |
| Ouchi (1980) | 시장문화 클랜문화 | 관료문화 | 거래비용 관점 |
| Johnes (1983) | 생산적 문화 전문적 문화 | 관료적 문화 | |
| Quinn 등 (1984) | 합의적 문화 위계적 문화 | 이념적 문화 합리적 문화 | 환경과 현실에 대한 인식과 반응 |
| Lundberg (1984) | 정태적 단일문화 정태적 이질문화 | 변화적 단일문화 변화적 이질문화 | |
| Earnest (1985) | 상호작용문화 체계적 문화 | 통합적 문화 기업가적 문화 | |
| Deal 등 (1982) | 남성적 문화 투기적 문화 | 과업여가병존문화 과정적 문화 | 위험 수용도 및 피드백 속도 |
| Wallach (1983) | 혁신적 문화 관료적 문화 | 지원적 문화 | 개인의 동기 유발 요인 |
| Kets de Vries 등 (1986) | 편집병적 문화 관료적 문화 카리스마적 문화 | 회피적 문화 정치적 문화 | 최고경영자의 심리적 성향 |
| Setheia (1985) | 후원적 문화 무관심적 문화 | 통합적 문화 착취적 문화 | 인적자원에 대한 지향성 |
| Wiener (1988) | 기업가적 문화 국수주의적 문화 | 전략적 문화 배타적 문화 | 공유가치의 초점과 원천 |
| Cooke 등 (1988) | 12 가지 문화를 인간형으로 구분 | 과업형, 만족형, | Life Style |
| Denison (1990) | 몰입 문화 적응성 문화 | 일관성 문화 사명감 문화 | 준거의 초점 변화추구 정도 |
| 서인덕 (1986) | 친화적 문화 보존적 문화 | 진취적 문화 합리적 문화 | 현실지각차원 행동패턴차원 |

자료: 서인덕, "한국기업의 조직문화유형에 관한 연구", 인사관리연구, 12, 1986, p.113을 중심으로 연구자가 재구성.

조직체에서 볼 때 의사결정이나 의사소통방식, 정보처리 혹은 문제
해결의 방법 등은 현실적으로 다중 다양한 형태가 있을 수 있다. 그러
나 어느 조직이든 '의사결정에 있어서는 다수방식으로, 의사소통에 있
어서는 적극적 경청형으로, 정보처리는 독단적 행동양식으로, 문제해
결은 합의방식으로' 등과 같은 비일관성과 부조화는 상상하기 어렵다.
이와 같은 형태로 운영하는 기업조직이 있다면 거기에는 아직 조직문
화가 형성되어 있다고 말하기 어렵다. 조직문화가 잘 정립되어 있는
기업조직에서는 모든 문화적 요소들이 통일된 모습 내지 형태를 취하
게 된다는 점이 널리 받아들여지고 있다. 이와 같이 다양하게 나타날
수 있는 조직문화의 유형(pattern)에 대해서 그것들은 어떤 기준적인
양식, 즉 유형으로 구분할 수 있겠는가 하는 조직문화 유형론
(typology of corporate culture)은 Harrison(1972)의 연구에서부터 본
격적인 연구가 시작되었다고 볼 수 있다.

조직문화의 정의에서 이미 살펴본 것처럼 조직문화에 대한 접근
방법은 조직문화 자체의 존재여부를 중심으로 강한 문화, 약한 문
화 등으로 구분하여 조직문화를 이야기, 의식, 언어로서 이해하는
접근방법과 조직문화를 조직구성원이 공유하고 있는 이념, 신념, 가
치로서 이해하고 하는 접근방식으로 나뉜다.

조직문화 유형을 분류하는 방법은 학자에 따라서 혹은 분류기준
에 따라서 약간의 차이가 있는데 개략적으로 선행연구를 요약하면
다음과 같다.

Harrison(1972)은 조직의 문화적 특성이 그 조직의 이념적 지향
성에 달려있다고 보고 권력지향형, 역할지향형, 과업지향형, 인간지
향형 등의 네 가지의 상이한 이념형으로 구분하였다. 이 네 가지의
유형은 조직의 외부환경에 대한 적응능력에 있어서 차이가 난다는
것이다.

Handy(1978)는 조직문화란 정확하게 정의를 내릴 수 있는 것이
아니라, 다만 인식할 수 있는 것이기 때문에 그 어떤 형태이든 그

자체가 좋고 나쁜 것이 아니고 그 환경에 합당한가 하는 점에서 판단할 문제라고 하였다. 그 후 Harrison의 조직문화 유형을 보다 정교하게 다듬어 클럽문화, 역할문화, 과업문화, 보존문화 등으로 구분하였다.

Deal & Kennedy(1982)는 조직문화의 유형을 크게 네 가지, 즉 거친 남성문화(macho culture), 일하고 잘 노는 문화(work hard, play hard culture), 사운을 거는 문화(bet your company culture), 과정문화(process culture)로 구분하였다. 여기에는 각각의 문화유형마다 상이한 가치, 영웅, 의례·의식이 필요하며, 또한 문화유형마다 장단점을 결정짓는 상황적 요인을 지적하고 있다.

### 나. 유 형

조직문화 유형분류(<표 2-21> 참조)는 조직이론의 기초를 형성함으로써 학문의 개념적 발전에 중요한 역할을 해 왔다. 유형분류는 간결성을 제공하고, 기본적인 구조와 관계를 인식시켜 주며(McKinney, 1966), 이론개발과 가설검증의 기초를 마련해 준다(Hass, Hall & Johnson, 1966). 유형분류를 통한 연구의 핵심에는 모든 조직에 적용되는 관계를 발견하기보다는 독특하고 내적으로 일관된 유형의 기업들을 분류해냄으로써 조직 현상에 대한 이해를 증가시킬 수 있다는 가정이 있다(Ketchen, et al., 1993). 그래서 조직을 유형화하는 방법은 상황적 이론을 개발하기 위한 연구에 있어서 가장 바람직한 조작화 방법이며, 나아가 조직적 특성을 모두 고려하고 상황요인들을 동시에 포함하는 통합적 상황모형을 지향하는 연구들을 위해 아주 유용한 것으로 평가받고 있다.

그러나 유형분류의 체계는 현실을 단순화하여 조직생활의 복잡성을 반영하지 못한다(McKelvey, 1982). 특히 하나나 두 개의 차원에 근거한 분류가 비난을 받고 있다(Carper & Snizek, 1980). 사실 다양한 차원을 사용하여 분류된 유형이 이론적, 실증적인 면에서 매우 유용하다.

그러나 여기에는 상충관계가 존재한다. 현실에 보다 접근하기 위해 더 많은 차원을 포함시키면 유형분류는 다르기 어려울 정도로 복잡해진다 (Meyer, et al., 1993). 모든 상황을 다 포함하는 완전한 분류는 불가능하다. 그렇기 때문에 연구자들은 가장 핵심적인 차원을 중심으로 유형화하는 방법이 포괄성과 함축성의 관점에서 매우 유용하다고 주장한다 (Reimann & Weiner, 1988; Denison, 1990).

조직문화의 유형분류는 연구자들의 초점에 따라 다양하게 제시되고 있다(Harrison, 1972; Ouchi, 1980; Deal & Kennedy, 1982; Jones, 1983; Quimm & McGrath, 1985; Eatnest, 1985; Scholz, 1987; Reimann & Weiner, 1988; Denison, 1990). 그것은 조직문화가 매우 포괄적이기 때문에 공통적인 분류기준을 설정하기가 어렵기 때문이다.

지식경영에서 조직문화가 중요한 것은 사람들 없이 지식이 있을 수 없으며 사람은 그들이 속해 있는 사회 및 문화와 분리해서 존재할 수 없다는 사실 때문이다. 이는 지식이 사적인 것이 아니라, 사회적인 속성을 갖는다는 것을 의미하며, 사회적으로 전달된 지식이 개인의 현실 경험과 조우하면서 사회적으로 구축되어지는 것이기 때문이다 (Sveiby, 1998; Davenport & Prusak, 1998; Liebowitz & Beckman, 1998). 지식경영이 지속 가능하고 성공할 수 있는지 여부는 바로 개인들의 사회적 배경을 형성하고 있는 문화가 관건이며, 문화의 가장 중요한 요소는 신뢰와 사회적 관계의 유지이다(장영철, 2001).

현재 소유하고 있지 않다면 대단히 얻기 힘든, 하지만 지식 프로젝트를 성공적으로 수행하기 위해서는 필수적인 요인이 바로 지식과 친밀한 조직문화이다. 이것은 상당히 다면적인 개념이다. 성공적인 기업들이 대부분 지식에 대해 긍정적인 문화를 가지고 있다는 사실이 발견되었다. 그리고 이는 조직의 프로젝트와 문화 사이에 꼭 적합한 것이었다. 즉, 프로젝트의 본래 성질과 목표는 그 문화와 일치해야 한다. 또한 지식에 대해 긍정적인 문화란 종업원들이 지적 호기심을 갖고, 토론을 즐기며 다른 사람을 돕는 것을 즐거워하는 것과 같은 특성이 뿌리 깊게 박혀 있어야 한다는 것이다(Davenport, Secret of Successful Knowledge Management, http://webcon. com/ quantra/ Secret.html, 2001).

많은 지식경영 전문가들은 조직문화는 조직학습을 지원할 수도 있고 방해할 수도 있는 중요한 요소로서 들고 있다(Davenport, 1998; Holsapple, 1999; Leonard -Barton, 1995; Arthur Anderson; 1996; Szulanski, 1996; Van der Spek, 1997; Demarest, 1997; Bukowitz, 1997). 조직의 문화가 지원해 주지 못한다면, 기술이나 지식의 내용과 같은 다른 요소들이 아무리 충분해도 성공할 수가 없다고 주장하고 있다(Davenport et al., 1998; DeLong, 1997).

그리고 Davenport(1998)는 지식경영 프로젝트의 성공요소로서 지식친화적인 문화(knowledge-friendly culture)를 들고 있다. 지식친화적인 문화는 지식에 대한 긍정적인 지향을 가진 구성원, 지식을 공유하는 일에 저항 받지 않는 구성원, 그리고 현재 조직문화에 적합한 지식경영 프로젝트로 이루어진다. 지식에 대해 긍정적인 지향을 가진 구성원은 해박하고, 진리 탐구적이며, 새로운 지식을 탐구하기를 원하며, 경영진들도 그들의 지식창조와 사용을 지원한다.

Demarest(1997)는 지식경영은 지식의 내재화, 확산, 끊임없는 창조를 중요하게 여기므로, 대부분 기업에서 깊이 존재하는 문화적 요소의 변화가 요구되며, 이것이 문화적 기반을 이룬다고 주장하였다.

DeLong(1997)은 수십억 달러를 들여 지식경영을 위한 최신 정보기술을 도입했다고 하더라도, 경영진들이 문화적 변화에 노력을 기울이지 않았기 때문에 실패한 예를 들었다. 문화적으로 협업(collaborative work)을 지원하지 않았기 때문에, 직원들이 지식을 공유하는 일을 꺼리게 된다는 것이다. 그에 비하여 Skandia와 같은 기업의 경우 이러한 소프트 요인(factor)들이 결정적인 역할을 한다는 것을 알았기 때문에 성공할 수 있었다고 주장하였다. 이와 같이 문화가 지식경영에 중요한 이유는 3가지로 들 수 있다. 첫째, 특히 조직이 성공적으로 경영활동을 하고 있는 경우에 경영진들이 지식 공유의 문화를 받아들이도록 하기가 어렵다는 것이다. 따라서 지식 위주로 가기 위해서는 점진적인 변화가 필요하게 되는데, 이것은 어떤 전략이라도 기존의 문화가 그 도입에 가장 중요한 영향을 주기 때문이다. 둘째, 지식경영을 위한 필수적인 기술요소들은 기존의 조직에 의해 받아들여지고, 그 형태가 결정된다. 그러므로 기술은 문화가 허락하는 수준만큼만 활용될 수 있기 때문이다. 셋째, 기업은 점점 전문적인 지식을 가진 인적자원에 의존하기 때문에 지식경영 전략을 활용할 때에도 이들 인적자원을 유리시키거나 무시할 수는 없기 때문이다.

### 다. 조직문화요인

본 연구에서는 조직문화의 여러 요인들 중에서 지식경영의 성공과 관련된 창의성, 신뢰성, 협력도, 개방성 등에 관하여 살펴보되, 지식경영에 영향을 미치는 조직문화 요인으로 기존의 지식경영 성공요인 연구에서 가장 빈도가 높은 것으로 나타난 창의성과 개방성 두 가지를 보다 중점적인 조직문화 요인으로 확인 분석하였다.

### a. 창의성

지식경영의 요체는 기존의 지식을 축적 활용하며 나아가 새로운 지식을 생성해 내는 창의력이며 조직은 이러한 창의력을 중시하는 문화를 만들어 가는 것이 중요하다. 이러한 창의성의 내용 구조를 밝히는 일은 창의성의 개념을 정의하는 일과 무관하지 않다. 창의성에 대한 정의는 연구자들마다 약간의 차이가 있기는 하지만 대체로 '새롭고(novel), 유용한(useful) 아이디어나 산물을 생성할 수 있는 능력'으로 정의된다(Lubart, 1994; Ochse, 1990; Sternberg, 1988; Sternberg & Lubart, 1991, 1996).

오늘날 대부분의 창의적 성과는 독립적인 개인에 의해서라기보다는 조직이나 팀 수준에서 발생되기 때문에 조직이나 팀 상황에서의 창의성 경영에 대한 관심이 증대하고 있다. 이는 곧 창의적인 조직의 특성, 또는 그러한 문화를 조성하려는 움직임과 관련이 있는데 이러한 창의성과 관련된 연구를 살펴보면 다음과 같다(장재윤, 2001).

먼저, Woodman(1993)은 조직 창의성에 대한 상호주의적 접근을 주장하면서 창의성에 영향을 미치는 요소로 개인, 집단, 및 조직 수준에서의 요인들을 모두 고려해야 함을 제안한 바 있다. 그들에 따르면 두 가지 범주의 작업 환경에 의해 조직의 창의성이 결정된다고 보았는데 먼저, 집단 또는 팀의 특성으로 규범, 집단응집력, 규모, 다양성, 역할특성, 직무특성, 집단의 문제 해결 전략 등을 제시하였고, 조직의 특성으로 조직문화, 자원, 보상, 전략, 구조, 기술에 초점을 맞추었다.

최근 주목받고 있는 창의성 맥락의 대표적인 연구는 Amabile(1988, 1996)과 그의 동료들의 연구로, 창의성의 사회심리학적 측면을 오랜 기간 연구해온 Amabile은 열정과 내적동기, 전문지식과 경험, 창의적 사고 등 3가지 요소로 이루어진 창의성의 3가지 요소 모형(componential)을 제안한 바 있다.

한편 Robinson과Stern(1997)은 미국, 일본 등의 전 세계 다양한 국가들에서의 창의성 사례를 분석하여 기업의 창의성의 본질은 '기대치 않은 것의 힘(the power of unexpected)'에 있다고 보았다. 즉, 그들은 대다수의 창의적인 아이디어가 전혀 기대되지 않은 직원들에게서 나타나고 있는 많은 사례들을 제시하였다. 따라서 기업에서 창의성을 발현시키기 위하여 경영자가 해야 할 일은 단지 다음과 같은 여섯 가지 필수 요소를 갖추는 것일 뿐이라고 주장하였다.

첫 번째 요소는 방향일치(alignment)로서, 이는 모든 직원들의 관심과 행동을 회사의 주요 목표에 지향하도록 하여 모든 직원들이 잠재적으로 유용한 아이디어를 찾아내 그것에 긍정적으로 반응하도록 해야 한다는 것이다.

두 번째 요소는 자발적 활동(self-initiated activity)으로서, 대부분의 기대하지 않은 창의적 행위는 자발적 활동에서 나온다는 사실을 강조하였다. 사람들은 창의적이고자 하는 선천적인 욕구를 가지고 있으므로 조직이 해야 할 일은 이미 존재하고 있는 이러한 욕구를 발현시키는 것이다. 따라서 자발적 활동의 핵심은 직원들의 아이디어에 반응하는 효과적인 시스템을 구축하는 일이다.

세 번째 요소는 비공식 활동(unofficial activity)인데, 이는 회사의 직접적인 공식지원 없이 단지 무엇인가를 새롭고 유용한 일을 하려는 의도에서 나타나는 활동이다.

네 번째 요소는 영민한 발견(serendipity)으로서, 직원들에게 기대치 않은 상황에서의 우연한 발견에서 통찰을 얻을 수 있는 다양한 기회를 제공해야 한다. 왜냐하면 창의성은 종종 겉으로 보기에 아무런 관련이 없어 보이는 것 사이의 관련성을 재조합 하거나 형성함으로써 발현되기 때문이다.

다섯 번째 요소는 다양한 자극(diverse stimuli)으로서, 조직의 구성원들에게 다양한 자극을 접할 기회(예: 안식년)를 제공함으로써 업무에 대해 신선한 통찰을 제공하거나 아니면 무엇인가 전혀 색다른 것을 시도하도록 할 수 있다.

마지막 요소는 사내 커뮤니케이션(within-company communication)이다. 모든 기업은 계획된 활동을 수행하며 그것을 지원하는 데 필요한 커뮤니케이션 라인을 확립해야 한다. 그러나 이러한 공식적인 채널은 기업 창의성에는 상당히 제한된 유용성을 가질 뿐이다. 예상되지 않은(즉, 매우 원활한) 사내 커뮤니케이션은 소규모 회사에서는 자연스럽게 나타나지만 규모가 큰 회사의 경우에는 그렇지 않다. 회사규모가 커질수록 창의적 행위에 필요한 요소가 사내에서 더 많이 산재해 있을 것 같지만 적절한 도움 없이는 그것들을 결합시키기가 매우 어렵다. 결국 한 회사의 창의적 잠재력은 회사의 규모와 함께 급격히 증가할 것으로 생각되지만 다양한 정보의 기대하지 않은 교환 (즉,

원활한 사내 비공식적 커뮤니케이션)을 증진시키는 적절한 체제를 갖추지 못하면 이러한 잠재력은 결코 실현될 수 없다.

b. 신뢰성

신뢰는 타인에 대해 그 사람의 의도나 행동에 대한 상호적인 믿음으로 정의할 수 있다(Madhavan and Grover, 1998; Kreitner and Kinicki, 1992). 조직 구성원들 사이에 서로 믿을 수 있는 정도를 나타낸다. 또한 신뢰는 여러 가지 차원으로 구분되는 변수이다(MacCauley et al., 1992). 즉, 크게는 수직적(vertical) 신뢰와 수평적(horizontal) 신뢰 관계로 나눌 수 있다. 수직적 신뢰관계는 회사의 구성원과 회사의 최고경영진 사이에 존재하는 신뢰관계이며, 수평적 신뢰관계는 회사의 구성원 상호간에 구축된 신뢰관계를 말한다. 신뢰가 높을수록 지식공유에 유의한 영향을 미친다(De Long, 1999).

Davenport(1998)는 신뢰가 다른 요인들을 제치고, 지식시장의 효율성에 정의 영향을 미친다고 주장하였다. 이러한 신뢰가 없이는 다른 기술적인 요소들이 존재하더라도 지식경영이 실패할 것이라고 말하면서, 지식시장이 조직 내에서 운영되기 위해서는 다음의 3가지 방법으로 신뢰가 구축되어야 한다고 정리하였다. 첫 번째는 신뢰가 명시적이어야 한다는 것이다. 조직구성원들은 지식공유의 대가로 칭찬이나 다른 대가를 받아야 한다. 두 번째, 신뢰는 조직의 곳곳에 두루 퍼져 있어야 한다는 것이다. 그리고 신뢰는 최고경영진에게서부터 시작되어야 한다는 것이다. 신뢰도는 구성원들이 기업에 기여하는 지식의 양을 결정한다. 신뢰도가 높을수록 구성원들은 자신들이 지식을 공유하는 것이 기업이 평가하는 자신들의 가치에 어떤 영향을 주는지를 걱정하지 않고 자유롭게 지식을 공유하게 된다(De Long, 1999).

c. 협력도

Nelson & Cooprider(1996)는 그룹 간의 반복되는 협력으로 조직 내 구성원 상호간의 협력도가 높아야만 신뢰가 개발되어지고 보다 월등한 목표달성을 가능하게 한다고 주장하였다.

협력도는 개인 차원에서만 업무를 해결하려는 것이 아니고 다른 사람들과 토론하는 문화가 정착되어 있다면 다양한 관점에 노출 될 수 있다는 것이다. 또한 지식 창조와 공유는 사람들이 기꺼이 협력하려 할 때만이 가능할 수 있는 것이다.

라. 개방성

Krogh(1998)는 지식경영을 기업혁신의 방법으로 파악하고 지식경영에 있어 가장 중요한 요소로 사람을 설명하고 있다. 즉 변화에 민감한 사람을 중요하게 생각하고 지식경영에 긍정적인 영향을 미치는 조직문화를 형성하기 위하여 구성원 상호간의 관심과 신뢰, 개방성 등을 중요한 요인으로 설명하고 있다.

이 중에서 개방성은 특히 지식의 공유문화와 매우 밀접한 관계를 같은 요인으로서 개방성은 타인에게 자기의 지식을 제공하거나 타인의 지식을 자기 자신이 받아들이려는 의지의 정도를 나타낸다. 이처럼 개방성은 구성원들이 자신의 지식을 제공하고자 하는 의지가 없다면 결국 지식 공유가 되지 않음을 의미한다.

이 밖에도 Wathne 등(1996)은 북유럽의 45개 기업을 대상으로 실시한 조직 간 연구를 통해서 조직의 개방성이 지식전이에 영향을 준다고 주장하고 있으며, Szulanski(1996)는 지식교환이 성공적으로 이루어지기 위해서는 상호간의 의사소통이 원활해야 함을 강조하였고, Gupta & Govindarajan(1991)은 지식전이의 활성화를 위하여 커뮤니케이션의 강도를 강조하고 있는데 커뮤니케이션의 강도는 이러한 개방성을 중심으로 접촉빈도, 비공식성 등을 모두 포괄하는 개념이다.

본 연구에서는 이상의 논의를 바탕으로 창의성과 개방성을 중심

으로 한 조직문화 요인이 과연 지식경영의 성공요인으로 작용하는
지 여부를 검증하고자 한다.

## (4) 지식관리시스템(KMS)

　지식경영에서는 사람과 조직의 문화, 전략 등과 같은 software적인
요인들은 결국 지식관리시스템을 포함한 hardware적인 요인들과 적
절히 결합될 때 성과의 극대화를 가져 올 수 있을 것이다. 이처럼 기
술적인 요인들도 지식경영의 중요한 부분을 차지하고 있는 핵심적인
동인의 하나라고 할 수 있는데, Lotus Notes나 World Wide Web은
지식경영을 촉발시킨 주요 원인이라고 할 수 있다(Davenport &
Prusak, 1997). 이러한 사실은 미국의 전력연구소(EPRI: Electric
Power Research Institute)가 인트라넷의 일종인 EPRINET을 이용해
지식경영을 활성화시킨 바 있고(Mann et al., 1991), 앤더슨 컨설팅의
Knowledge Xchange, 휴렛팩커드의 ESP(Electronic Sales Partner)등
성공적으로 지식경영을 실천하고 있는 대부분의 기업에서 정보기술
을 지식경영의 중요한 수단으로 사용하고 있다는 사실을 통해서도 입
증된다. 또한 Larsen & Wetherbe(1999)는 정보기술을 구성원 간의
관계를 맺고 유지시키는 중요한 도구로서 사용하는 중간 관리자들이
좀 더 혁신적으로 업무를 처리하고 있음을 보여주고 있다.
　또한 Vian & Johansen(1983), Bawden(1986)은 지식생성에 있어
개인간의 상호작용에 있어 기술적 도구의 효과와 방법을 설명하면
서 지식의 축적과 공유를 위한 지식관리시스템이 지식경영의 성공
에 특히 중요한 역할을 한다고 주장하였는데, 일반적으로 지식관리
도구는 Lotus Notes, internet, intranet, 인공지능, 지식베이스 등을
들 수 있다(O'Leary, 1998).
　국내에서도 김영걸(1998)은 효과적인 지식관리를 위한 전략적 도
구로서의 지식관리시스템은 다음과 같은 요소를 갖추어야 한다고

주장하였다. 첫째, 조직 내외부 정보시스템들의 데이터, 정보에서 지식에 이르기까지의 인터페이스, 둘째, 지식의 저장 및 관리를 위한 지식베이스와 지식 스키마(schema), 셋째, 사용자의 지식검색을 지원하기 위한 지식 맵(map), 넷째, 개인 간 또는 조직 간의 지식교류를 위한 다양한 통신채널, 다섯째, 사용자의 지식활용을 위한 각종 분석 및 프레젠테이션 도구들과의 통합, 여섯째, 사용자의 시스템 활용성을 제고하기 위한 GUI(graphical user interface) 기능 등과 같은 기술적인 요소가 필요하다고 주장하였다.

이러한 지식관리시스템에서는 지식관리프로세스의 각 과정과 지식의 특성을 중심으로 지식관리시스템의 기능을 분류하였는데 지식관리시스템에서 기능적으로 요구되어지는 사항은 지식의 표현가능성과 지식의 대상에 따라 다를 것으로 보고 기존의 프로세스와 기능적 연구를 바탕으로 한 지식관리시스템의 기능을 분류해 보면 다음과 같다(김주희 등, 2001).

첫째, 지식획득기능은 지식수집, 지식발견, 지식제안을 들 수 있다. 지식수집은 조직 내외부에 이미 존재하고 있는 지식을 수집하는 기능이며, 지식발견은 이미 존재하는 정보나 지식으로부터 새로운 지식을 발견하는 기능이다. 지식제안은 개인의 경험 혹은 노하우를 제안에 의해 지식으로 형상화하는 것이다. 개인은 업무수행을 통해 새로운 지식을 창출하게 되므로 조직은 이러한 지식이 조직의 지식저장소에 저장될 수 있도록 지식제안 프로세스를 설계해야 한다. 암묵지의 경우 지식의 원천인 개인에 관한 정보를 파악하고 개인의 지식활동 능력을 향상시키는 것이 중요하므로 조직은 구성원의 전문성을 파악함으로써 구성원의 지식수준을 관리할 수 있다. 그리고 교육을 통한 개인의 능력신장이 이루어질 수 있으며 이러한 과정은 CBT(computer based training), 연구회, COP(community of practice) 활동의 활성화를 통해 이루어 질 수 있다.

둘째, 지식저장기능으로 지식저장 프로세스에는 형식지와 관련하여 지식분류, 평가, 등록, 갱신기능을, 암묵지와 관련하여 전문가 파악, 분류, 등록, 갱신기능이 필요하다. 지식분류는 지식의 효과적인 저장과 활용을 시원하기 위해 직성된 지식의 분류체게이다. 지시평가는 지식에 대한 조직지식으로서의 가치 평가 과정으로서 평가된 지식은 지식등록과정을 통해 조직지식저장소에 저장된다. 지식저장소에 저장된 지식은 폐기, 재작성 등 지속적인 갱신과정을 거치게 된다. 암묵지의 경우 파악된 전문성에 대한 분류, 평가, 등록 갱신이 일어나게 된다. 조직이 가지고 있는 인적자원에 대한 관리가 이를 통해 이루어질 수 있다.

셋째, 지식공유·활용기능은 형식지에 대한 조회, 분배, 피드백 기능을 필요로 한다. 지식조회 기능은 개인이 원하는 지식을 얻기 위해 지식저장소를 검색하는 과정이며, 지식분배 과정은 조직이 개인에게 먼저 지식을 제공하는(push) 기능이다. 개인이 지식을 활용한 이후에는 피드백을 통하여 사용된 지식의 가치를 나타낼 수 있다. 또한 추가적인 기능으로서 원하는 지식의 보관과 조회를 용이하게 하는 개인별 맞춤 서비스(고객화 기능)가 제공될 수 있다. 암묵지의 경우에는 사용자가 요구하는 전문성을 소요한 개인을 찾을 수 있는 전문가 조회·연결, 전문가와의 접촉 후 결과를 피드백 하는 기능이 필요하다. 또한 아직 표현되지 않은 지식에 대한 요구를 파악하고 지식의 형상화를 촉진한다는 측면에서는 Q&A의 활용이 매우 중요하다.

이와 같은 지식관리시스템은 지식경영의 실천 도구로서 지식의 창출, 공유, 활용을 총체적으로 지원할 수 있다. 따라서 지식관리시스템을 구축, 운영하는 것은 지식경영을 구현함에 있어서 가장 가시적인 효과를 얻을 수 있는 부분이며, 이를 활용하는 것은 업무수행 활동과 직결된다(Davenport & Prusak, 1998).

또한 KPMG사의 지식경영에 관한 2000년도 연구보고서에 따르면 조사대상기업의 90% 이상이 지식경영을 목적으로 여러 가지 적합

한 정보기술을 활용하고 있어 이미 지식관리시스템에 관한 기업의
관심이 높아져 있음을 알 수 있다. 그러나 조직의 요구를 제대로
반영하지 못한 시스템은 오히려 조직의 정보과다 현상을 부추기고
업무 외적 활동을 추가함으로써 조직에 비효율성을 안겨줄 수 있는
문제점도 있다(Mann et al., 1991).

본 연구에서는 이상의 논의를 바탕으로 지식관리시스템이 과연
지식경영의 성공요인으로 작용하는지 여부를 검증하고자 한다.

## (5) 조직구조

조직의 성공은 조직구성원들의 지력을 얼마나 잘 관리하고 그것을
유용한 제품 및 서비스로 창조적으로 변환할 것인가가 필수적이라는
지식기반조직에 대한 관심이 고조되면서 조직 내에서 지식을 어떻게
공유하고, 어떻게 새로운 지식을 창출할 수 있는 조직으로 변환할 것
인가에 관한 조직 관련 연구들이 진행되었다(Earl, 1994; Lyles &
Schwenk 1992; Prokesch, 1997). 조직적 관점에서의 지식경영 관련연
구는 조직 구조의 측면과 조직 문화의 측면, 지적 조직에서 필요한 새
로운 관리형태 측면에서 주로 논의 되었다(Liebeskimd, 1996; Schein,
1996; Szulanski, 1996; Keltner et al., 1996; Jordan et al., 1997; Lank,
1997; Kleiner et al., 1997; Davenport et al., 1998, Cliff, 1998; Nonaka
et al., 1998). 이 중에서 조직구조의 측면에서 행해진 연구는 지식을
창조하고 핵심역량으로 변환할 수 있는 조직기반의 구조는 어떤 특성
을 지녀야 하는지에 관한 연구가 주를 이루고 있다.

Prokesch(1997)는 British Petroleum사의 사례를 통하여 조직 구
성원들이 부서 내부뿐만 아니라 부서 간에도 지식을 효과적으로 모
방, 학습할 수 있는 조직형태를 연구하였으며, 지식경영을 성공적으
로 실현하기 위해서는 전통적인 계층구조가 아닌 사업단위의 부서

장에게 최대한 권한을 이양하는 수평적이고 분산된 조직이 적합하다고 주장하고 있다.

또한 Nonaka(1998) 교수는 그가 제시했던 4단계의 지식변환 프로세스마다 해당하는 지식변환의 장(장)인 'Ba'가 있다고 정의하고 각 Ba가 어떻게 지식의 과정을 진작하는지를 일본 기업의 사례를 통해 설명하고 있으며, Ruggles(1998)는 지식전이를 저해하는 장애물로 문화, 리더십, 사업전략 공유에 이어 조직구조의 적합성 여부를 꼽고 있다.

반면에 권태형 등(1999)은 Ruggles가 사용한 연구 프레임워크를 사용하여 국내 40여개사와 비교한 결과 '부적절한 조직구조'가 Ruggles의 연구에서는 네 번째(28%)인 데 반해 국내 기업들에서는 아홉 번째(8%)의 다소 낮은 상이한 결과를 보여주고 있다.

이와 같이 조직구조의 특성은 결국 수평적 조직구조, 분권화의 문제 대 수직적 조직구조 내지는 중앙집권화, 공식화의 문제로 귀착될 수 있을 것이다.

먼저, Quinn et al.(1996)의 주장에 따르면 오늘날의 극심한 경쟁환경에서 조직의 주요 기능은 지식을 효과적으로 개발하고 이용하는 것이라고 할 수 있으며, 이러한 조직의 주요 기능을 수행하기에 적절한 조직구조는 기존의 수평적(horizontal or flat)조직 및 매트릭스(matrix)조직을 포괄하는 개념으로 네트워크 조직(network organization)을 제시하였다. 즉, 수평적 네트워크 조직은 기업의 생산 및 영업현장과 밀접한 관계를 유지하게 해 줌으로써 기존의 계층적(hierarchical) 조직에서보다 조직의 맥락(organizational context)을 빠르게 이해할 수 있고, 따라서 새로운 지식을 창출하고 공유하기에 적합하다고 할 수 있는 것이다(Krogh et al., 1998).

또한 이와 같은 네트워크 조직구조를 통한 분권화는 기능의 분업화(division)보다는 통합화(combination)를 추구하고, 조직 구성원들로 하여금 다양한 기능을 수행하게 하며, 구성원 간의 수평적 의사소통(lateral communication)을 가능하게 함으로써 Nonaka & Takeuchi (1995)가 지식창조를 위한 전제조건으로 제시하고 있는 창조적 혼돈의 상황을 조성하여 지속적인 지식창출을 보장받을 수 있다(Hedlund, 1994).

Bhatt(2001)는 전통적인 계층구조를 통한 지식배분이 지식공유를 위한 구성원 간 상호작용(interaction)을 오히려 억제시킬 수 있다고 주장한다. Bhatt(2001)는 대안으로 권한위양(empowerment)과 열린 대화정책(open door policy)을 바탕으로 한 수평적 조직구조가 지식경영에 가장 적합하다고 주장하였다.

Rogers(1983)는 중앙집권화(centralization)를 '조직 내에서의 권한(power) 및 통제권(control)이 소수 개인에게 집중되어 있는 정도'라고 정의하면서 중앙집중화가 높은 수직적 조직구조를 가진 조직일수록 지식의 창조 및 혁신이 일어나기 어렵다고 주장하고 있다.

다음으로 귀착되는 조직구조의 문제는 공식화(formalization)를 들 수 있다. 공식화는 '조직이 구성원으로 하여금 정해진 규칙(rules)과 절차(procedures)를 준수할 것을 강조하는 정도'로 정의되며, 조직의 혁신적이고 창의적인 사고를 방해하는 요인으로 지적된다(Rogers, 1983). 즉, 공식화가 많이 진행된 기업에서 구성원들은 정해진 방법(code)에 따라 행동하므로 규칙적인 활동들(routine activities)이 많이 이루어지며, 이러한 활동으로 인해 예측가능성(predictability)은 높아지지만 창조적이고 혁신적인 사고에 필요한 조직의 개방성은 줄어들게 된다(Pierce & Delbecq, 1977).

본 연구에서는 이상의 논의를 바탕으로 조직구조가 과연 지식경영의 성공요인으로 작용하는지 여부를 검증하고자 한다. 특히 지식경영과 관련하여 수평적이고 분권화된 조직과, 수직적 내지는 집권화와 공식화된 조직구조를 중심으로 지식경영과 조직구조의 관계에 대하여 살펴보았다.

또한 이와는 별도로 상기에서 지식경영의 성공요인으로 작용할 것으로 제시된 요인들 중에서도 가장 강하게 지식경영의 성공에 영

향을 미치는 요인이 존재할 것이며 상대적으로 덜 강하게 또는 약
하게 작용하는 성공요인이 존재할 것으로 가정할 수 있을 것이다.
이는 지식경영의 가장 핵심적인 성공요인을 규명해 나아가는 데 있
어 필수적인 연구외 단계로서 조사대상자들의 응답 순위에 대한 반
응을 토대로 분석될 수 있을 것이다.

　본 연구에서는 이러한 가정을 토대로 지식경영의 성공요인들 간
의 상대적인 중요도 순위가 어떠한지, 지식경영의 핵심적인 성공요
인이 무엇인지를 검증하고자 한다.


# 2. 지식경영의 성공요인에 대한 조작적 정의

　앞서 이미 유도된 5개의 지식경영의 성공요인 각각에 대하여 여
러 학자들이 주장한 내용과 이론적 분석을 통하여 그 개념적 속성
을 어느 정도 검토하여 보았다.

　이제 여기서는 그들 각 요인에 대한 실증 분석 기반을 마련하기
위하여 조작적 정의를 수립하고 또 그로부터 한정된 일정수의 구체
적 지표를 선정하였다.

　이러한 조작적 정의는 한국 지식경영의 시행 특성에 맞는 타당한
정의를 수립하기 위하여 다음과 같은 논리적 절차에 따라 이루어
졌는데 그 절차는 첫째, 지식경영의 여러 연구자들이 제시한 지식
경영의 성공요인의 취지를 반영하여 그것을 기초로 하되 본 연구의
연구 목적에 최대한 부합하도록 수립하며, 둘째, 앞에서 제시한 지
식경영의 성공요인들에 대한 분석적인 개념적 속성을 분명히 하고
상호 연결시킴으로써 보다 구체적이고 한정적인 조작적 정의를 정
립키로 하였다.

## (1) 지식과 지식경영

각 지식경영의 성공요인에 대한 조작적 정의를 수립하기에 앞서 본 연구의 범위(range)를 결정하는 데 기초가 될 지식과 지식경영에 대한 조작적 정의의 수립이 필수적이다.

본 연구에서 지식에 대한 조작적 정의는 지식에 대한 여러 연구들을 바탕으로 앞서 내린 지식에 대한 개념적 정의인 '지식이란 조직의 문제해결과 혁신을 통하여 부가가치 창출을 가능케 하는 무형의 자산'을 기초로 수립하였다. 즉, 이러한 개념적 정의를 기초로 지식이란 '조직 내의 구성원들의 창의적인 아이디어와 문제해결방법으로서 조직의 문제를 해결을 통하여 조직의 혁신을 가능하게 하고 조직의 부가가치를 높이는 무형의 자산'으로 규정한다.

이러한 조작적 정의에 따라 본 연구에서 논의될 지식에 대한 구체적이고 한정적인 몇 개의 기본적 측정 지표만을 설정하여 보면 다음과 같다. 먼저 본 연구에서는 경영과 관리의 대상이 가능한 지식을 분류방법에 따라 제시하면, 암묵지(관리 가능한 전문가의 지식에 한정), 형식지, 잠재지, 경험지, 분석지, 선언적 지식, 절차적 지식 등이고 이러한 지식을 채택함으로써 본 연구의 대상이 되는 지식의 범위를 설정하였다. 즉, 본 연구에서 사용되는 지식의 구체적 범위와 측정지표로 설정한 것은 다음과 같은 것이었다.

o. 암묵지(관리 가능한 보유 지식에 한정)
o. 형식지
o. 잠재지
o. 경험지
o. 분석지
o. 선언적 지식
o. 절차적 지식

또한 지식경영에 대한 조작적 정의는 지식경영에 대한 여러 연구결과를 바탕으로 앞서 내린 지식경영에 대한 개념적 정의인 '조직에서 지식을 활용하여 경쟁우위를 확보하고 가치를 창조해 나가는 일련의 경영활동'을 기초로 수립하였다. 즉, 이러한 개념적 정의를 기초로 지식경영에 대한 조작적 정의를 수립하여 보면 다음과 같다. 즉, 지식경영은 '조직의 지식을 창출하고 저장하며 공유·활용하여 조직의 부가가치를 창출해 나아가는 일련의 체계적이고 지속적인 경영활동'으로 규정하였다.

이러한 조작적 정의에 따라 지식경영활동을 측정하기 위한 구체적이고 한정적인 다음과 같은 몇 개의 기본적 측정 지표를 설정하였다.

o. 지식의 창출
o. 지식의 저장
o. 지식의 공유
o. 지식의 활용

본 연구에서는 이러한 지식과 지식경영의 조작적 정의에 기초하여 연구를 전개하여 나가고자 한다.

이어서 연구의 전개를 위한 지식경영의 각 성공요인별 조작적 정의를 수립하면 다음과 같다.

## (2) 최고경영자의 의지

최고경영자의 의지는 Davenport et al.(1996)과 Hiebeler(1996)의 연구결과를 기초로 하였다. 이러한 연구들에서 공통적으로 지적하고 있는 것은 단순히 지식경영의 시스템의 도입만으로는 성공할 수 없다는 것이다. 실제로 지식경영시스템이 성공적으로 구축된 후 이를 사용하도록 만드는 최고경영자의 리더십이 더욱 중요함을 지적하고 있다(Davenport et al., 1996). 특히 Hiebeler(1996)는 리더십을 지식경영의 enabler로 파악하고 있다. 이처럼 여러 연구자들이 지식 경영의 중요한 성공요인으로 최고경영자의 의지를 제시하고 있는데 이러한 최고경영자의 의지는 최고경영자가 지식경영을 추진함에 있 어 전사적인 시행이 가능하도록 앞장서 그 중요성을 역설하고 실제 로도 적극 참여하며 지식경영과 관련된 업무에 대한 적극적인 지원 등과 관련된 의지를 말한다. 또한 여러 연구자들이 지식경영의 성 공요인으로서 최고경영자의 의지를 나타내는 개념적 용어로 지적하 고 있는 것들은 구체적으로 최고경영자가 지식경영을 인지하고 있 는 정도, 지식경영의 시행과 추진과정에서 인적·물적인 지원의 정 도, 구성원들에게 새로운 지식창조를 강조하는 정도, 생성된 지식에 대하여 구성원 상호간에 지식을 공유할 것을 강조하는 정도, 최고 경영자 스스로 지식경영의 필요성을 구체적으로 인지하고 있는 정 도, 최고경영자가 지식경영 실용성에 대하여 인지하고 있는 정도 등을 제시하였다.

이처럼 위와 같은 한정된 속성들을 기준으로 최고경영자의 의지 에 대한 조작적 정의를 수립하여 보면 다음과 같다. 즉, 최고경영자 의 의지는 '최고경영자가 지식경영의 중요성을 충분히 숙지하고 인 적, 물적 차원에서 적극 지원하며, 구성원들에게 지식의 창조와 공 유를 강조하며 지식경영의 필요성과 실용성을 충분히 인지하고 있 는 상태'라고 규정하였다.

이러한 조작적 정의에 따라 최고경영자의 의지를 측정하기 위하 여 구체적이고 한정적인 몇 개의 기본적 측정 지표만을 설정하여 보면 다음과 같은 것이었다.

o. 최고경영자의 지식경영 개념 인지정도
o. 최고경영자의 지식경영 지원정도
o. 최고경영자의 지식창조 강조정도

o. 최고경영자의 지식공유 강조정도
o. 최고경영자의 지식경영의 필요성 인지정도
o. 최고경영자의 지식경영의 실용성 인지정도

이와 같은 최고경영자의 의지에 관한 측정은 Davenport et al.(1996), Hiebler(1996)의 연구와 김효근 등(2001)이 개발한 항목을 기초로 수정 보완하여 활용하였으며, 6문항을 제시하고 Likert의 5점 척도를 사용하여 측정하였다.

## (3) 평가보상

평가보상은 Davenport et al.(1996), Marshall et al.(1996), O'Dell & Grayson (1998), Tampoe(1993)와 Lank(1997), Keltner et al.(1996), Glazer(1998), 김효근 등(1998)의 연구결과를 기초로 정의하였다. 이러한 연구 결과들에서 지식경영의 평가와 보상은 지식근로자의 성과와 동기유발요인으로서 중요하게 작용한다는 점이고 또한 조직이 지식 공유문화를 촉진시키기 위한 수단으로 평가와 보상의 중요성을 강조하고 있다. 일반적으로 조직구성원들은 자신의 지식을 공유하는 것이 비용을 발생시키는 행위로 보기 때문에 지식공유를 꺼리게 된다(Davenport et al., 1996). 따라서 조직은 구성원의 지식창조와 다른 구성원이 지식을 공유할 수 있도록 인센티브를 제공해야 하므로, 지식창조와 공유에 따른 평가와 보상항목이 있는지 진단해 볼 필요가 있다. 또한 Lank(1997), Keltner et al.(1996), Glaser(1998) 등도 평가와 보상의 필요성을 언급하고 있는데 이는 결국 구성원의 창의적인 지식활동과 지식공유를 위한 동기부여의 수단으로 평가와 보상을 말하였다. 이처럼 여러 연구자들이 지식경영의 성공요인으로서 평가보상제도를 나타내는 개념적 용어로 지적하고 있는 것들은 구체적으로는 구성원의 지식가치를 정확하게 평가하는지의 여부, 지식창조에 대한 공정한 보상체계, 구성원의 지식창조와 공유 노력이 인사고과와 잘 연계되었는지의 여부, 지식창조와 학습이 승진이나 보상에 미치는 영향, 지식공유가 승진이나 보상에 미치는 영향 정도 등을 제시하고 있다.

따라서 여기에서도 위와 같은 한정된 속성들을 기준으로 평가보상에 대한 조작적 정의를 수립하여 보면 다음과 같다. 즉, 평가보상은 '구성원이 보유하고 있는 지식의 가치와 지식 창조활동 노력을 공정하게 평가하고 승진이나 보상 등과 연계시키는 일련의 체계적 활동'이라고 규정하였다.

이러한 조작적 정의에 따라 평가보상을 측정하기 위하여 구체적이고 한정적인 몇 개의 기본적 측정 지표만을 설정하여 보면 다음과 같은 것이었다.

o. 회사 내 조직학습이 승진이나 보상에 미치는 영향의 정도
o. 구성원의 지식경영 기여도 평가체계 존재여부
o. 구성원의 지식경영 기여도 보상제도 존재여부
o. 지식창조활동의 인사고과 등 비경제적 보상과의 연계여부
o. 지식창조활동이 인센티브 등 경제적 보상과의 연계정도
o. 회사 내 개인의 지식창조와 공유노력이 승진이나 보상에 미치는 영향의 정도

이외 같은 평가보상에 관한 측정은 Marshall et al.(1996), O'Dell & Grayson(1998)의 연구와 김상수 등(1999), 김효근 등(2001)이 개발한 항목을 기초로 수정 보완하여 활용하였으며, 6문항을 제시하고 Likert의 5점 척도를 사용하여 측정하였다.

## (4) 조직문화

조직문화는 Hargadon(1998)과 Krogh(1997), Roos et al.(1997)의 연구결과를 기초로 정의하였다. 이러한 연구 결과들에서 창의성은 지식창조문화와 관련이 있는 것으로 조직이 끊임없이 아이디어를 제공하고 이를 실제에 옮겨보려는 시도에서 새로운 지식이 창출된다는 것이다. 만일 조직이 실패를 용납하지 않고 다양성을 인정하지 않으며 오래된 관행만을 고집한다면 새로운 지식이 창조될 수 없기 때문이다. 따라서 조직문화가 얼마나 창조적인 것을 받아들이는지를 진단해 보아야 할 것이다(Hargadon, 1998). 또한 개방성은 조직 구성원들에게 자신의 지식을 제공하고자 하는 의지로 자신의 지식을 제공할 의지가 없다면 지식이 공유되지 않음을 지적하고 있다(김효근 등, 2001). 그리고 업무를 해결하기 위해서는 토론을 통한 상호작용과 자신의 지식을 제공하고자 하는 의지 등이 고려되어야 할 중요한 문화적 측면이다(Krogh, 1997).

구체적으로 창의성은 조직 구성원의 다양성 인정 정도, 최고경영자가 조직 구성원들의 창의성을 장려하는 정도, 개인의 자유로운 의사표현의 정도, 조직이 실패를 용인하는 정도, 다양한 의사표현의 가능성 여부 등을 포함하며, 개방성은 조직 내 구성원 간의 정보요구의 용이성 정도, 타인에 대한 정보제공의 호의도 여부, 정보를 공유하고자하는 구성원의 의지정도, 업무에 대한 타인의 의견을 수용하는 정도 등을 말한다.

그러면 위와 같이 여러 연구자들이 제시하고 있는 분석적인 이론적 논의에 따른 한정된 속성들을 기준으로 지식경영의 성공요인으로서의 조직문화에 대한 정의를 수립하여 보면 다음과 같다. 즉, 창의적이고 개방적인 조직문화는 '구성원들의 다양성과 창의성을 존중하고 구성원 상호간의 지식을 제공하고 제공받아 지식공유를 촉진하는 일련의 행동과 신념 및 가치체계'라고 규정하였다.

이러한 조작적 정의에 따라 조직문화를 측정하기 위하여 구체적이고 한정적인 몇 개의 기본적 측정 지표만을 설정하여 보면 다음과 같은 것이었다.

o. 창의성 존중의 조직문화 여부
o. 회사 내 최고경영자의 창의성 장려 정도
o. 회사 내 개인의 의사표현의 가능성 여부
o. 회사 내 정보요구의 용이성 정도
o. 직원 간 정보제공의 호의도
o. 직원 간 정보공유의 의지 정도

이와 같은 조직문화에 관한 측정은 Haragadon(1998), Krogh(1997), 김효근 등(2001)이 개발한 항목을 기초로 수정 보완하여 활용하였으며, 6문항을 제시하고 Likert의 5점 척도를 사용하여 측정하였다.

## (5) 지식관리시스템

지식관리시스템은 Wilson(1987), Johnson(1987)과 Vian et al.(1983), Scharge (1990), Orlikowski(1993)의 연구결과를 기초로 정의하였다. 즉, 조직에서 창출된 지식을 효율적으로 저장할 수 있는 지식축적 도구로서의 데이터베이스와, 구성원들이 지식을 상호 공유하고 원하는 지식을 언제든지 조직 구성원 누구나 사용할 수 있는 지식공유도구 네트워크를 말한다.

여러 연구자들이 지식경영의 성공요인으로서 지식관리시스템의 개념적 용어로 지적하고 있는 것들을 구체적으로 살펴보면, DB의 존재 유무와 효율적인 사용 정도, 지식을 저장할 수 있는 관련기술의 존재 여부(data mining, data warehousing, knowledge repository 등), 지식공유도구로서의 groupware, internet 존재여부와 효율적인 사용 및 관련 기술의 존재여부 등이 제시되고 있다.

그러면 위와 같은 한정된 속성들을 기준으로 지식관리시스템에 대한 조작적 정의를 수립하여 보면 다음과 같다. 지식관리시스템은 '지식관리시스템은 조직 내 지식을 축적하고 공유할 수 있도록 구축된 일체의 물리적 시스템'이라고 규정하였다.

이러한 조작적 정의에 따라 지식관리시스템을 측정하기 위하여 구체적이고 한정적인 몇 개의 기본적 측정 지표만을 설정하여 보면 다음과 같은 것이었다.

o. 지식 DB 등 지식축적도구의 구축정도
o. 지식 DB 등 지식축적도구의 효율적인 활용정도
o. 인트라넷 등 지식공유도구 구축여부
o. 인트라넷 등 지식공유도구의 효율적 이용정도
o. KMS를 활용한 업무의 전반적인 효율성 정도
o. KMS의 전반적인 구축정도

이와 같은 지식관리시스템에 관한 측정은 Quinn et al.(1996), Zack(1999)의 연구와 김효근 등(2001)이 개발한 문항을 기초로 수정 보완하여 활용하였으며, 6문항을 제시하고 Likert의 5점척도를 이용하여 측정하였다.

## (6) 조직구조

조직구조는 Rogers(1983)의 연구결과를 기초로 정의하였다. 즉, 지식경영과 관련된 조직구조는 조직 내에서 권한 및 통제권이 소수의 개인에게 집중되어있는 중앙집중화가 높은 조직일수록 지식의 창조 및 혁신이 일어나기 어렵다고 주장하고 있다.

여러 연구자들이 지식경영의 성공요인으로서 조직구조의 개념적 용어로 지적하고 있는 것들은 구체적으로, 조직의 분권화와 중앙집권화의 정도, 수평적 또는 수직적 조직구조, 업무 수행 시 규칙과 절차의 문서화 및 준수 등을 강조하는 공식화의 정도 등으로 제시하고 있다.

본 연구에서 위와 같은 한정된 속성들을 기준으로 조직구조에 대한 조작적 정의를 수립하여 보면 다음과 같다. 즉, 조직구조는 '조직의 구성원들에게 필요한 자율권과 통제에 관한 선택의 차원에서 이루어진 조직의 체계'라고 규정하였다.

이러한 조작적 정의에 따라 조직구조를 측정하기 위하여 구체적이고 한정적인 몇 개의 기본적 측정 지표만을 유도하여 보면 다음과 같은 것이었다.

o. 의사결정권이 실무자에게 위임 정도
o. 업무수행의 자율결정권
o. 스스로 의사결정 장려 여부
o. 수평적 조직구조의 존재여부
o. 수직적 계층구조 여부
o. 업무수행에 필요한 규칙과 절차의 문서화 정도

이러한 조직구조 관한 측정은 Rapert & Wren(1998), Caruana et al.(1998)의 연구를 기초로 한 설문항목을 수정 보완하여 활용하였으며, 6문항을 제시하고 Likert의 5점 척도를 사용하여 측정하였다.

이와 같은 각 지식경영의 가정적인 성공요인에 대한 조작적 정의에 따라 6개씩 한정적으로 유도된 지표들을 기준으로 하여 다음과 같은 측정도구(조사도구)를 정립하였다.

# 제7장 지식경영의 성공요인에 관한 실증연구 I (질문지분석)

## 1. 연구조사방법

앞에서와 같이 제시된 5개의 지식경영 성공요인에 대한 확인과 검증이 두 번째 본 연구의 기본 목적이다. 따라서 이미 5개의 지식경영 성공요인에 대한 이론적 검토를 실시하였고 조작적 정의를 수립하였으며, 그에 따라 각종의 경험적인 측정 지표들을 유도하여 제시하였다. 이제 그러한 이론적 배경, 조작적 정의, 구체적인 측정 지표에 입각하여 양적인 분석을 시도한다.

따라서 여기서는 지식경영의 5가지 성공요인을 지식경영의 특징적인 성공요인으로 전제하고, 실제로 이들 요인이 어느 정도 각기 근거를 가지며, 또 그에 따른 상대적인 중요비중, 즉 서로간의 중요도 순위는 어떠한 상태인가를 분석한 것이다.

이와 같이 본 연구의 제2단계인 지식경영의 성공요인들에 대한 기업 현장에서의 확인 분석을 보다 타당하고 정확하게 실현하기 위하여 다음의 두 가지 종류의 조사와 분석을 수행하였다. 하나는 광범위한 기업 내 다수인을 조사대상으로 질문지를 조사도구로 사용한 자료의 수집과 분석을 도모한 연구이고, 다른 하나는 한정된 소수의 인원을 대상으로 하는 심층적 면접을 조사도구로 하여 자료를 수집하고 분석하는 연구를 말한다. 이러한 두 개의 조사분석방법은 그 조사대상에서 뿐만 아니라 그 조사방법에 있어서도 성격이 전혀 다르기 때문에 다음과 같이 별도 연구로서 다루어 그 결과를 제시하기로 하였다.

먼저 연구방법(Ⅰ)에서는 질문지를 이용한 자료의 수집과 분석을 통한 연구를 실시하고 그 결과를 제시하기로 하였다. 질문지를 기본 조사도구로 하는 연구방법(Ⅰ)의 조사진행절차를 밝혀보면 첫째, 질문지에 의한 구체적 조사방법의 설정으로서 ① 조사도구, 즉 질문지의 설정, ② 조사도구의 타당도와 신뢰도 검증, ③ 조사표본의 설계, ④ 자료의 수집과정으로 나누어 볼 수 있고, 둘째, 수집된 자료의 분석과정으로서 ① 표본의 성격분석, ② 자료의 분석방법. ③ 자료의 분석과 해석 등으로 구별하여 연구를 진행하였다.

## (1) 조사도구의 설정

조사도구로서의 자료수집방법은 매우 다양하다. 그러나 본 연구에서는 비교적 광범위한 자료대상에 대하여 보편적인 측정도구라고 할 수 있는 질문지 방법을 채택하기로 하였다. 5개의 지식경영 성공요인을 측정하기 위한 질문지는 다음과 같은 기본적인 척도에 입각하여 설정하였다.

첫째, 질문지의 구성과 측정을 위한 기본 척도로서 Likert-type Scale에 입각한 강제선택형 F-척도(forced choice F-scale)를 채택하였다[7].

위에서 언급한 리커트 5점 척도에 따라 만들어진 조사도구(질문지)의 일부에 대한 예를 들어보면 다음과 같다(전체적인 조사도구

---

7) 이 척도는 Adorno등이 만들어 사용했던 캘리포니아 F-척도(the California F-scale)를 수정하여 만든 것이다. 본래 Adorno 등의 F-척도는 조사대상자들을 한 방향으로 유도 응답하게 하는 소위 묵시적 긍정응답(acquiescence responses)을 자아내는 경향이 있어 많은 비판을 받아왔다(Brown, 1965). 이와 같은 결함을 극복하기 위한 방법으로 Likert-type Scale(5점 척도)을 사용하여 응답자의 태도를 표현하게 함으로써 측정상의 실효성과 연구의 목적을 보다 효과적으로 달성하였다.

는 부록을 참조).

'최고경영자의 의지'라는 한 요인에 대한 한 개의 지표로서 '최고 경영자의 지식경영 인지정도'라는 지표에 대한 한 개의 질문지 문항만을 예로 들면 다음과 같다.

| 항 목 | 전혀 아니다 | 아닌 편이다 | 보통 이다 | 그런 편이다 | 매우 그렇다 |
|---|---|---|---|---|---|
| 1. 우리 회사의 최고경영자는 지식경영을 잘 알고 있다. | 1 | 2 | 3 | 4 | 5 |

위 문항과 같이 응답은 5개의 카테고리 속에서 이루어지며, 부정과 긍정을 명백히 구분하기 위한 양극단 '전혀 아니다'와 '매우 그렇다'는 1과 5로 표기하고 '보통이다'라는 중립적 카테고리는 3으로 표기하였다.

둘째, 5개의 지식경영 성공요인을 측정하는 데 있어 리커트의 5점 척도를 일관성 있게 적용하였다. 비록 지식경영의 각기 다른 차원을 나타내는 대표적인 요인이라는 점에서는 서로 그 성격이 다르지만 지식경영 요인들을 전제로 한 태도측정인 이상 측정상의 척도에 있어서는 하등 성격이 다른 척도를 사용할 이유가 없기 때문에 동일한 척도를 사용한 것이다.

동일한 조사도구 내에 상이한 척도를 사용한다든가 또는 상이한 형태의 문항을 사용한다면 그러한 형태들에 있어 통일성을 기하는 것보다 오차개입의 가능성이 높아지기 때문이다.

한편 분석을 위한 응답 카테고리 전체의 5개에 대한 수치는 앞서 밝힌 바와 같이 '1'에서부터 '5'까지 부여하게 되는 것이다. 그리고 중립적 카테고리는 '3'으로 하였다.

셋째, 5개의 지식경영 성공요인들을 측정하는 문항의 수는 30개의 문항으로 한정하였다. 최고경영자의 의지, 평가보상, 조직문화,

지식관리시스템, 조직구조 등 5가지 요인 모두가 6개의 문항씩을
사용하여 조사도구를 만들었으며, 이들 각 문항은 어느 한 쪽 방향
으로 응답을 유도하게 하는 소위 묵시적 긍정응답(acquiescence
responses)에서 오는 결점을 보완하기 위하여 1개 요인당 6문항으
로 이루어진 측정도구 속에는 2개의 역점수(reversed-scoring) 문항
을 포함시켜 질문지를 구성하였다. 따라서 질문지 상에서 역점수
문항은 1개요인당 2문항씩으로 전체적으로는 5개 요인에 총 10문항
이 조사도구에 포함되었다.

넷째, 지식경영 성공요인의 상대적인 중요도는 순위로 표기하도록
하였으며, 일반사항에서 특기할 것은 본 연구의 연구 목적상 비교되
는 두 집단으로 구분하기 위한 문항으로 조사대상기업의 규모 즉, 대
기업과 중소기업을 구별할 수 있는 문항을 포함하였다는 점이다.

이처럼 본 연구에서 사용된 질문지는 최고경영자의 의지, 평가보
상, 조직문화, 지식관리시스템, 조직구조, 지식경영 성공요인의 상대
적인 중요도, 그리고 인구통계학적 변수를 측정하는 내용 등 총 48
문항으로 구성되어 있다(<부표 2> 참조).

## (2) 조사도구의 타당도 및 신뢰도

① 조사도구의 타당도 검증
한국기업의 지식경영의 성공요인을 5개로 가정하여 규정하고 이
들 5개의 각 요인을 실제로 측정하기 위하여 만들어진 지표에 따라
30개의 질문 문항을 정립함으로써 하나의 측정도구를 최종적으로
만들었다.

그러나 이와 같이 정립된 측정척도라고 하여도 이것은 완벽하게
검증된 기존의 질문 문항은 아니므로 이 척도에 대한 타당도와 신
뢰도 등의 문제가 제기되지 않을 수 없다. 따라서 이러한 측정척도
에 대한 일정한 검증 내지는 평가가 당연히 필요하다.

이에 따라 다음으로 수행될 연구의 단계는 변수들의 측정도구에 관한 타당도와 신뢰도를 평가하는 일이다.

앞에서 밝힌 비와 같이 리커트의 5점 척두를 사용하여 지식경영의 성공요인에 대한 조사도구로서 총30개의 문항을 갖는 질문지가 만들어졌다.

측정도구의 타당도(validity)란 어떠한 측정도구가 측정하고자 하는 바를 정확하게 측정하고 있는가를 나타내는 개념이다[8]. 이러한 타당도의 유형에는 예측적 타당도, 동시적 타당도, 내용타당도 및 개념타당도 등 네 가지가 있다. 본 연구에서는 구성개념 타당도를 가지고 측정도구의 타당도를 검증하고자 하는데 측정도구의 구성개념 타당도를 확보하기 위하여 기존의 선행 연구들에서 이루어진 충분한 논리적인 근거를 바탕으로 개발되어 실증적 검증을 거친 측정도구를 사용하였고, 사용된 측정도구의 구성개념 타당도를 분석하기 위해서는 배리맥스(varimax)방법에 의한 직각회전(orthogonal rotation)을 이용하여 요인분석(factor analysis)을 실시하였다[9].

---

8) 타당도는 측정도구 자체가 측정하고자 하는 개념 또는 속성을 정확하게 반영시켜주는 정도를 평가하는 내용타당도(content validity), 측정도구가 측정하고자 하는 이론적 구성개념(constructs) 또는 특성을 제대로 측정하고 있는가를 평가하는 구성개념 타당도(construct validity), 그리고 측정도구를 활용하여 얻어진 결과가 실제로 측정하고자하는 내용을 정확히 예측해 주는지를 평가하는 기준관련 타당도(criterion-related validity) 측면에서 파악될 수 있다(Anastasi, 1988). 특히 학문적 연구에서 충실을 기해야 하는 것은 구성개념 타당도이다. 왜냐하면 구성개념 타당도는 논리적 분석과 이론적 체제하에서 개념 간의 관계를 밝히는 데 중점을 두고 평가되며, 측정 그 자체보다도 측정되는 대상 또는 그 속성에 대해 이론적으로 충실을 기하였는지 여부를 평가하는 데 활용되기 때문이다(Anastasi, 1988).

9) 요인분석이란 변수들을 요인들의 선형결합으로 치환하는 과정이라고 할 수 있다. 요인을 회전(rotation)시키는 목적은 변수들을 설명하는 축이라 할 수 있는 요인들을 회전시킴으로써 요인의 해석을 돕는 것이다. 회전을 하는 방법들은 직각회전(orthogonal rotation)과 비직각회전(oblique rotation)의 방법으로 대별된다. 직각회전은 회전 시 요인들 간의 상호 독립성을 유지하게 하면서 요인을 회전하는 방법이고, 비직

 분석의 절차로는 1차적으로 요인분석을 통해 요인 적재치(factor loading)10)가 낮게 나타나거나 의미가 없게 묶인 질문지 문항을 제외시키고, 나머지 항목에 대한 요인분석을 2차로 실시하는 방법이 사용되었다. 본 연구의 요인들의 표면 타당도(face validity)를 검증하기 위해서는 선행연구에 포함되었던 내용을 일차적으로 수정·보완하여 질문지 문항을 구성하였다. 그리고 이러한 문항들은 학계에서 전공하는 교수님들, 지식경영을 실시하는 기업의 실무관리자들을 대상으로 예비조사를 2차에 걸쳐 실시한 후 최종적으로 수정·보완하여 사용함으로써 본 연구에서 사용된 질문지의 타당도를 높이려고 노력하였다. 본 연구에 사용된 질문지 문항에 대한 타당도 검증을 위한 요인분석 수행결과에서 얻을 수 있는 사항을 요약하면 다음과 같다(<부표 1> 참조).

 최고경영자의 의지에 대한 요인 분석도 모두 6문항에 대하여 이루어 졌다. 그 결과 요인 적재치가 가장 낮은 항목은 네 번째 문항으로 0.45였으며 요인 적재치가 가장 높은 항목은 다섯 번째 문항 0.8로서 전체적으로 요인 적재치가 모두 0.4 이상을 나타내는 등 양호한 타당도를 보여주고 있어 최고경영자의 의지요인에 대한 질문 문항은 집중적으로 묶여지는 항목들로 적정하게 구성되었음이 확인되었다.

 평가보상에 대한 요인 분석도 모두 6개 문항에 대하여 이루어 졌다. 그 결과 요인 적재치가 가장 낮은 항목은 여섯 번째 문항 0.53이었으며 요인 적재치가 가장 높은 항목은 다섯 번째 문항 0.74로

---

각회전은 요인들 간의 독립성에는 상관없이 요인을 회전하는 방법이다. 일반적으로 변수들과 요인들의 관계가 파악되지 않은 경우 직각회전을 많이 이용하고 있으며 이러한 직각회전방법에는 여러 가지 방법이 있으며(채서일, 1990), 본 연구에서도 가장 일반적으로 이용되는 varimax방법을 사용하였다.
10) 일반적으로 요인 적재치의 기준이 ±0.3 이상이면 유의하다고 보지만 보수적인 기준은 ±0.4 이상으로 보고 있다(Joseph, 1995).

서 전체적으로 요인 적재치가 모두 0.4이상의 양호한 타당도를 보여주고 있어 평가보상 요인에 대한 질문도 집중적으로 묶여지는 항복늘로 석성하게 구성되어 있음이 확인되었다.

조직문화에 대한 요인 분석도 모두 6개 문항에 대하여 이루어 졌다. 그 결과 요인 적재치가 가장 낮은 항목은 다섯 번째 문항 0.45였으며 요인 적재치가 가장 높은 문항은 세 번째 문항 0.57로서 전체적으로 요인 적재치가 모두 0.4이상의 양호한 타당도를 보여주고 있어 조직문화 요인에 대한 질문도 집중적으로 묶여지는 항목들로 적정하게 구성되어 있음이 확인되었다.

지식관리시스템에 대한 요인 분석도 모두 6문항으로 이루어 졌다. 그 결과 요인 적재치가 가장 낮은 항목은 두 번째 항목 0.64였으며 요인 적재치가 가장 높은 항목은 여섯 번째 문항 0.68로서 전체적으로 요인 적재치가 모두 0.4이상의 양호한 타당도를 보이고 있어 지식관리시스템 요인에 대한 질문도 집중적으로 묶여지는 항목들로 적정하게 구성되어 있음이 확인되었다.

마지막으로 조직구조에 대한 요인 분석도 모두 6문항에 대하여 이루어졌는데 그 결과 요인 적재치가 가장 낮은 항목은 첫 번째 문항 0.70이었으며 요인 적재치가 가장 높은 항목은 두 번째 문항 0.74로서 전체적으로 요인 적재치가 모두 0.4이상의 양호한 타당도를 보여주고 있어 조직구조 요인에 대한 질문은 집중적으로 묶여지는 항목들로 적정하게 구성되어 있음을 알 수 있다.

따라서 본 연구에 사용된 질문지는 전체적으로 각 요인별 적재치가 모두 0.4이상으로 높은 유의성을 갖는 항목들이 이용되었고, 고유값(eigen value) 역시 모두 1 이상을 나타내는 등 양호한 타당도를 보여주고 있어 지식경영의 성공요인별 질문 문항들이 적정하게 구성되었음이 확인되었다.

② 조사도구의 신뢰도 검증

측정도구의 신뢰도(reliability)란 첫째, 어떤 대상을 여러 번 반복해서 측정해도 같은 결과가 나오고 둘째, 측정방법이 정확하고 믿을만하며 셋째, 예측가능성이 있으며 넷째, 어떤 지표를 구성하는 항목들 간에는 일관성이 있는가를 측정하는 것이다. 신뢰도를 측정하는 방법에는 재검사법(test-retest method), 대체형식법(alternative form), 반분법(split-halves method) 및 내적일관성검증법(internal consistency) 등이 있다. 본 연구에서는 내적일관성검증법을 사용하여 동일한 개념을 측정하기 위하여 여러 항목을 이용하는 경우 신뢰도를 저해하는 항목을 찾아내어 측정도구에서 제외시킴으로써 신뢰도를 높이기 위한 방법으로 Cronbach's alpha 계수를 이용하였다[11]. 한편 요인들은 완전히 차원(dimension)이 다른 것들로서 각기 다른 성격을 띄고 있기 때문에 당연히 요인별로 따로 따로 신뢰도 분석을 실시하였다(<부표 3-7> 참조).

본 연구에 사용된 질문지 문항에 대한 요인별 Cronbach's alpha에 의한 변수들의 신뢰도 분석 결과를 요약하면 <표 3-1>과 같다.

---

11) 일반적으로 측정도구의 신뢰도를 검증하기 위하여 자료의 내적 일관성을 나타내는 Cronbach의 α계수를 이용할 경우, 신뢰성 계수의 적정수준을 판정하는 절대적인 기준은 없다고 할 수 있다. 신뢰도 검사에서 일반적으로 알파 값이 0.6이상이면 최소한 신뢰성을 확보하였다고 볼 수 있으며, 해당 항목들이 하나의 척도로 종합하여 분석할 수도 있다. Van de ven과 Ferry도 조직단위의 분석수준에서 일반적으로 요구되어지는 알파 값이 0.6이상이면 측정도구의 신뢰성에는 문제가 없는 것으로 일반화되어 있다(Van de ven et al., 1980). 또한 Nunnally (1978)는 신뢰도 검사에서 알파 값이 일반적으로 0.7이상이면 만족스러운 수준이고 0.8이상이면 바람직한 것으로 지적한 바 있다. 본 연구에 이용된 모든 요인들에 대한 신뢰도계수 알파 값이 적어도 모두 0.7이상이 되기 때문에 각 변수들을 측정하는 항목들이 동질적이어 한 개의 차원에 묶여짐이 입증되기 때문에 각각의 요인들을 하나의 별개의 차원으로 간주하여 분석할 수 있다.

<표 3-1> 측정도구의 특징과 신뢰도

| 특 징<br>요 인 | 문항수 | 점수범위 | 평 균 | 표준편차 | 신뢰도(a) |
|---|---|---|---|---|---|
| 최고경영사의 의지 | 6 | 11-30 | 26.1944 | 3.1511 | 0.8256 |
| 평가보상 | 6 | 6-30 | 23.7589 | 4.6893 | 0.8563 |
| 조직문화 | 6 | 11-30 | 24.3405 | 3.8827 | 0.8617 |
| 지식관리시스템 | 6 | 8-30 | 24.3328 | 3.9467 | 0.8727 |
| 조직구조 | 6 | 8-30 | 22.5038 | 5.4673 | 0.9161 |

위의 <표 3-1>에서 최고경영자 요인에 대한 신뢰도 분석 결과 Cronbach의 a계수는 0.8256을 보이고 있어 매우 양호한 신뢰도를 나타내고 있음을 알 수 있었고, 평가보상 요인에 대한 신뢰도 분석 결과 Cronbach의 a계수도 0.8563을 보이고 있어 매우 양호한 신뢰도를 나타내도 있음을 알 수 있었으며, 또한 조직문화 요인에 대한 신뢰도 분석 결과 Cronbach의 a계수도 0.8617을 보이고 있어 매우 양호한 신뢰도를 나타내고 있음을 알 수 있었다. 지식관리시스템 요인에 대한 신뢰도 분석 결과 Cronbach의 a계수도 0.8727을 보이고 있어 매우 량호한 신뢰도를 나타내도 있음을 알 수 있었으며, 조직구조 요인에 대한 신뢰도 분석 결과 Cronbach의 a계수 역시 0.9161을 보이고 있어 측정도구 전체가 상당히 양호한 신뢰도를 나타내도 있음이 확인되었다.

## (3) 조사표본의 설계

질문지조사를 위한 표본설계는 다음과 같은 사항들을 고려하여 이루어졌다.

첫째, 표본의 규모는 10개 기업의 약 1,300인 정도로 설계하였다. 오차와 경비 등을 감안하여 효율적인 표본의 규모는 보통 1,500정

158

도가 적합하다는 것은 이미 널리 알려져 있는 사실이지만 여기서는 표본의 규모에 있어 약±3%에 근접하는 오차의 마진을 확보하기 위하여 1,300인 정도로 한정키로 설계하였다.12)

둘째, 인구통계학적 구성은 서로 비교13)할 수 있는 두 개 집단으로 양분하였다. 즉, 표본의 구성을 대기업과 중소기업이라는 두 개의 조사대상으로 분류하여 해당 기업의 구성원들을 두 조사대상에 포함시

---

12) Charles W. Roll, Jr.(1972)는 Gallup 연구소의 표본추출의 경험에 따라 표본의 '크기'와 그에 따라 기대되는 표본추출상의 '오차'와의 관계를 다음 표와 같이 제시하고 있다.

표본규모와 표본추출의 오차

| 표본규모 | 오차의 마진 |
|---|---|
| 4,000 | ± 2 % |
| 1,500 | ± 3 % |
| 1,000 | ± 4 % |
| 750 | ± 4 % |
| 600 | ± 5 % |
| 400 | ± 6 % |
| 200 | ± 8 % |
| 100 | ± 11 % |

13) 디모그라피에 관한 실증연구의 대표적인 학자인 페퍼(J. Pfeffer) 교수가 제시한 조직분석 및 비교에서 디모그라피 분포특성을 조사하는 방법 중의 한가지로 파벌규모(cohort size)가 있다. 페퍼 교수가 그의 연구(1983)에서 파벌규모를 제시한 원래 의도는 집단 내 동일 카테고리에 속하는 구성원들의 비율을 측정하기 위한 것이나, 본 연구에서는 지식경영의 성공요인을 비교 확인하기 위한 연구 목적상 한국 기업의 상황하에서는 대기업과 중소기업 두 집단으로 양분하여 연구를 진행함이 보다 의미 있다고 판단하고 지식경영을 시행하는 조직체 차원으로 파벌규모의 의미를 확대하였다. 한편 페퍼 교수가 의미 있는 디모그라피의 한 가지 중요한 속성으로 조직 구성원의 근속년수를 제시한 바 있으나, 국내 기업을 대상으로 한 조직 디모그라피에 관한 실증연구(남중헌, 1988)에서는 이와 같은 근속년수에 대한 유의성 있는 연구 결과가 거의 나타나지 않고 있어, 본 연구에서 사용할 파벌규모(cohort size) 기준에 의한 비교 분석이 오히려 의미가 있을 것으로 판단된다.

켰는데 그 이유는 지식경영의 성공요인에 대한 전체적인 파악과 더불어 우리나라의 기업 현실에서 그 특성상 여러모로 다른 점을 보이고 있는 현저한 비교 대상으로서 대기업과 중소기업을 심도 있게 요인별로 비교 분석하고 지식경영의 성공요인을 중복하여 확인함으로써 공통적인 요인을 발견하고, 또한 이러한 비교 분석을 통하여 이론적이고 실무적인 시사점을 도출하기 위함이다. 그러나 대기업과 중소기업이라는 두 조사대상으로 양분하기로 하였지만 그들 간의 수적 비율은 2대 1의 정도로 선정하기로 설계하였다. 이런 이유는 특히 중소기업의 경우 지식경영을 시행하는 기업 수가 대기업에 비하여 상대적으로 현저하게 적기 때문에 빚어지는 현상을 반영한 것으로 그 표본추출과 그들에 대한 자료수집에 있어서의 곤란성을 감안하여서 그렇게 한 것이나 현실적으로 연구 목적을 수행하는 데 있어서 표본의 대표성을 확보하는 데는 문제가 없다고 판단된다.

셋째, 표본추출을 위한 대상 기업의 선정 기준은 지식경영의 성공사례로 1999년 1월부터 2002년 5월까지 매일경제 지식경영 인터넷사이트(www.mk.or.kr)에 소개된 국내 기업을 중심으로 하였고, 기타 관련 학회나 언론매체에서 지식경영 우수기업으로 거론된 바 있는 기업도 일부 표본에 포함하였다. 또한 그러한 지식경영의 성공적인 시행기업 내에서도 지식경영을 직접 추진하는 전담 부서 내지는 관련 부서의 구성원을 중심으로 표본추출을 시행하였고, 그 기업 수는 10개사로 한정하였는데 그 이유는 본 연구의 주된 목적이 지식경영의 성공요인을 확인 분석하는 데 있으므로 성공적인 지식경영 기업만이 연구목적에 부합될 것으로 판단하였기 때문이다. 그런 면에서 한국에서 대표적인 10개사의 성공적인 지식경영 시행기업도 표본의 대표성에는 전혀 부족함이 없고, 또한 불필요한 많은 표본보다는 모집단의 특성을 최대한 반영할 수 있는 표본이라면 규모가 다소 작더라도 오히려 의미가 있다고 판단하였기 때문이다.

그리고 지식경영의 성공요인을 중복하여 확인 검증하기 위하여 대기업과 중소기업으로 양분하여 조사표본을 선출하였는데 이것은 마치 페퍼(J. Pfeffer)가 디모그라피에 의한 조사대상을 파벌규모(cohort size)로 분류한 것과 매우 유사한 표본추출방법이다.

이와 같이 양분된 표본으로 설계한 것을 기본전제로 한다면 한 집단인 대기업의 조사대상은 일종의 실험집단(experimental group)으로 가정하고 이에 대하여 다른 집단인 중소기업 조사대상은 비교 또는 통제집단(control group)으로 가정하여 그들의 지식경영 시행상의 특징을 비교하기 위해서이다.

우리나라의 대기업과 중소기업은 여러 면에서 차이가 날 것이다. 즉, 기업의 전략과 실행에 있어서 본질적으로 많은 차이점이 있고 또한 세부적인 경영 방침상의 차이도 많이 있으리라 가정할 수 있다. 이러한 기본적인 차이점을 가정하고 본 연구에서는 대기업과 중소기업의 분류는 중소기업법에 규정된 기준14)을 적용하되 종업원 수 기준인 300인을 1차적인 분류기준으로 적용하고 기타의 요건들을 부차적으로 고려하였다.

이와 같이 대조되는 이들 2개 표본집단 간에는 각 지식경영의 성공요인을 반영하는 그들의 태도와 신념에 대한 일정한 연구과제를 다음과 같이 정립하였다.

첫째, 대기업과 중소기업 두 조사대상 간에 상호 공통성을 보이는 특정한 지식경영의 성공요인들이 존재하는지 여부, 둘째, 대기업과 중소기업 두 조사대상 간에 상호 현저한 차이를 나타내는 특정한 지식경영의 성공요인들을 존재하는지 여부 등이다.

첫 번째 연구과세의 초점은 양 조사대상이 공통으로 갖는 지식경영의 성공요인을 나타내는 것일 뿐만 아니라 지식경영의 성공요인으로서 지속성 또는 불변성을 갖는 특정한 요인을 나타내는 것이라고 인정되며, 한편으로는 일반적이며 전체적인 지식경영의 성공요

---

14) 중소기업기본법 제6조, 동법시행령 별표1, 2 참조

인을 나타내는 것이라 인정된다.

두 번째 연구과제의 초점은, 대기업과 중소기업에 독특한 기업 특성과 환경 여건으로 말미암아 두 조사대상이 차이를 나타낼 것을 전제한 것으로 지식경영의 가변적인 성공요인을 제시하여 주는 것이라 하겠다. 이것은 또한 대기업과 중소기업이라는 각기 다른 조사대상 나름대로의 특징적인 지식경영의 성공요인을 나타내주는 것이라고 인정되기도 한다.

## (4) 자료수집

질문지라는 조사도구를 이용한 자료의 수집은 자료수집 대상기업에 대하여 연구자가 직접 방문하여 현장에서 질문지를 배포하고 즉시 회수함을 원칙으로 하였다. 다만 업무상 부재중인 경우는 추후 우편으로 질문지를 회수하는 경우도 있었으나 그 수는 극히 미미한 것이었다. 질문지를 현장에서 배포하고 수집한 이유는 회수율의 저하뿐만 아니라 즉시 회수하지 않으면 상사의 것을 부하 직원이 대리 응답하는 등의 여러 가지 문제점이 발생할 수 있기 때문에 이러한 문제점들을 사전에 방지하고 질문지 조사의 정확성과 실효성을 높이기 위하여 착안한 방법이었다.

조사기간은 지난 5월 1일부터 5월 31일까지로 질문지조사는 한 달간 진행되었는데, 동 기간 내 심층면접에 의한 조사분석도 병행하여 실시하였다. 질문지는 총 1300부를 배포하여 최종적으로 643부를 회수하여 회수율은 49.5%였으며, 최종적으로 회수된 질문지 643부는 표본의 규모에 있어 약 ±5%에 근접하는 오차의 마진을 확보할 수 있는 수량이었다(Roll, 1972).

조사대상기업에 대하여 연구자와 조사방법론 강의를 수강한 박사과정수료생 1명을 선출하여 총2명으로 구성된 자료 수집팀을 구성하였으며 해당 표본 기업의 지인을 통한 관련 부서 책임자와의 사전 시간약속을 정하는 등의 방법으로 조사가 이루어졌다. 조사현장에서는 연구의 목적과 내용을 간략히 설명하고 질문지를 사전에 약속한 조사 대상자들에게 배포한 다음 즉시 응답을 하도록 협조를 구하는 형태로 자료의 수집이 이루어졌다.

## 2. 조사결과의 분석과 해석

### (1) 표본의 성격분석

이미 유도·제시된 5개의 지식경영의 성공요인에 대하여 조작적 정의의 수립, 조사도구, 즉 질문지의 설정, 조사도구의 타당도와 신뢰도 분석, 조사표본의 설계, 자료의 수집과정 등 일련의 연구 절차를 거쳐 왔다. 이어지는 연구의 단계는 수집된 자료의 분석과정으로서 표본의 성격분석, 자료의 분석방법, 자료의 분석과 해석 등의 연구를 진행하였다.

먼저 연구 절차와 논리의 편의상 자료의 원천인 표본의 성격에 대한 것부터 차례로 분석하기로 하였다.

이미 밝힌 바와 같이 본 연구에서 질문지는 최종적으로 643부가 회수되었다(이하 <부표8> 참조). 이러한 조사대상은 지식경영 시행 기업 중에서 대기업 종업원 436명과 중소기업 종업원 207명 등 두 집단으로 양분하여 선정한 표본이었다.

표본의 성격을 세부적으로 살펴보면, 성별로는 남자가 490명으로 76%를 차지하고 있으며 여자는 147명으로 22%를 그리고 무응답자는 6명으로 0.9%로 나타났다.

연령별 분포는 20대가 139명으로 21%, 30대가 407명으로 63%, 40대가 91명으로 14%, 그리고 50대 이상은 5명으로 0.7%였고 무응답자는 없었다.

학력별 분포는 고졸이하가 7명으로 1%, 전문대졸 42명으로 6%, 대졸 503명 78%, 대학원 석사 83명 12%, 대학원 박사는 8명으로 1%의 비율을 나타냈다.

결혼여부 분포는 기혼이 368명으로 57%였고 미혼이 271명으로 42%로 나타났으며 무응답은 4명으로 0.6%를 나타냈다.

설립연도는 10년 미만이 99명으로 16%였고 10년 이상이 543명으로 83%였으며 무응답이 1명으로 0.1%였다.

지식경영 시행기간은 2년 미만이 288명으로 45%였고 2년 이상이 338명으로 53%였으며 무응답이 17명으로 2%였다.

업종은 제조업이 196명으로 30%였고, 비제조업은 447명으로 70%였다.

담당업무는 기획분야가 150명으로 23%로 가장 많았고 다음으로 영업 및 마케팅으로 132명 20%였으며 나머지 7개 업무 분야에서 361명으로 57%였다.

근무기간은 10년 미만이 487명으로 75%였고 10년 이상이 156명으로 25%를 보였다.

직위는 대리급 이하가 458명으로 71%를 보였고 과장급 이상이 185명으로 29%를 보였다.

단위부서의 책임자는 310명으로 48%였고 책임자가 아닌 경우는 333명으로 52%였다.

컴퓨터 사용능력에서는 상으로 응답한 경우가 269명으로 42%였고 중으로 응답한 경우가 352명으로 54%였으며 하를 포함한 기타가 22명으로 4%였다.

## (2) 자료의 분석과 해석

앞에서 조사표본에 대한 일반적인 성격에 관한 것을 분석 제시하였다. 이제 각 지식경영의 성공요인에 대해 수집된 구체적인 자료를 중심으로 그 실증적인 근거를 확인하고 분석하여 보려고 한다.

① 자료의 분석방법

조사결과를 체계적으로 제시하기 위한 분석방법에는 여러 가지가 있다. 여기에서는 지식경영의 성공요인에 대한 실증적 근거 확인이라는 연구초점과 조사도구의 특징적 성격 및 그에 의하여 수집된 자료의 특성 등에 따라 조사도구 내의 각 문항별 자료를 개별적으로 분석하는 것이 아니고 각 요인별로 제시된 여러 문항, 즉 각 요인에 대하여 문항군별 자료를 묶어서 분석하려고 한다.

먼저 각 응답자가 지식경영 성공요인별로 설정된 일정한 문항군에 대한 응답결과 얻게 되는 개인별 득점상태를 파악한다. 각 응답자의 요인별 득점은 각 요인을 대표하는 여러 문항별 응답을 기초로 응답가중치를 합한 것을 말한다.

이처럼 응답자 개인별 각 요인에 대한 득점을 분석하는 이유는 각 요인에 대한 응답자 개인별 반응에 대한 조사 차원을 넘어 조사대상자 전체를 긍정과 부정 응답으로 구분하고 집단화하여 분석하기 위한 기초작업인 것이다.

요컨대, 각 요인들의 속성들, 즉 지표를 대표하는 각 문항들의 응답 가능 대안에 응답함으로써 문항마다 달리 얻는 응답가중치를 기준으로 유사득점 응답자들을 통합분석하는 것이다. 이것은 응답득점에 의한 응답자들을 통합함으로써 다시 각 지식경영의 성공요인을 척도화하는 것이라고도 하겠다[15].

응답자가 갖는 각 요인별 득점은 다음과 같이 계산된다.

본 연구의 조사도구의 설정 편에서 이미 밝힌 바와 같이 각 문항

---

15) 문항득점에 의한 전체 응답자를 일정하게 통합함으로써 각 지식경영의 성공요인에 대한 새로운 척도화는 Rummel(1970)이 요인분석(factor analysis)에서 말하고 있는 Q-technique 또는 Q-analysis방법과도 상통하는 것이다.

은 리커트의 5점척도를 사용하여 실제 질문지상에는 중간의 척도인 '보통이다'라는 '3'점을 포함하여 모두 5개의 응답 가능대안을 갖게된다. 따라서 질문지상의 긍정적인 응답가능 대안은 '그런 편이다'를 나타내는 '4'와 '매우 그렇다'를 나타내는 '5'등의 2개의 카테고리이고 이와 반대로 부정적인 응답을 나타내는 응답가능 대안은 '아닌 편이다'를 나타내는 '2'와 '전혀 아니다'를 나타내는 '1'등의 2개 카테고리로 구성된다. '3'은 '보통이다'를 나타내는 중립적 카테고리이다.

여기서 '숫자'는 그 응답 가능 대안에 부여한 가중치이다. 따라서 하나의 지식경영의 성공요인을 대표하는 문항수가 6개라면 그 6개의 가중치를 합하면 그 요인에 대한 응답자의 득점이 되는 것이다.

가령 한 응답자가 6개 문항 전부에 대하여 가장 강한 긍정적인 응답(매우 그렇다)을 보였다면 그의 득점은 6×5=30점이 되는 것이고, 반대로 6개의 문항 전부에 대하여 강한 부정의 응답(전혀 아니다)을 보였다면 6×1=6점이라는 득점을 하게 되는 것이다.

다음으로 각 응답자를 그들의 각 요인별 득점상태에 따라 일정하게 묶어 집단화하는 것이다. 이렇게 집단화하는 것은 실제 분석에 있어 응답자 하나하나를 개인별로 각 요인에 대한 득점을 기준으로 비교하는 것이 불가능 할 뿐만 아니라 또한 무의미하기 때문이다. 또 이와 같이 응답자를 그들의 응답득점상태에 의한 집단화는 측정 또는 응답에 있어 범했을지도 모르는 무작위적 오차에 대한 일종의 처리방법이기도 하다(Rummel, 1970).

응답자들에 대한 집단화 방법은 다음과 같이 이루어진다.

첫째, 각 요인을 대표하는 문항 수와 각 문항의 응답가능대안에 부여된 가중치를 기준으로 하여 얻어지는 응답자별 득점행렬을 만들 수 있는데 그것은 <표 3-2>와 같다.

<표 3-2> 득점계산

| 가중치<br>문항수 | | 문항의 각 응답가능대안이 갖는 가중치 | | | | |
|---|---|---|---|---|---|---|
| | | 1 | 2 | 3 | 4 | 5 |
| 문항수 | 1 | 1 | 2 | 3 | 4 | 5 |
| | 2 | 2 | 4 | 6 | 8 | 10 |
| | 3 | 3 | 6 | 9 | 12 | 15 |
| | 4 | 4 | 8 | 12 | 16 | 20 |
| | 5 | 5 | 10 | 15 | 20 | 25 |
| | 6 | 6 | 12 | 18 | 24 | 30 |
| | 득점상태 | | | | | |

둘째, 각 요인이 갖는 문항수와 각 응답자들의 취득 가능한 득점 상태에 따라 응답자들을 집단화하는 것이다. 집단화는 <표 3-2>의 득점행렬에 따라 다음의 <표3-3>과 같이 이루어진다.

<표 3-3> 요인별 문항수와 집단화

| | 집단화 | 가중치 | 비 고 |
|---|---|---|---|
| 집단화 카테고리 | 1 | 6-11 | 6개 문항요인 |
| | 2 | 12-17 | 6개 문항요인 |
| | 3 | 18-23 | 6개 문항요인 |
| | 4 | 24-30 | 6개 문항요인 |

<표 3-3>의 각각의 '4'개 집단화 카테고리의 득점상태에 따라 응답자들의 태도를 다음과 같이 평가할 수 있다.

첫째, 1의 집단화 카테고리에 속하는 응답자들은 매우 낮은 득점을 하고 있는 것으로서 당해 지식경영의 성공요인에 대한 응답태도에 있어 강한 부정적 반응을 보이고 있는 것을 의미하고, 둘째, 2의

집단화 카테고리에 속하는 응답자들은 비교적 낮은 득점을 하고 있는 것으로 당해 지식경영의 성공요인에 대한 응답 태도에 있어 비교적 부정적 반응을 보이고 있는 것이며, 셋째, 3의 집단화 카테고리에 속하는 응답자들은 비교적 높은 득점을 하고 있는 것으로 당해 지식경영의 성공요인에 대하여 비교적 긍정적 반응을 보이고 있는 것이고, 넷째, 4의 집단화 카테고리에 속하는 응답자들은 매우 높은 득점을 하고 있는 것으로 당해 지식경영의 성공요인에 대하여 매우 강한 긍정적 반응을 보이고 있는 것을 각각 의미한다[16].

② 자료의 분석과 해석

가. 최고경영자의 의지

분석방법에 따라 실시된 지식경영의 성공요인별 분석결과는 다음과 같다.

조사도구로 사용된 질문지에 최고경영자의 의지에 대한 요인을 측정하기 위하여 설계된 문항은 6개이다. 이들 문항은 질문지에서 I번 항목의 1, 2, 3, 4, 5, 6 등의 문항번호로 제시되었다. 이들 문항은 최고경영자의 의지의 조작적 정의에서 밝히고 있는 6개의 한정된 지표로서 설정한 최고경영자의 지식경영 인지정도, 최고경영자의 지식경영 지원정도, 최고경영자의 지식창조 강조정도, 최고경영자의 지식공유 강조정도, 최고경영자의 지식경영의 필요성 인지정도, 최고경영자의 지식경영의 실용성 인지정도 등을 대표하는 문항들인 것이다.

이러한 6개 문항에 대한 각 응답자들의 응답 결과를 앞서 제시한 분석방향에 따라 종합적으로 정리한 그들의 득점상태에 따른 분포 결과를 제시하면 <표 3-4>와 같다.

---

16) 지식경영의 성공요인에 대한 긍정과 부정의 태도를 분명하게 구분하기 위한 연구의 목적상 질문에 대한 응답의 결과치를 바탕으로 집단화 카테고리를 분류함에 있어 추가적으로 중립구간은 별도로 설정하지 아니하고, 1과 2집단화 카테고리는 부정의 구간으로, 3과 4집단화 카테고리는 긍정의 구간으로 설정하여 조사대상을 분명하게 양분하였다.

<표 3-4> 최고경영자의 의지 득점분포

| 득점구간 | 대기업 | | 중소기업 | | 계 | |
|---|---|---|---|---|---|---|
| | N | % | N | % | N | % |
| 1. 6-11 | 1 | 0.16 | 0 | 0.00 | 1 | 0.16 |
| 2. 12-17 | 12 | 1.87 | 2 | 0.31 | 14 | 2.18 |
| 3. 18-23 | 65 | 10.11 | 23 | 3.58 | 88 | 13.69 |
| 4. 24-30 | 358 | 55.68 | 182 | 28.30 | 540 | 83.98 |
| 평 균 | 25.9747 | | 26.6570 | | 26.1944 | |
| 표준편차 | 3.2823 | | 2.8065 | | 3.1511 | |

위의 최고경영자의 의지에 대한 응답을 나타내는 <표 3-4>가 보여주고 있는 내용을 분석하여 볼 때 이미 전제한 연구과제에 비추어 다음의 몇 가지 사실을 발견할 수 있다.

첫째, 전반적으로 응답자들이 최고경영자의 의지를 지식경영의 성공요인으로 매우 긍정적으로 생각하고 있음을 알 수 있다. 두 개의 조사대상인 대기업과 중소기업의 종업원을 합친 득점 분포를 최고의 득점상한인 30점을 기준으로 하여 볼 때 평균 득점치가 26.1점으로 매우 높은 득점수준을 나타내고 있을 뿐만 아니라 최고경영자의 의지에 대하여 부정적 반응을 보이는 1-2구간(6-17점)의 득점 카테고리에 속하는 응답자는 전체 조사대상자 643명 중 단지 15명뿐으로 2%에 불과하였다. 이에 대하여 최고경영자의 의지에 대하여 긍정적 응답을 보이는 3-4구간(18-30점)의 득점카테고리는 전체 조사대상자 643명 중 628명으로 97%로서 절대다수를 보이고 있다. 따라서 최고경영자의 의지 요인에 대한 이러한 조사 결과를 볼 때 조사대상자의 대단히 많은 수가 긍정적 반응을 보이고 있다고 하겠다.

둘째, 대기업과 중소기업으로 나누어 평균점수를 비교해 볼 때 대기업은 25.9점을 보이고 있고 중소기업은 26.6점을 보이고 있어 상대적으로 중소기업의 응답자 반응이 최고경영자의 의지 요인을 지식경영 성공의 중요한 요소로 여기고 있음을 알 수 있었으나, 그 차이는 동일 구간 내를 벗어나지 않을 수준으로 크지 않았다.

따라서 최고경영자의 의지 요인에 내하여는 진체적으로 매우 높은 수준의 긍정적 응답을 보이고 있으며, 중소기업은 대기업에 비하여 최고경영자의 의지 요인에 대해 더욱 긍정적인 반응을 보이고 있음을 확인할 수 있었다.

그러나 최고경영자의 의지 요인에 대하여 조사대상자들이 왜 그러한 반응을 보이는가하는 좀 더 구체적인 이유에 대해서는 본 질문지 조사분석에서 파악하는 데는 한계가 있으므로 이러한 한계점은 심층면접조사를 통한 질적분석에서 보완하기로 하였다.

### 나. 평가보상

조사도구로 사용된 질문지에 평가보상 요인을 측정하기 위하여 설계된 문항은 6개이다. 이들 문항은 질문지에서 II번 항목의 1, 2, 3, 4, 5, 6 등의 문항번호로 제시되었다. 이들 문항은 평가보상의 조작적 정의에서 밝히고 있는 6개의 한정된 지표로서 설정한 구성원의 보유지식에 대한 정확한 가치평가, 지식창조와 공유에 대한 공정한 보상체계, 지식창조활동의 인사고과 연계여부, 지식창조활동이 승진이나 보상에 미치는 영향의 정도, 조직 내 학습이 승진이나 보상에 미치는 영향의 정도, 조직 내 지식공유가 승진이나 보상에 미치는 영향의 정도 등을 대표하는 문항들인 것이다.

이러한 6개 문항에 대한 각 응답자들의 응답 결과를 앞서 제시한 분석방향에 따라 종합적으로 정리한 그들의 득점상태에 따른 분포 결과를 제시하면 <표 3-5>와 같다.

<표 3-5> 평가보상 득점분포

| 득점구간 | 대기업 | | 중소기업 | | 계 | |
|---|---|---|---|---|---|---|
| | N | % | N | % | N | % |
| 1. 6-11 | 12 | 1.87 | 1 | 0.16 | 13 | 2.02 |
| 2. 12-17 | 50 | 7.78 | 12 | 1.87 | 62 | 9.64 |
| 3. 18-23 | 107 | 16.64 | 58 | 9.02 | 165 | 25.66 |
| 4. 24-30 | 267 | 41.52 | 136 | 21.15 | 403 | 62.67 |
| 평 균 | 23.4816 | | 24.3429 | | 23.7589 | |
| 표준편차 | 4.9736 | | 3.9736 | | 4.6893 | |

위의 평가보상 요인에 대한 응답을 나타내는 <표 3-5>가 보여주고 있는 내용을 이미 전제한 연구 과제에 비추어 분석하여 볼 때 다음의 몇 가지 사실을 발견할 수 있었다.

첫째, 전반적으로 응답자들이 평가보상을 지식경영의 성공요인으로 긍정적으로 생각하고 있음을 알 수 있다. 두 개의 조사대상인 대기업과 중소기업의 조사대상을 합친 득점 분포를 최고의 득점상한인 30점을 기준으로 하여 볼 때 평균 득점치가 23.7점으로 높은 득점수준을 나타내고 있을 뿐만 아니라 평가보상에 대하여 부정적 반응을 보이는 1-2구간(6-17점)의 득점 카테고리에 속하는 응답자는 전체 조사대상자 643명 중 단지 75명으로 11%에 불과하였다.

이에 대하여 평가보상에 대하여 긍정적 응답을 보이는 3-4구간(18-30점)의 득점카테고리는 전체 조사대상자 643명 중 568명으로 88%로서 절대다수를 보이고 있다. 따라서 평가보상에 대한 이러한 조사 결과로 볼 때 조사대상자의 높은 수가 긍정적 반응을 보이고 있음이 확인되었다.

둘째, 대기업과 중소기업으로 나누어 평균점수로 비교해 볼 때 대기업은 23.4점을 보이고 있고 중소기업은 24.3점을 보이고 있어 상대적으로 대기업보다는 중소기업이 평가보상을 지식경영 성공의 중요한 요소로 여기고 있음을 알 수 있었다. 그러나 그 차이는 크지 않았다.

따라서 평가보상은 전체적으로 긍정적 응답을 보이고 있으며, 중소기업은 대기업에 비하여 평가보상 요인에 대해 상대적으로 더욱 긍정적인 반응을 보이고 있음이 확인되었다.

그러나 평가보상 요인에 대하여 조사대상자들이 왜 그러한 반응을 보이는가하는 좀 더 구체적인 이유에 대해서는 본 질문지 조사분석에서 파악하는 데는 한계가 있으므로 이러한 한계점은 심층면접조사를 통한 질적분석에서 보완하기로 하였다.

다. 조직문화

조사도구로 사용된 질문지에 조직문화에 대한 요인을 측정하기 위하여 설계된 문항은 6개이다. 이들 문항은 질문지에서 III번 항목의 1, 2, 3, 4, 5, 6 등의 문항번호로 제시되었다. 이들 문항은 조직문화의 조작적 정의에서 밝히고 있는 6개의 한정된 지표로서 설정한 다양성 인정정도, 최고경영자의 창의성 장려 정도, 다양한 의사표현의 가능성 여부, 정보요구의 용이성 정도, 정보제공의 호의도, 정보공유의 의지 정도 등을 대표하는 문항들인 것이다.

이러한 6개 문항에 대한 각 응답자들의 응답 결과를 앞서 제시한 분석방향에 따라 종합적으로 정리한 그들의 득점상태에 따른 분포결과를 제시하면 <표 3-6>과 같다.

<표 3-6> 조직문화 득점분포

| 득점구간 | 대기업 | | 중소기업 | | 계 | |
|---|---|---|---|---|---|---|
| | N | % | N | % | N | % |
| 1. 6-11 | 2 | 0.31 | 0 | 0.00 | 2 | 0.31 |
| 2. 12-17 | 33 | 5.13 | 7 | 1.09 | 40 | 6.22 |
| 3. 18-23 | 114 | 17.73 | 52 | 8.09 | 166 | 25.82 |
| 4. 24-30 | 287 | 44.63 | 148 | 23.02 | 435 | 67.65 |
| 평 균 | 24.2568 | | 24.5169 | | 24.3405 | |
| 표준편차 | 4.1950 | | 3.1265 | | 3.8827 | |

위의 조직문화에 대한 응답을 나타내는 <표 3-6>이 보여주고 있
는 내용을 이미 전제한 연구과제에 비추어 분석하여 볼 때 다음의
몇 가지 사실을 발견할 수 있었다.

첫째, 전반적으로 응답자들이 조직문화를 지식경영의 성공요인으
로 매우 긍정적으로 생각하고 있음을 알 수 있다. 즉, 두 개의 조사
대상인 대기업과 중소기업의 조사대상을 합친 득점 분포를 최고의
득점상한인 30점을 기준으로 하여 볼 때 평균 득점치가 24.3점으로
매우 높은 득점수준을 나타내고 있을 뿐만 아니라 조직문화에 대하
여 부정적 반응을 보이는 1-2구간(6-17점)의 득점 카테고리에 속하
는 응답자는 전체 조사대상자 643명 중 단지 42명뿐으로 6%에 불
과하였다.

이에 대하여 조직문화에 대하여 긍정적 응답을 보이는 3-4구간
(18-30점)의 득점카테고리는 전체 조사대상자 643명 중 601명 94%
로서 절대다수를 보이고 있다. 따라서 조직문화 요인에 대한 이러
한 조사 결과로 볼 때 조사대상자의 대단히 많은 수가 긍정적 반응
을 보이고 있음이 확인되었다.

둘째, 대기업과 중소기업으로 나누어 평균점수로 비교해 볼 때
대기업은 24.2점을 보이고 있고 중소기업은 24.5점을 보이고 있어

상대적으로 중소기업의 반응이 조직문화 요인을 지식경영 성공의 중요한 요소로 여기고 있음을 알 수 있었다. 그러나 그 차이는 동일 구간 내를 벗어나지 않는 수준으로 미미한 것이었다.

따라서 조지문화 요인에 대하여는 전체적으로 매우 높은 수준의 긍정적 응답을 보이고 있으며, 중소기업은 대기업에 비하여 조직문화 요인에 대해 더욱 긍정적인 반응을 보이고 있음을 알 수 있었다.

그러나 조직문화 요인에 대하여 조사대상자들이 왜 그러한 반응을 보이는가하는 좀 더 구체적인 이유에 대해서는 본 질문지 조사분석에서 파악하는 데는 한계가 있으므로 이러한 한계점은 심층면접조사를 통한 질적분석에서 보완하기로 하였다.

라. 지식관리시스템

조사도구로 사용된 질문지에 지식관리시스템에 대한 요인을 측정하기 위하여 설계된 문항은 6개이다. 이들 문항은 질문지에서 IV번 항목의 1, 2, 3, 4, 5, 6 등의 문항번호로 제시되었다. 이들 문항은 지식관리시스템의 조작적 정의에서 밝히고 있는 6개의 한정된 지표로서 설정한 지식DB 존재, 지식DB의 효율적인 활용정도, 그룹웨어 보유여부, 그룹웨어의 효율적 활용정도, 인트라넷 보유여부, 인트라넷의 효율적 활용정도 등을 대표하는 문항들인 것이다.

이러한 6개 문항에 대한 각 응답자들의 응답 결과를 앞서 제시한 분석방향에 따라 종합적으로 정리한 그들의 득점상태에 따른 분포 결과를 제시하면 <표 3-7>과 같다.

<표 3-7> 지식관리시스템 득점분포

| 득점구간 | 대기업 | | 중소기업 | | 계 | |
|---|---|---|---|---|---|---|
| | N | % | N | % | N | % |
| 1. 6-11 | 2 | 0.31 | 0 | 0.00 | 2 | 0.31 |
| 2. 12-17 | 33 | 5.13 | 5 | 0.78 | 38 | 5.91 |
| 3. 18-23 | 102 | 15.86 | 66 | 10.26 | 168 | 26.13 |
| 4. 24-30 | 299 | 46.50 | 136 | 21.15 | 435 | 67.65 |
| 평 균 | 24.3899 | | 24.2125 | | 24.3328 | |
| 표준편차 | 4.3405 | | 2.9598 | | 3.9476 | |

위의 지식관리시스템에 대한 응답을 나타내는 <표 3-7>이 보여 주고 있는 내용을 이미 전제한 연구과제에 비추어 분석하여 볼 때 다음의 몇 가지 사실을 발견할 수 있었다.

첫째, 전반적으로 응답자들이 지식관리시스템을 지식경영의 성공 요인으로 매우 긍정적으로 생각하고 있음을 알 수 있다. 두 개의 조사대상인 대기업과 중소기업의 조사대상을 합친 득점 분포를 최고의 득점상한인 30점을 기준으로 하여 볼 때 평균 득점치가 24.3점으로 매우 높은 득점수준을 나타내고 있을 뿐만 아니라 지식관리시스템에 대하여 부정적 반응을 보이는 1-2구간(6-17점)의 득점 카테고리에 속하는 응답자는 전체 조사대상자 643명 중 단지 40명으로 6%에 불과하였다.

이에 대하여 지식관리시스템에 대하여 긍정적 응답을 보이는 3-4구간(18-30점)의 득점카테고리는 전체 조사대상자 643명 중 603명 93%로서 절대다수를 보이고 있다. 따라서 지식관리시스템 요인에 대한 이러한 조사 결과로 볼 때 조사대상자의 대단히 많은 수가 긍정적 반응을 보이고 있음이 확인되었다.

둘째, 대기업과 중소기업으로 나누어 평균점수로 비교해 볼 때 대기업은 24.3점을 보이고 있고 중소기업은 24.2점을 보이고 있어 상대적으로 대기업의 반응이 지식관리시스템 요인을 지식경영 성공의 중요한 요소로 여기고 있음을 알 수 있었다. 그러나 그 차이는 극히 미미하여 의미를 부여할 수 있는 수준이 아니었다.

따라서 지식관리시스템 요인에 대하여는 전체적으로 매우 높은 수준의 긍정적 응답을 보이고 있으며, 대기업이 중소기업에 비하여 지식관리시스템 요인에 대해 약간 더 긍정적인 반응을 보이고 있으나 그 차이를 인정할 만한 수준이 아니었다.

그러나 지식관리시스템 요인에 대하여 조사대상자들이 왜 그러한 반응을 보이는가하는 좀 더 구체적인 이유에 대해서는 본 질문지 조사분석에서 파악하는 데는 한계가 있으므로 이러한 한계점은 심층면접조사를 통한 질적분석에서 보완하기로 하였다.

마. 조직구조

조사도구로 사용된 질문지에 조직구조 요인을 측정하기 위하여 설계된 문항은 6개이다. 이들 문항은 질문지에서 Ⅴ번 항목의 1, 2, 3, 4, 5, 6 등의 문항번호로 제시되었다. 이들 문항은 조직구조의 조작적 정의에서 밝히고 있는 6개의 한정된 지표로서 설정한 의사결정권이 실무자에게 위임 정도, 업무수행의 자율결정권, 스스로 의사결정 장려 여부, 수평적 조직구조 존재여부, 수직적 계층구조 여부, 업무수행에 필요한 규칙과 절차의 문서화 등을 대표하는 문항들인 것이다.

이러한 6개 문항에 대한 각 응답자들의 응답 결과를 앞서 제시한 분석방향에 따라 종합적으로 정리한 그들의 득점상태에 따른 분포 결과를 제시하면 <표 3-8>과 같다.

<표 3-8> 조직구조 득점분포

| 득점구간 | 대기업 | | 중소기업 | | 계 | |
|---|---|---|---|---|---|---|
| | N | % | N | % | N | % |
| 1. 6-11 | 23 | 3.58 | 3 | 0.47 | 26 | 4.04 |
| 2. 12-17 | 91 | 14.15 | 25 | 3.89 | 116 | 18.04 |
| 3. 18-23 | 64 | 9.95 | 75 | 11.66 | 139 | 21.62 |
| 4. 24-30 | 258 | 40.12 | 104 | 16.17 | 362 | 56.30 |
| 평  균 | 22.4610 | | 22.5942 | | 22.5038 | |
| 표준편차 | 6.0754 | | 3.8991 | | 5.4673 | |

위의 조직구조에 대한 응답을 나타내는 <표 3-8>이 보여주고 있
는 내용을 이미 전제한 연구과제에 비추어 분석하여 볼 때 다음의
몇 가지 사실을 발견할 수 있었다.

첫째, 전반적으로 응답자들이 조직구조를 지식경영의 성공요인으
로 긍정적으로 생각하고 있음을 알 수 있다. 두 개의 조사대상인
대기업과 중소기업의 조사대상을 합친 득점 분포를 최고의 득점상
한인 30점을 기준으로 하여 볼 때 평균 득점치가 22.5점으로 높은
득점수준을 나타내고 있을 뿐만 아니라 조직구조에 대하여 부정적
반응을 보이는 1-2구간(6-17점)의 득점 카테고리에 속하는 응답자
는 전체 조사대상자 643명 중 142명으로 22%에 불과하였다.

이에 대하여 조직구조에 대하여 긍정적 응답을 보이는 3-4구간
(18-30점)의 득점카테고리는 전체 조사대상자 643명 중 501명 78%
로서 다수를 보이고 있다. 따라서 조직구조 요인에 대한 이러한 조
사 결과로 볼 때 조사대상자의 많은 수가 긍정적 반응을 보이고 있
음이 확인되었다.

둘째, 대기업과 중소기업으로 나누어 평균점수로 비교해 볼 때
대기업은 22.4점을 보이고 있고 중소기업은 22.5점을 보이고 있어

상대적으로 중소기업의 반응이 조직구조 요인을 지식경영 성공의 중요한 요소로 여기고 있음을 알 수 있었다. 그러나 그 차이는 극히 미미한 수준이었다.

따라서 조직구조 요인에 대하여는 전체적으로 높은 수준의 긍정적 응답을 보이고 있으며, 중소기업은 대기업에 비하여 조직구조에 대해 다소 긍정적인 반응을 보이고 있으나 그 차이가 거의 없음을 알 수가 있다.

그러나 조직구조 요인에 대하여 조사대상자들이 왜 그러한 반응을 보이는가 하는 좀 더 구체적인 이유에 대해서는 본 질문지 조사분석에서 파악하는 데는 한계가 있으므로 이러한 한계점은 심층면접조사를 통한 질적분석에서 보완하기로 하였다.

바. 요인간의 상대적인 중요도

본 연구의 세 번째 주요 연구과제인 지식경영의 성공요인 5가지에 대한 상대적인 중요도에 대한 응답 결과는 다음의 표에 요약되어 있다. 먼저 기업규모별(대기업과 중소기업) 상대적 중요도를 살펴보면 <표 3-9>와 같다.

<표 3-9> 지식경영 성공요인의 상대적 중요도
순위(기업규모별 – 수정전)

| 요인명 | 대기업 | | 중소기업 | | 계 | | 순 위 | | |
|---|---|---|---|---|---|---|---|---|---|
| | 평균 | 표준편차 | 평균 | 표준편차 | 평균 | 표준편차 | 대기업 | 중소기업 | 전체 |
| 최고경영자의 의지 | 3.9862 | 1.3164 | 4.1835 | 1.1596 | 4.0497 | 1.2705 | 1 | 1 | 1 |
| 평가보상 | 3.0275 | 1.1662 | 2.9082 | 1.0410 | 2.9891 | 1.1280 | 3 | 3 | 3 |
| 조직문화 | 3.6146 | 1.1236 | 3.6135 | 1.0773 | 3.6143 | 1.1081 | 2 | 2 | 2 |
| 지식관리시스템 | 2.1077 | 1.1141 | 2.3961 | 1.2685 | 2.2006 | 1.1728 | 5 | 4 | 4 |
| 조직구조 | 2.2591 | 1.3110 | 1.9130 | 1.2116 | 2.1477 | 1.2891 | 4 | 5 | 5 |

위의 지식경영 성공요인의 상대적 중요도(기업규모별)에 대한 응답을 나타내는 <표 3-9>가 보여주고 있는 내용을 이미 전제한 연구과제에 비추어 분석하여 보면 다음의 몇 가지 사실을 발견할 수 있었다.

첫째, 전반적으로 응답자들이 지식경영의 성공요인으로 제시된 위의 5가지 요인에 대하여 중요하게 생각하고 있는 순위는 최고경영자의 의지, 조직문화, 평가보상, 지식관리시스템, 조직구조의 순이었다. 그러나 4위의 지식관리시스템과 5위의 조직구조는 그 평균점수가 2.2와 2.1로서 그 차이가 미미하여 과연 이들 순위는 의미가 있는지 즉, 유의한 순위인지에 대한 좀 더 세밀한 통계학적인 분석이 필요한 순위 결과였다.

둘째, 대기업과 중소기업으로 나누어 지식경영 성공요인의 상대적인 중요도를 살펴본 순위는 다음과 같았다. 먼저 대기업은 최고경영자의 의지, 조직문화, 평가보상제도, 조직구조, 지식관리시스템 순이었고, 중소기업은 최고경영자의 의지, 조직문화, 평가보상, 지식관리시스템, 조직구조의 순이었다. 이처럼 지식관리시스템과 조직구조 요인에 대하여는 다소 순위의 차이가 있음을 알 수 있었다. 즉, 이들두 가지 요인 중 대기업은 조직구조를, 중소기업은 지식관리시스템을 상대적으로 중요한 요소로 응답하고 있음을 알 수 있었다.

따라서 이들 지식관리시스템과 조직구조의 순위 차이를 인정할 수 있는지 여부를 검증하기 위한 방법으로 3개 이상 여러 개 요인의 평균값을 비교하기 위하여 사용되는 통계기법인 F검정을 수행한 결과로 얻어진 것이 <표 3-10> 지식경영 성공요인의 상대적 중요도(기업규모별 수정후)이며 그 내용은 다음과 같다[17].

---

17) 본 연구에서 각 요인별 평균순위가 유의한지를 알아보기 위하여 F검정을 실시하였는데 이러한 분산 분석은 특히 3개 이상 요인의 평균값을 비교하기 위한 분석기법으로 사용되며, 여기에서도 지식경영의 성공요인 5개에 대한 순위 파악이 주된 목적이므로 이러한 F검정을 실시하여 F값을 도출함으로써 최종적인 순위를 결정하려는 것이다. F값은 클수록 유의함을 나타낸다.

<표 3-10> 지식경영 성공요인의상대적 중요도 순위
(기업규모별 - 수정후)

| 요인명 | 대기업 | | 중소기업 | | 계 | | 다중비교 결과 | | |
|---|---|---|---|---|---|---|---|---|---|
| | 평균 | 표준편차 | 평균 | 표준편차 | 평균 | 표준편차 | 대기업 | 중소기업 | 전체 |
| 최고경영자의 의지 | 3.9862 | 1.3164 | 4.1835 | 1.1596 | 4.0497 | 1.2705 | 1 | 1 | 1 |
| 평가보상 | 3.0275 | 1.1662 | 2.9082 | 1.0410 | 2.9891 | 1.1280 | 3 | 3 | 3 |
| 조직문화 | 3.6146 | 1.1236 | 3.6135 | 1.0773 | 3.6143 | 1.1081 | 2 | 2 | 2 |
| 지식관리시스템 | 2.1077 | 1.1141 | 2.3961 | 1.2685 | 2.2006 | 1.1728 | 4 | 4 | 4 |
| 조직구조 | 2.2591 | 1.3110 | 1.9130 | 1.2116 | 2.1477 | 1.2891 | 4 | 5 | 4 |
| F-값 | 200.84*** | | 129.32*** | | 319.69*** | | | | |

주) ***: $p < 0.001$

위의 지식경영 성공요인의 상대적 중요도(기업규모별 - 수정후)에 대한 응답을 나타내는 <표 3-10>이 보여주고 있는 내용을 이미 전제한 연구과제에 비추어 분석하면 다음과 같다.

첫째, 전체적으로 응답자들이 지식경영의 성공요인으로 제시된 위의 5가지 요인에 대하여 중요하게 생각하고 있는 순위를 F검정을 시행하기 전과 비교해 보면 변동이 있음을 알 수 있다. 즉, 지식관리시스템과 조직구조의 통계적 순위 차이를 인정할 수 없었고 결과적으로 이들 두 요인은 동일한 4순위임을 알 수가 있다.

둘째, 대기업과 중소기업으로 나누어 수정후의 중요도 순위를 살펴보면 대기업은 최고경영자의 의지, 조직문화, 평가보상, 지식관리시스템과 조직구조의 순이었고, 중소기업은 최고경영자의 의지, 조직문화, 평가보상, 지식관리시스템, 조직구조의 순이었고, 지식경영의 중요도에 대한 기업 규모별 응답자의 반응을 기초로 한 최종적인 전체 순위는 최고경영자의 의지, 조직문화, 평가보상제도, 지식관리시스템과 조직구조(동순위)의 순위를 나타내고 있음을 알 수 있었다.

참고로 업종별 상대적 중요도에 대한 응답 결과도 함께 살펴보면
<표 3-11>과 같다.

<표 3-11> 지식경영 성공요인의 상대적 중요도
순위(업종별 – 수정전)

| 요인명 | 비제조업 | | 제조업 | | 계 | | 순 위 | | |
|---|---|---|---|---|---|---|---|---|---|
| | 평균 | 표준편차 | 평균 | 표준편차 | 평균 | 표준편차 | 비제조업 | 제조업 | 전체 |
| 최고경영자의 의지 | 3.8478 | 1.3606 | 4.5102 | 0.8799 | 4.0497 | 1.2705 | 1 | 1 | 1 |
| 평가보상 | 3.0223 | 1.1731 | 2.9132 | 1.0165 | 2.9891 | 1.1280 | 3 | 3 | 3 |
| 조직문화 | 3.7091 | 1.1247 | 3.3979 | 1.0401 | 3.6143 | 1.1081 | 2 | 2 | 2 |
| 지식관리시스템 | 2.2192 | 1.1776 | 2.1581 | 1.1637 | 2.2006 | 1.1728 | 4 | 4 | 4 |
| 조직구조 | 2.1968 | 1.2869 | 2.0357 | 1.2904 | 2.1477 | 1.2891 | 5 | 5 | 5 |

위의 지식경영 성공요인의 상대적 중요도(업종별)에 대한 응답을
나타내는 <표3-11>이 보여주고 있는 내용을 이미 전제한 연구과제
에 비추어 분석하면 다음과 같다.

첫째, 전반적으로 응답자들이 지식경영의 성공요인으로 제시된
위의 5가지 요인에 대하여 중요하게 생각하고 있는 순위를 업종별
로 살펴본 결과 최고경영자의 의지, 조직문화, 평가보상제도, 지식
관리시스템, 조직구조 순이었다.

둘째, 비제조업과 제조업으로 분류하여 지식경영 성공요인의 상
대적인 중요도를 살펴본 순위 결과도 전체 순위와 동일한 결과인
최고경영자의 의지, 조직문화, 평가보상제도, 지식관리시스템, 조직
구조 순임을 알 수 있었다. 그러나 중요도 4위의 요인인 지식관리
시스템과 조직구조의 전체 점수차가 2.2와 2.1로서 그 순위에 의미
를 부여할 수 있는지에 대한 의문이 제기되었다.

따라서 이들 지식관리시스템과 조직구조의 순위차이를 인정할 수 있는지 여부를 검증하기 위한 방법으로 3개 이상 여러 개 요인의 평균값을 비교하기 위하여 사용되는 통계기법인 F검정을 수행한 결과로 얻어진 것이 <표 3-12>로 요약된 지식경영 성공요인의 상대적 중요도(업종별-수정후)이며 그 내용은 다음과 같다.

<표 3-12> 지식경영 성공요인의 상대적 중요도
순위(업종별-수정후)

| 요인명 | 비제조업 | | 제조업 | | 계 | | 다중비교 결과 | | |
|---|---|---|---|---|---|---|---|---|---|
| | 평균 | 표준편차 | 평균 | 표준편차 | 평균 | 표준편차 | 비제조업 | 제조업 | 전체 |
| 최고경영자의 의지 | 3.8478 | 1.3606 | 4.5102 | 0.8799 | 4.0497 | 1.2705 | 1 | 1 | 1 |
| 평가보상 | 3.0223 | 1.1731 | 2.9132 | 1.0165 | 2.9891 | 1.1280 | 3 | 3 | 3 |
| 조직문화 | 3.7091 | 1.1247 | 3.3979 | 1.0401 | 3.6143 | 1.1081 | 2 | 2 | 2 |
| 지식관리시스템 | 2.2192 | 1.1776 | 2.1581 | 1.1637 | 2.2006 | 1.1728 | 4 | 4 | 4 |
| 조직구조 | 2.1968 | 1.2869 | 2.0357 | 1.2904 | 2.1477 | 1.2891 | 4 | 4 | 4 |
| F-값 | 183.66*** | | 169.37*** | | 319.69*** | | | | |

주) ***: $p < 0.001$

위의 지식경영 성공요인의 상대적 중요도(업종별-수정후)에 대한 응답을 나타내는 <표 4-15>가 보여주고 있는 내용을 부가적으로 분석하여 보면 다음과 같다.

첫째, 전체적으로 응답자들이 지식경영의 성공요인으로 제시된 위의 5가지 요인에 대하여 중요하게 생각하고 있는 순위를 F검정을 시행하기 전과 비교해 보면 변동이 있음을 알 수 있다. 즉, 지식관리시스템과 조직구조의 순위 차이를 인정할 수 없어 결과적으로 이들 두 요인은 동일한 4순위임을 알 수가 있다.

둘째, 따라서 지식경영의 중요도에 대한 업종별 응답자의 반응을

기초로 한 최종적인 순위는 최고경영자의 의지, 조직문화, 평가보상
제도, 지식관리시스템과 조직구조(동순위)의 순위를 나타내고 있음
을 알 수 있었다. 즉 <표 4-15>의 F검정 결과 비제조업, 제조업,
전체 합계 내에서 모두 각각의 요인들은 유의 수준 0.1%내에서 요
인간의 유의한 차이가 있음을 알 수 있다.

이러한 응답 결과는 대기업과 중소기업으로 분류한 기업 규모별
응답결과와 비제조업과 제조업으로 분류한 업종별 응답 결과에서
모두 일치하는 것으로서 질문지방법을 사용한 지식경영의 상대적인
중요도에서 그 순위를 전체적으로 확정할 수 있으리라고 본다.

다음으로는 각각의 지식경영 성공요인을 기업규모별(대기업과 중
소기업), 업종별(제조업과 비제조업)로 비교하기 위한 방법으로 두
개의 평균값을 가지고 순위차이가 통계적으로 유의한지를 알아보기
위한 t검정 기법을 사용하여 지식경영의 상대적인 중요도를 비교
분석하면 <표 3-13>과 같다[18].

<표 3-13> 지식경영 성공요인의 상대적 중요도 요약
(기업규모 및 업종별)

| 요인명 | 대기업 | | 중소기업 | | t | 비제조업 | | 제조업 | | t |
|---|---|---|---|---|---|---|---|---|---|---|
| | 평균 | 표준편차 | 평균 | 표준편차 | | 평균 | 표준편차 | 평균 | 표준편차 | |
| 최고경영자의 의지 | 3.9862 | 1.3164 | 4.1835 | 1.1596 | 1.93 | 3.8478 | 1.3606 | 4.5102 | 0.8799 | 7.36*** |
| 평가보상 | 3.0275 | 1.1662 | 2.9082 | 1.0410 | 1.25 | 3.0223 | 1.1731 | 2.9132 | 1.0165 | 1.19 |
| 조직문화 | 3.6146 | 1.1236 | 3.6135 | 1.0773 | 0.01 | 3.7091 | 1.1247 | 3.3979 | 1.0401 | 3.30** |
| 지식관리시스템 | 2.1077 | 1.1141 | 2.3961 | 1.2685 | 2.80** | 2.2192 | 1.1776 | 2.1581 | 1.1637 | 0.61 |
| 조직구조 | 2.2591 | 1.3110 | 1.9130 | 1.2116 | 3.20** | 2.1968 | 1.2869 | 2.0357 | 1.2904 | 1.46 |

주) **: p<0.01

---

18) t검정은 2개 요인의 평균값을 비교하여 그 차이가 통계적으로 유의한
지를 알아보기 위해 사용하는 기법으로 그 값이 크면 클수록 유의한
것을 나타낸다. 본 연구에서는 대기업과 중소기업이라는 2개 요인의
평균값과, 비제조업과 제조업이라는 2개 요인의 평균값을 각각 비교
분석하기 위하여 t검정을 사용하였다.

　위의 지식경영 성공요인의 상대적 중요도(기업규모 및 업종별)에 대한 응답을 나타내는 <표 3-13>이 보여주고 있는 내용을 이미 전제한 연구과제에 비추어 분석하면 다음과 같다.

　첫째, 대기업과 중소기업으로 나누어 비교해 볼 때 지식경영의 성공요인 중 지식관리시스템과 조직구조가 유의수준 1%에서 매우 유의한 차이가 있는 것으로 나타났다. 특히 지식관리시스템은 대기업에 비해 중소기업에서 상대적인 중요도가 더 높게 나타난 반면, 조직구조는 중소기업보다는 대기업에서 상대적인 중요도가 더 높은 것으로 나타났다.

　둘째, 비제조업과 제조업으로 나누어 볼 때 지식경영의 성공요인 중에서 최고경영자의 의지는 유의수준 0.1%, 그리고 조직문화는 유의수준 1%에서 매우 유의한 차이가 나타났다. 특히 최고경영자의 의지는 비제조업 분야보다는 제조업 분야에서 상대적인 중요도가 더 높게 나타난 반면, 조직문화는 제조업 분야에 비해 비제조업 분야에서 상대적인 중요도가 더 높은 것으로 나타났다.

　그러나 지식경영 성공요인의 상대적인 중요도에 대하여 조사대상자들이 왜 그러한 반응을 보이는가하는 좀 더 구체적인 이유에 대해서는 본 질문지 조사분석에서 파악하는 데는 한계가 있으므로 이러한 한계점은 심층면접조사를 통한 질적분석에서 보완하기로 하였다.

# 제8장 지식경영의 성공요인에 관한 실증분석 Ⅱ(심층면접분석)

## 1. 연구조사방법

### (1) 심층면접 조사분석 '틀'의 설정

이 조사분석은 제시된 5개의 지식경영 성공요인에 대한 또 하나의 다른 조사방법인 심층적 면접방법(in-depth interview)을 사용함으로써 실증적 분석을 시도하려는 것이다.

앞에 제시한 조사도구(질문지)에 의하여 이루어진 조사분석은 그 성격상 다수인을 조사대상으로 한 전반적이며 포괄적인 조사를 위한 일종의 양적분석(quantitative analysis)의 성격을 가졌다면 이제 심층적 면접방법을 조사도구로 적용하는 연구방법(Ⅱ)는 질적분석(qualitative analysis)의 성격을 갖는다고 하겠다. 이 질적분석에서는 양적분석을 통하여 얻어진 연구결과를 재확인함은 물론, 조사대상자들에 왜 그러한 응답을 하였는지에 대한 좀 더 구체적이고 심층적인 응답 이유(why) 확인 등 양적분석에서 누락된 조사내용 등을 보완하게 된다.

이러한 심층적 면접을 기본 조사도구로 하는 연구진행절차는 다음과 같이 이루어졌다.

첫째, 조사방법의 설정으로서 ① 심층적 면접조사의 '틀'의 정립, ② 조사표본의 설계, ③ 자료의 수집과정 등 세 가지로 나누어 수행되고, 둘째, 수집된 자료의 분석으로서 ① 표본의 성격분석, ② 자료의 분석방법, ③ 자료의 분석과 해석 등 세 가지로 구별하여 연구를 진행하였다.

　이러한 질적 분석방법은 요컨대 조사자로 하여금 가능한 한 피조사자의 입장에서 그들의 실세계를 있는 그대로 관찰조사하고 또 해석할 수 있도록 하여 주는 한 접근법이다(Filstead, 1970). 여기서의 조사는 일종의 면접조사이기는 하지만 한정된 소수인을 조사대상으로 하는 질적분석의 성격을 갖춘 심층적 면접방법을 사용하는 만큼 피조사자와 조사자간의 인간적 융합(inclusion), 인지의 한계성(control of perception), 감정(affection)의 흐름 등을 우선 잘 파악하고 피조사자와의 일련의 상호작용(interaction)에 의한 면접상황에 맞도록 신축성 있게 적응해야하는 특수성을 갖는다(Smith, 1980).

　따라서 면접을 위한 조사도구인 조사표 등은 분명히 한정되어지지 않아 그 구조적 성격은 표준화(standardized)된 것이 아니라 비표준화된 것이며, 또 면접수행상의 방법과 절차에 있어서도 지시적(directive)이 아니라 비지시적(non-directive)으로 이루어지는 특징을 갖는다(Bailey, 1978).

　본 연구에서도 심층적 면접조사를 실시하였는데 이는 조사에 있어 대단히 신축성을 갖는 심층적인 면접조사라고 하여도 연구의 초점은 어디까지나 이미 제시한 바 있는 5개의 지식경영의 성공요인에 대한 조작적 정의들로부터 유도된 각 지표들이다.

　예를 든다면 지식경영의 성공요인 중의 하나인 '최고경영자의 의지'의 경우 그것을 나타내는 지표로서 ① 최고경영자의 지식경영 인지정도, ② 최고경영자의 지식경영 지원정도, ③ 최고경영자의 지식창조 강조정도, ④ 최고경영자의 지식공유 강조정도, ⑤ 최고경영자의 지식경영의 필요성 인지정도, ⑥ 최고경영자의 지식경영의 실용성 인지정도 등을 설정하였던바 이러한 지표 하나하나를 면접의 기본주제로 한 피면접자와의 대화에 의한 심층적 조사를 실시하는 것이다. 그러나 지표의 실제 표현이 가치부하적인 용어로 표현된 지표들은 그들과 유사하게 다시 조작된 표현들로 바꿔서 제시하였다.

이와 같은 지표로서의 각 주제를 둘러싼 대화에 의한 심층적 면접을 수행함에 있어 그러한 면접을 효과적으로 이끌어 가도록 하는 방안은 여러 가지로 생각해 볼 수 있겠으나 본 연구에서는 Merton(1957)이 제시한 지식사회학의 원형(sociology-of-knowledge paradigm)19) 방법을 중점적으로 사용하기로 한다. 이러한 방법은 지식뿐만 아니라 여기서 제시하고 있는 지식경영의 성공요인을 확인 분석함에 있어 어디서(where), 무엇을(what), 어떻게(how), 왜(why), 언제(when) 등의 기본 문제를 중심으로 탐색하는 방법인 것이다. 요컨대 이러한 5가지 측면에서의 면접초점에 대한 접근은 본 연구에서 기본적인 면접의 '틀'로 삼아 지식경영 성공요인의 각 지표 하나하나를 개별 주제로 하여 자유스러운 분위기하에서 피조사자와의 장시간에 걸친 대화를 통한 심층적 조사를 시도한 것이었다.

따라서 여기에서는 어떤 형식에 맞추어 고안된 특정한 면접 조사표라든지 또는 한정적인 면접절차 및 순서 등에 대해서는 분명하고 상세하게 결정된 것은 없고, 다만 면접 주제의 전체적인 이해와 암기를 위한 간략한 요약본과 지식경영의 성공요인별로 선정된 각 지표와 또 그 지표를 그대로 사용하기가 부적합한 것은 달리 조작 표현된 지표를 정리한 진행표가 주된 조사도구이며 필요할 경우 보완적으로 사용하기 위하여 양적분석에서 사용된 질문지를 연구자가 준비하였다.

─────────────

19) 이 방법은 Robert K, Merton(1957)이 제시하고 있는 연구준거로, 이것은 오늘날 지식사회학의 원형(sociology-of knowledge paradigm)중의 하나로서 인간의 정신적 산물(mental productions), 즉 지식이 어떻게 얻어지고 있는가에 대한 원형을 제시하고 있는 것이다. 이 원형에 의하면 '어디'에 지식의 실존적 기초가 놓여 있으며, '무슨' 지식이 사회적으로 분석되어지고 있으며, '어떻게' 지식은 실존적 기초에 관계되고, '왜' 표면적 기능과 잠재적 기능이 실존적으로 조건화된 지식에 연유되고 있으며, '언제' 그 실존적 기반과 지식이 상호 연결된 관계를 갖게 되는가 등 5개의 문제에 초점을 두고 있다. 이것은 다시 말하면 지식뿐만 아니라 여기서 전제하고 있는 지식경영의 성공요인을 밝힘에 있어 어디서(where), 무엇을(what), 어떻게(how), 왜(why), 언제(when) 등의 기본 문제를 초점으로 탐색되어야 한다는 방안을 제시하고 있는 것이다.

## (2) 조사표본의 설계

본 연구의 조사 표본은 다음과 같이 설계하였다.

첫째, 심층적 면접조사의 표본 설계는 소수인을 상대로 실시하였다. 심층적 면접을 목적으로 하는 만큼 표본의 규모는 소수로서 한정하기로 하였는데 이는 구체적으로 10개 표본 기업을 대상으로 각 1명씩을 선정한 것이다. 이처럼 표본의 규모를 적게 함으로서 표본의 대표성에 문제가 있다고 할 수도 있겠지만 본 연구의 목적인 지식경영의 성공요인에 대한 심층적인 확인과 분석을 위한 보다 한정적이고 체계적인 '비교분석'을 위해서는 오히려 효과적이라고 판단된다.

둘째, 표본의 인적구성은 양적분석의 경우와 같이 서로 비교할 수 있도록 대기업과 중소기업이라는 두 조사대상으로 양분하였다. 이는 우리나라의 대기업과 중소기업이 가지는 독특한 지식경영의 성공요인을 살펴보고자 함이다. 즉, 두 조사대상에 공통적으로 작용하는 지식경영의 성공요인과, 현격한 차이를 보이고 있는 지식경영의 성공요인을 탐색하여 보려는 의도이다.

셋째, 표본추출 업종은 가급적 다양하게 하되 지식경영의 시행기업을 대상으로 표본을 고려하였다. 이는 성과, 조직내 확산정도, 핵심요소의 구비정도 등 매일경제가 제시한 지식경영 우수기업의 기준에 의하여 선정된 성공적인 지식경영을 시행하고 있는 기업을 조사대상으로 각 업종별로 인적 구성을 시도하여 본 연구의 대표성을 확보하려는 시도이다.

넷째, 조사대상으로서의 피조사자에 대한 선출방법은 '임의(random)'와 '지명(nomination)'이라는 두 가지 방법을 사용하였다. 이는 지식경영을 시행하는 기업에 속하여 있는 기업을 임의로 선정하고, 선정된 기업에 속해있는 구성원 중에서 핵심적인 지식경영 추진 부서에서 근무하고 있거나, 지식경영을 충분히 숙지하고 실행할 수 있는 위치에 있는 관련 부서의 조사대상을 지명함으로써 지식경영의 성공요인을 보다 정확하고 심층적으로 조사하여보고자 하는 연구 의도에서이다. 구체적으로는 지식경영추진팀장이나 그와 유사한 명칭의 부서나 위치에 있는 조사대상자를 우선적으로 표본에 포함시켜 면접 조사하였다.

## (3) 자료수집

조사대상은 자료수집을 위한 표본조사에서도 밝힌 바와 같이 대기업의 조사대상6명과 중소기업의 조사대상 4명으로 양분하여 선정하였다. 이처럼 조사대상자의 숫자가 집단별로 다른 것은 중소기업으로서 지식경영을 실시하는 기업이 대기업에 비하여 그 수가 현저하게 적기 때문에 인적구성상의 대표성에는 문제가 되지 않으리라고 판단되었기 때문이다.

본 조사 전에 조사대상자를 개인별로 만나거나 전화를 이용하여 면접 일정을 사전 약속하였고 이때에 정해진 일자와 시간에 방문하여 면접조사를 실시하였다. 면접 실시의 방법은 해당 기업에 도착하여 조사의 취지를 설명하고 면접을 시작하였으며 면접시간은 1시간 반 내지 2시간 정도였고 특별한 경우는 퇴근시간 이후에 개별적으로 접촉하여 추가적으로 심도있는 조사를 실시하였다. 면접조사의 경우에 상대편 조사대상자에게 먼저 양해를 구한 후 상세한 기록을 실시하였다.

조사를 위한 면접조사팀은 본 연구자와 대학원에서 조사방법론을 수강한 박사과정 수료생 연구조교 1인 등 모두 2인으로 구성하였고, 면접의 실효성을 거두기 위하여 면접 질문내용은 전체를 외우고 있을 정도로 완전히 숙지토록 하였으며, 사전에 예비면접을 수회 시행하여 문제점을 보완하는 등 나름대로 철저한 면접교육을 실시한 후 대상 기업을 방문하여 조사대상자와의 면담에 임하였다.

면접 내용에 대한 기록은 연구자가 질문하며 대답하는 사이에 연구조교는 가능한 한 응답에 영향을 덜 주고 연구자가 질문에 충실할 수 있도록 기록만을 담당함을 원칙으로 하였다.

각 면접이 끝난 후 연구조교는 즉시 기록된 사항을 분위기, 특징적인 반응 등을 고려하면서 다시 정리하였고, 이를 다시 연구자와 함께 또다시 공동으로 확인함으로써 면접 당시의 상황과 느낌 등도 최대한 기술하려고 시도하였다.

면접조사는 2002년 5월 1일부터 5월 31일까지 한 달간 진행되었는데, 이는 원래 면접조사기간을 20일간 정도로 계획하고 사전에 조사대상기업의 피조사자와 약속하였으나 피조사자의 업무 사정상 약속이 연기되는 등의 현실적인 이유로 인하여 예정보다 약 10일가량 지연된 것이었다. 또한 면접 조사에서 누락된 세부질문이나 추가적으로 제기될 수 있는 의문점 등을 확인하기 위하여 면접 후 피조사자의 연락처를 재차 확인함으로써 추가적인 질문에 대한 응답수단 확보 등 면접조사에 필요한 연구상의 보완조치를 마련하였다.

## 2. 조사결과의 분석과 해석

### (1) 표본의 성격분석

이 분석은 사용된 조사도구와 그에 의하여 수집된 자료의 성격상 질적 표현을 위주로 하는 일종의 해석적인 면을 가지면서 기술적 분석을 시도한 것이다. 먼저 표본의 성격부터 밝혀 보면 다음과 같다.

면접조사 표본의 일반적인 성격은 표본의 설계 편에서 이미 대략적으로 기술하였다. 그러나 여기서는 총 10명으로 구성된 표본 속에 포함된

두 개의 대조되는 집단, 즉 대기업과 중소기업으로 나누어 실제로 선정 추출된 각 표본의 인적구성 의 특징에 대한 것만을 제시하기로 한다.

먼저 대기업 6개 기업을 대상으로 각 1명씩 모두 6명으로 구성된 표본에 대하여 몇 개의 인구통계학적인 변수를 중심으로 그들의 구성적 특징을 제시하면 다음과 같다.

첫째, 이들 대기업 조사대상자 전부는 4년제 대학 졸업 이상의 학력을 지니고 있었다(석사학위 보유자 2명 포함). 이는 대기업 구성원들의 보편적인 학력수준이라고 할 수 있다. 둘째, 이들 대기업 조사대상자 중에서 30대는 4명, 40대는 2명이었다. 셋째, 이들 대기업 조사대상자가 속해 있는 기업의 업종은 정보통신 2, 제조업이 1, 금융 1, 공기업 2개사였다. 넷째, 이들 대기업 조사대상자들의 근무부서는 전략기획분야 4명, 기타분야 2명이었다. 다섯째, 이들 대기업 조사대상자들의 근무기간은 10년 이상이 4명 10년 미만이 2명이었다. 여섯째, 이들 대기업 조사대상자들의 직위는 1명을 제외하고는 전원 팀장(직급은 다름)이었으며 이러한 직위는 해당기업의 지식경영의 시행과 추진 상황을 정확히 파악하는 데 많은 도움이 되는 위치라고 할 수 있다.

다음으로 중소기업 4개 기업을 대상으로 각 1명씩 모두 4명으로 구성된 조사표본에 대한 몇 개의 인구통계학적인 변수를 중심으로 그들의 구성적 특징을 제시하면 다음과 같다

첫째, 이들 중소기업 조사대상자 4명 전부는 4년제 대학 졸업 이상의 학력을 보유하고 있었고(석사학위 보유자 1명 포함), 이는 대기업 조사대상자와 동일한 학력 분포를 보이고 있는 것이었다. 둘째, 이들 중소기업 조사대상자 4명 중에는 30대 3명, 40대 1명이었다. 셋째, 이들 중소기업 조사대상자 4명이 속해 있는 기업의 업종은 정보통신 1, 제조업 2, 여행업 1개사였다. 넷째, 중소기업 조사대상자 4명의 근무 부서는 전략기획분야 3명, 기타 분야 1명이었다. 다섯째, 이들 중소기업 조사대상자 4명의 근무기간은 10년 이상이 2명, 10년 미만이 2명이었다. 여섯째, 이들 중소기업 조사대상자 4

명의 직위는 전원 팀장(직급은 다름) 이었다.

이상에서 언급한 표본의 성격을 요약하면 <표 4-1>과 같다[20].

<표 4-1> 표본의 성격분석

| 변 수 \ 표본대상 | | 대기업 | | 중소기업 | | 계 | |
|---|---|---|---|---|---|---|---|
| | | N | % | N | % | N | % |
| 학 력 | 대 졸 | 4 | 40 | 3 | 30 | 7 | 70 |
| | 대학원졸(석사) | 2 | 20 | 1 | 10 | 3 | 30 |
| 연 령 | 30대 | 4 | 40 | 3 | 30 | 7 | 70 |
| | 40대 | 2 | 20 | 1 | 10 | 3 | 30 |
| 업 종 | 정보통신 | 1 | 10 | 1 | 10 | 2 | 20 |
| | 제 조 | 2 | 20 | 2 | 20 | 4 | 40 |
| | 금 융 | 1 | 10 | 0 | 0 | 1 | 10 |
| | 공기업 | 2 | 20 | 0 | 0 | 2 | 20 |
| | 기 타 | 0 | 0 | 1 | 10 | 1 | 10 |
| 근무부서 | 전략기획 | 4 | 40 | 2 | 20 | 6 | 60 |
| | 기 타 | 2 | 20 | 2 | 20 | 4 | 40 |
| 근무기간 | 10년 이상 | 4 | 40 | 2 | 20 | 6 | 60 |
| | 10년 미만 | 2 | 20 | 2 | 20 | 4 | 40 |
| 직 위 | 팀 장 | 5 | 50 | 4 | 40 | 9 | 90 |
| | 팀 원 | 1 | 10 | 0 | 0 | 1 | 10 |

---

20) 추가적으로 표본 대상 기업의 회사개요를 살펴보면 다음과 같다.

| 구 분 | 대기업 | | | | | | 중소기업 | | | | 단위 |
|---|---|---|---|---|---|---|---|---|---|---|---|
| 응답자 | A | B | C | D | E | F | A | B | C | D | |
| 업 종 | 제조업 | 제조업 | 정보통신 | 금융업 | 공기업 | 공기업 | 제조업 | 여행업 | 정보통신 | 제조업 | 억원.명 |
| 매출액(영업수익) | 8,311 | 166,009 | 62,271 | (109,939) | 12,801 | 72,248 | 421 | 344 | 120 | 499 | |
| 종업원수 | 2,808 | 26,333 | 3,065 | 19,064 | 3,250 | 2,437 | 129 | 285 | 45 | 196 | |

## (2) 자료의 분석방법

여기서의 분석은 우선 앞에서 성립 제시한 심층적 면접을 위한 이론직인 '틀'을 분석을 위한 기본저인 기준으로 삼는다. 이와 더불어 Robert Redfield가 지적한 바와 같이 어떤 과학적 도구나 또는 객관적 기준을 이용하기에 앞서 조사대상을 '있는 그대로 이해하고' '보이는 그대로 보아야 한다'는 것(Lane, 1962)과 같이 여기서도 각 조사대상자와 장시간에 걸친 대화를 통해 면접을 수행함으로써 있었던 그대로, 보았던 그대로, 느꼈던 그대로 수집된 유형·무형의 자료 또는 근거를 전제로 분석하기로 한다.

이와 같이 각 조사대상자들의 말과 행동 등에 의하여 표현된 자료들을 보다 체계적으로 분석을 실시하기 위하여 본 연구에서는 다음과 같은 두 가지 방향에서 분석을 시도하였다.

첫째는 언어적 분석(linguistic analysis) 방법이고, 둘째는 초언어적 분석(extralinguistic analysis) 방법이다(Smith, 1980). 여기서 언어적 분석은 면접자와 피면접자 간에 이루어진 대화 내용, 즉 질문자와 응답자의 말에 의한 언어소통내용(verbal communication)을 '있는 그대로' 분석하는 것이고, 초언어적 분석은 면접자와 피면접자 상호간의 면접대화가 계속되는 동안에 피면접자가 언어 이외의 표면상으로 나타난 여러 가지 행동, 즉 말의 억양, 말이 많고 적은 것, 대화의 회피성, 얼굴표현, 몸짓, 면접자에 대한 친밀한 접근도, 신경질적 민감성 등에 대한 것으로서 '보고 느낀 것을' 분석하는 것이다.

본 연구에서는 지식경영의 성공요인을 밝히는 데 있어 가능한 한 객관성을 높이기 위하여 첫 번째 분석방법인 언어적 분석방법을 주로 사용하였고 다음의 두 번째 방법인 초언어적 분석방법은 피면접자의 상황을 중심으로 한 보완적인 분석방법으로 사용을 제한하였다.

# 3. 자료의 분석과 해석

## (1) 최고경영자의 의지

한국기업의 지식경영 성공요인 중 최고경영자의 의지에 대한 지표의 하나로서 이미 선정된 '최고경영자의 의지와 지원'이라는 지표를 보다 원활한 객관적인 대화의 주제로 바꾸기 위하여 "귀사의 사장님께서는 지식경영 추진에 대하여 어느 정도의 의지를 가지고 계십니까?", "귀사의 사장님께서는 지식경영활동을 어느 정도나 적극적으로 지원해 주십니까?"라는 두 가지의 주제로 변경하여 제시하였다. 심층적 면접을 위한 이러한 대화 주제를 제시한 결과 대기업 대상의 조사와 중소기업 대상의 조사에서 얻어진 응답의 구체적인 내용은 다음과 같다.

① 대기업 대상의 조사결과

먼저 최고경영자의 의지에 대한 지표로서 질문된 "귀사의 사장님께서는 지식경영 추진에 대하여 어느 정도의 의지를 가지고 계십니까?"라는 대화 주제에 대한 반응은 다음과 같은 내용이었다.

대기업 대상의 조사에서 A[21])는 "우리 회사 사장은 지식경영에 관한 한 전문가 수준이며 이는 회사의 전략과 관계된 것"이라는 반응이었고, B는 "사장은 거의 지식경영 숭배자처럼 느껴진다", "정말 열성이다"라는 반응을 보이면서 "이러한 회사의 분위기 때문에 우리도 지식경영 활동을 열심히 할 수밖에 없다"라는 응답을 하였고 C도 유사한 응답을 하였다.

---

21) 대기업 조사대상자나 중소기업 조사대상자의 구체적인 신분을 밝히지 않고 응답한 내용을 객관적인 시각에서 보다 성실히 전달하기 위하여 조사대상자들 각각을 대기업 A, B, C, D, E, F와 중소기업 A, B, C, D 등으로 명명하였다.

여기서 A가 소속되어 있는 기업은 국내 대기업의 계열사로서 이미 지식경영이 정착되어가고 있는 단계라는 느낌을 받았다. 화장품과 생활용품에서부터 첨단 의약품을 생산하는 기업으로서 지식경영을 전담으로 추진하는 혁신지원팀을 비롯한 사무직 종업원들로부터 현장의 생산직 종업원에 이르기까지 전사원이 지식경영 활동에 적극 참여하고 있음을 현장에서 확인할 수 있었다.

또한 B와 C가 소속되어 있는 기업은 국내 굴지의 전자·정보통신 회사로서 세계시장을 주도해 나아가는 수준이었다. B는 "우리 회사는 계속해서 시장의 리더로 남기 위한 방법으로 지식경영을 채택하였고 이미 지식경영은 그 뿌리를 내려가고 있다", "이는 전적으로 사장의 적극적인 비전 제시와 확고한 의지 덕분이라 할 것"이라는 반응을 보였다. B가 속한 기업은 별도의 독립된 기업에서 그룹 내 모기업으로 다시 편입되는 단계에 있는 기업으로서 이를 적극적으로 주도한 것은 사장의 결정이었다고 응답하면서 "결국 우리 사장께서는 지식의 창조와 공유를 위한 사원들의 적극적인 노력이 중요하다고 강조하고 있으며 그 이외의 다른 무엇도 지식경영의 핵심적인 요소가 될 수는 없다고 이야기한다", "결국 사장은 지식경영의 전도사이자 실행가로서 충실하다"라는 반응을 보였으며, C도 "우리 회사가 정보통신 업종으로 지식경영과 가장 밀접한 분야"라는 응답을 하였다.

또한 국내 대형금융회사 소속인 D도 대동소이한 의견이었으나, 공기업으로서 지식경영을 수행하는 기업 소속인 E의 반응은 "우리 회사의 사장은 핵심역량 확보차원에서 지식경영에 대한 대단한 열의를 가지고 추진하는 것은 분명합니다만, 저희는 공기업으로서 사장의 임기가 절대적으로 보장되지 않는 데서 오는 추진상의 한계점도 있다"라는 반응을 보였고, F는 "부가가치 창출수단으로서 사장은 지식경영을 강조하고 있고 우리 회사에서 이제 지식경영에 대하여 잘 알지 못하면 근무하기 힘들 정도로 사장이 지식경영에 대한 공부와 참여를 독려하고 있다"라는 반응을 보였다.

다음으로 최고경영자의 의지에 대한 지표로서 질문된 "귀사의 사장님께서는 지식경영활동을 어느 정도나 적극적으로 지원해 주십니까?"라는 대화 주제에 대한 반응은 다음과 같은 내용이었다.

대기업 대상의 조사에서 A는 "지식경영에 관한 한 최대한 지원이 된다", "기본적으로 물리적인 시스템 부문에 엄청난 투자를 하고 있으며 이러한 투자 지원은 지식경영의 역사가 쌓일수록 그만큼 많은 양의 지식을 효율적으로 관리하는 것이 문제가 될 것이라는 점을 앞서 예견하고 계신 것이며 이는 결과적으로 경쟁력 확보로 이어질 것"이라는 반응을 보였다.

또한 B는 "우리는 사내 프로젝트별 필요한 시스템 구축과 운용 등 기술부문에 최대한 지원이 된다."라고 응답하였고, C는 "현재 우리 회사는 상반기 시장점유율 제한 조치 등 통신기술 환경 변화로 성장률이 둔화되고 있으나 차세대 통신서비스를 위한 지속적인 설비투자가 필요한 상황이며 이러한 프로젝트 수행을 성공시키기 위하여 사장의 지원 의지는 확고하다"라는 반응을 보였다. 또한 선도 은행의 D는 사장의 지원의지를 "수익성이 있을 것이라고 판단되는 지식경영 프로젝트에 대해서는 적극지원하고 있다"라는 반응을 보였다.

그러나 공기업으로서 지식경영을 수행하는 기업 소속인 E와 F의 반응은 그 표현에 있어서 다소 달랐다. E는 "생산성을 높이기 위하여 지식경영이 적극 지원되고 있으나 우리는 사장이 바뀌어도 지식경영이 지속될지 여부가 확신이 안 서는데, 문제는 낙하산식의 인사다", "시스템에 많은 투자를 한 것은 사실이나 아직 직원들이 공감하지 못하고 있는 것 같다"라고 응답하였고, F는 "사장이 이러한 사실을 잘 알고 있어서 적극적인 지원이 이루어지더라도 때로는 업무 외적인 영향을 받을 수가 있다"라는 반응을 보였다. 이는 공기업의 특성인 최고경영자의 임기가 정치적인 영향력에 좌우 될 소지가 있음을 전제로 한 응답으로 해석되었다. 따라서 공기업 소속의

E와 F의 반응은 낙하산식의 갑작스런 인사 등 공기업 인사상의 문제점으로 인하여 최고경영자의 지식경영에 대한 적극적인 지원이 지속적으로 이루어지지 못할 수도 있음을 나타내는 것이라고 해석될 수 있는데 이는 역설적으로 최고경영자의 확고한 의지와 지속적인 지원이 성공적인 지식경영에 절대적으로 필요하다는 것을 나타내 주는 것이라고 판단되었다.

전반적으로 조사대상 대기업은 최고경영자의 의지에 대하여 모두 절대적이고 매우 열성적이라는 응답을 하였는데 그 주된 이유는 전략적인 차원에서 또는 시장 내 리더로서의 지속시키기 위한 최고경영자의 전략적 의도 등이었으며, 최고경영자의 지원정도에 대하여는 최대한 지원 내지는 프로젝트별 지원이라는 응답을 하였는데 그 주된 이유는 경쟁력 확보와 기술력 증대 의도 등을 들고 있었다.

② 중소기업 대상의 조사결과

먼저 최고경영자의 의지 지표로서 질문된 "귀사의 사장님께서는 지식경영 추진에 대하여 어느 정도의 의지를 가지고 계십니까?"라는 대화 주제에 대한 반응은 다음과 같은 내용이었다.

중소기업 대상의 조사에서 A는 "우리 회사를 이끌어 가는 것은 역시 최고경영자이다", "직원들보다도 항상 앞에서 지식경영활동을 실천하고 있다", "지식경영 추진 전담부서 선임 팀장인 나보다도 우리 사장이 지식경영에 대해서 훨씬 전문가이자 열성파", "지식경영이 우리처럼 기술력에 좌우되는 회사에 꼭 필요한 경영기법이라는 확신이 분명히 서신 분", "지식경영을 분명히 알고 열성적으로 실천하는 분"이라는 반응을 보임으로써 최고경영자의 지식경영 실천에 대한 적극적인 의지를 파악할 수 있었다.

또 다른 중소기업 조사대상자 B는 "우리 회사는 드러내놓고 적극적으로 지식경영에 동참하라고 직원들에게 호소하는 스타일이 아니다", "그러나 철저하게 사장이 지식관리 활동을 강조하고 그에 참여한 결과 우리 회사의 경쟁력이 있는 것"이라고 응답하였다. 이러한 현상은 지식경영에 대한 거부감을 직원들이 가지게 될까봐 최고경영자가 의도적으로 지식경영이라는 용어 사용을 자제하는 것으로 해석되었으며 이는 지식경영에 대하여 상당히 조심스럽지만 주도면밀하게 추진하여 나가는 최고경영자의 의지이자 스타일로 해석되었다. 이 기업은 최근 5년 동안 동종 대기업 계열사를 제치고 매출액 부문에서의 1위를 고수하고 있는 기업으로서 지식경영이라는 말을 표면적으로는 적극 사용하지 않으면서도 지속적으로 지식경영을 추진하여 놀라운 성과를 거두고 있는 특이한 기업으로 판단된다. 전체적으로는 구성원들의 연령이 매우 젊다는 특징을 나타내고 있었는데 이는 업종의 성격과도 매우 밀접한 관련이 있는 것으로 구성원들의 컴퓨터 사용능력은 지식창고에 업무지식의 수시 게시 등을 강조하는 최고경영자의 지식경영 추진의지에 적극적으로 참여할 수 있는 하나의 원인이 된 것으로도 해석되었다. 즉, 해외에서 업무를 수행하면서 얻게 된 현지의 문제점이나 돌발 상황을 지식창고에 축적하고 전 사원이 활용하도록 유도한 것은 최고경영자의 지속적인 의지와 제도적인 뒷받침 덕분이었고 이는 결과적으로 동종 업계 내에서 탁월한 성과로 그 결과가 나타난 것으로 분석되었다.

C는 "업종 특성상 지식경영에 대한 사장님의 의지는 두말할 필요가 없다", "우리 회사의 사활을 지식경영에 걸었으며 특히 우리는 지식경영을 시행하는 다른 국내의 기업들과 밀접한 관련을 가지고 있는데 그 이유는 우리 회사가 바로 지식경영솔루션을 판매하는 기업이기도 하기 때문"이라고 설명하고 있었다. C가 소속된 중소기업은 KMS solution, search engine solution, e-business solution등을 주력 제품으로 하는 회사로서 지식경영을 직접 실천할 뿐만 아니라 지식경영에 필요한 솔루션을 생산 판매하는 특징을 가지고 있는 기업으로 지식경영에 대한 최고경영자의 의지와 인식정도는 남다른 것이라 할 수 있었다.

D는 "우리 회사는 사장부터 말단 사원에 이르기까지 지식경영에 대한 관심과 열의가 대단하고 이를 이끌어 나가는 것이 바로 우리 사장의 의지", "결국 지식경영은 경쟁력 확보의 가장 좋은 방법"이라는 반응을 보였다.

이러한 면접조사결과 특히 중소기업은 최고경영자의 의지가 강력한 지식경영의 성공요인으로 작용하고 있다고 판단되었으며 그 이유는 기업의 규모가 작을수록 최고경영자의 경영 전략과 방침이 말단 사원에 이르기까지 빠르고 쉽게 전달되기 쉬운 조직 특성에 기인한 바 크다고 하겠다.

다음으로 최고경영자의 의지에 대한 지표로서 질문된 "귀사의 사장님께서는 지식경영활동을 어느 정도나 적극적으로 지원해 주십니까?"라는 대화 주제에 대한 반응은 다음과 같은 내용이었다.

대기업 대상의 조사에서 A는 "우리 회사에서는 지식경영을 위한 투자에 결코 인색하지 않다", "오히려 적극적인 최고경영자의 투자는 직원들에게는 책임감으로 다가와 열심히 연구하지 않을 수 없고 그 결과 특허건수 증가 등의 구체적 성과로 나타났다"라는 응답을 하였고, B는 "현재에도 어느 정도 여유 있는 지식저장과 공유의 도구가 있음에도 불구하고 부가가치 창출을 위해 더욱 더 많은 투자를 고려하고 있다"라는 반응을 보였다.

C는 "지식시장을 선도하려면 당연히 투자도 확대되어야 한다"라고 응답하였고, D도 비슷한 반응을 보임으로써 지식경영에 대한 최고경영자의 지원이 적극적임을 알 수 있었고 이러한 현상은 최고경영자의 지원이 바로 지식경영의 핵심적인 성공요인으로 여겨지고 있음을 나타내는 것이었다.

전반적으로 조사대상 중소기업은 최고경영자의 의지에 대하여 모두 매우 적극적이고 주도면밀하게 추진해 나아간다는 응답을 하였는데 그 주된 이유는 부가가치 창출의 극대화와 기술력 향상을 위한 의도 등이었으며, 최고경영자의 지원정도에 대하여는 적극지원과 투자확대 등의 응답을 보였는데 그 주된 응답 이유는 특허출원 증대와 부가가치 창출 의도 등을 들고 있었다.

　지금까지 살펴본 최고경영자의 의지에 대한 심층면접결과를 질문에 대한 응답의 이유를 중심으로 요약하여 정리하면 <표 4-2>와 같다.

<표 4-2> 최고경영자의 이직 면접결과 요약

| 구분\응답결과 | 대기업 | | | | | | 중소기업 | | | | 비고 |
|---|---|---|---|---|---|---|---|---|---|---|---|
| | A | B | C | D | E | F | A | B | C | D | |
| 지식경영 추진의지 | 절대적 | 매우 열성 | 매우 열성 | — | 대단한 열의 | 대단한 열의 | 매우 적극적 | 주도 면밀 | 사활을 걸음 | 주도적 추진 | |
| 응답이유 | 전략 차원 | 시장리더 지속 | 지식기반 기업 | — | 핵심역량 개발 | 부가가치 극대화 | 기술력 향상 | 경쟁력 화보 | 업종 특성상 | 경쟁력 화보 | 전체적 인반응 은매우 긍정적 |
| 지식경영 지원정도 | 최대한 지원 | 표로젝트별 | 표로젝트별 | 성과가능 표로젝트별 | 적극적이 나 외부 영향 | — | 적극 지원 | 투자 화대 | 적극 지원 | — | |
| 응답이유 | 경쟁력 화보 | 기술력 증대 | 통신기술 환경변화 | 수익성 향상 | 생산성 향상 | — | 특허출원 증대 | 부가가치 창출 | 지식시장 선도 | — | |

## (2) 평가보상

한국기업의 지식경영 성공요인 중 평가보상에 대한 지표의 하나로서 이미 선정된 '지식경영에 대한 평가와 보상제도'라는 지표를 보다 원활한 객관적인 대화의 주제로 바꾸기 위하여 "귀사의 지식경영 기여도에 대한 회사차원의 평가방법은 무엇입니까?", "귀사의 지식경영에 기여한 직원에 대한 회사차원의 보상제도는 무엇입니까?"라는 대화 주제로 변경하여 제시하였다. 심층적 면접을 위한 이러한 대화 주제를 제시한 결과 대기업 대상의 조사와 중소기업 대상의 조사에서 나타난 응답의 구체적인 내용은 다음과 같다.

① 대기업 대상의 조사결과
먼저 평가보상의 지표로서 질문된 "귀사의 지식경영 기여도에 대한 회사차원의 평가방법은 무엇입니까?"라는 대화 주제에 대한 반응은 다음과 같은 내용이었다.
대기업 대상의 조사에서 A는 "지식을 사내 지식창고에 게시하거나 그것을 직원들이 일정한 횟수 이상 클릭하면 점수로 환산하여 인정하고 인센티브나 승진에 반영하여 참여를 유도한다"라는 반응을 보였고, B는 "우리 회사는 지식 마일리지 제도를 운영하고 있으며 공정성 확보를 위하여 균형성과표를 우리의 상황에 알맞게 변형시켜 사용하고 있다"라는 반응을 보임으로써 지식의 창조와 공유 노력 등 지식경영활동에 대한 기여도 평가는 지식 점수화로 누적적인 점수를 산정하여 전체적인 기여도를 평가하는 제도를 시행하고 있음을 확인할 수 있었다. B의 회사 내에는 제도적으로 지식경영 기여도를 평가할 수 있는 균형성과표를 보유하고 있었으며 이러한 지식경영에 대한 공정한 평가는 공정한 보상의 전제조건이 되고 있었다. 또한 지식경영의 평가제도에 대한 구체적인 기준이나 지표에 대한 구성원들의 합의나 공감대 형성이 항상 문제가 되고 있음을 면접조사결과 확인할 수 있었다. 실제로 지식경영의 평가는 개인별 평가와 함께 부서별 평가도 함께 이루어지고 있는 경우가 많이 확인되었는데 이러한 현상은 개인적인 차원의 동기부여와 함께 집단차원의 동기부여로 지식경영의 성과를 높이려는 조직차원의 노력으로 해석되었다.

또한 C는 "지식경영 참여와 지식 창출을 유도하되 우리 회사에서는 아이디어를 지식창고에 개인별로 올리는 것이 아니라 팀별로 올리고 그 결과를 평가하고 있다", "이 때문에 최근에는 부서별로 제안할 지식을 찾기 위해 고심 중"이라는 반응을 보였으며 D도 비슷한 식의 반응을 보였다. 이는 지식경영 활동에 대한 기여를 사내전자게시판과 같은 지식경영도구에 게재한 것을 기준으로 그 가치와 유용성을 평가하고 있는 것으로 해석되었다.

E는 "사내에 지식경영과 관련한 직원들이 올린 지식들이 넘쳐나고 상대적으로 가치 있는 지식은 오히려 적어졌다는 지적이다", "따라서 이제는 지식의 가치에 대한 평가를 실시하여 사내 지식창고에 저장할 수 있다"라는 반응을 보였다. 이러한 E의 반응은 구성원들의 지식이 많이 올라오지만 거꾸로 조직에서 유용한 지식은 적어지고 있다는 의미로 해석되었으며 이에 따라 지식에 대한 가치를 평가하는 지식관리자나 지식가치평가 위원회 같은 기구들이 필요하게 되었음을 알 수 있었다. 또한 공기업 소속의 F는 "회사 차원에서는 직원들의 지식제안건수를 가장 중요시하여 제안 건수를 기준으로 1차적으로 지식경영에 대한 기여도를 평가하게 된다"라는 반응을 보여 구성원들의 지식창출을 위한 회사차원의 조직적인 노력을 확인할 수 있었다.

다음으로 평가보상에 대한 지표로서 질문된 "귀사의 지식경영에 기여한 직원에 대한 회사차원의 보상제도는 무엇입니까?"라는 대화주제에 대한 반응은 다음과 같다.

대기업 대상의 조사에서 A는 "지식경영에 대한 기여도가 높은 직원에 대한 보상은 두 가지가 다 이루어지고 있다", "경제적인 보상과 비경제적인 보상이 동시에 시행되고 있다", "지식경영에 기여한 정도가 탁월한 직원들은 본인뿐만 아니라 그 가족까지도 해외여행을 보름 정도 보내주기도 하며 이는 또한 자연스럽게 인사고과에도 연계되어 고과점수에 반영이 된다"라는 반응을 보였다. 이러한 보상제도는 구성원들에게 지식경영 기여시 보상받을 수 있다는 동기부여와 함께 지식경영에 대한 회사의 추진 의지를 적극적으로 전달할 수 있는 중요한 수단으로 활용되고 있는 것으로 판단되었다.

B는 또한 "우리 회사에서 실시하고 있는 지식 마일리지 제도는 인사고과에도 반영이 된다", "공정한 평가를 바탕으로 한 보상은 필수적이다"라고 응답하였다. 이러한 반응은 지식경영이 단순한 업무 외적인 활동이 아니라 업무의 핵심이라는 가치를 구성원들에게 전달하여 지식경영에 적극적인 참여를 유도하기 위한 방법으로 사용되고 있음을 나타내 주고 있는 것이었다.

C는 "지식기여도는 다음해의 연봉 산정에 중요한 하나의 평가요소로 반영이 됩니다", "따라서 이제는 지식경영활동을 통해 업무의 성취도를 판단할 정도의 수준에 이르게 된 것이다"라는 반응을 보였다. 이러한 반응은 조직에서 지식경영을 가장 중요한 경영활동으로 삼고 있으며 또 실제로도 그러한 기준에 의하여 구성원들을 평가하고 보상하여 직무만족도를 증대시키고 있음을 알 수 있게 해주는 것이었다.

또 다른 대기업 조사대상자 D는 보상의 의미와 관련하여 "보상이 지식경영의 동기부여에 중요하게 작용하는 것은 사실이지만 그것이 가장 중요한 것인지는 잘 모르겠다", "인센티브가 주어지면 좋지만 반드시 그런 반대급부를 위하여 지식경영활동을 하는 것은 아니다"라는 반응을 보임으로써 보상이 지식경영의 필요충분조건은 아니라는 견해를 제시하고 있었다.

E는 C와 마찬가지로 "연말에 전체적으로 평가하여 다음해 연봉에 일정 부분 반영이 되기 때문에 직원들이 참여하지 않을 수가 없고 이는 직원들의 업무충실도를 높일 수 있다"라는 반응을 보였고 F도 유사한 반응을 보임으로써 지식경영의 성공은 물론 제도의 유지에도 평가보상이 중요한 요인으로 작용하고 있음을 확인 할 수 있었다.

전반적으로 조사대상 대기업은 평가보상과 관련하여, 지식경영의 평가방법에 대하여 지식게시 및 제안 정도와 균형성과표 사용 등의 응답을 보이고 있는데 그 주된 이유는 지식경영의 참여를 독려하고 공정성을 확보하기 위한 의도 등이었으며, 지식기여에 대한 보상방법으로는 주로 인센티브 제공과 인사고과 반영 등으로 응답을 하였는데 그 주된 이유는 동기부여와 지식경영 활동에의 지속적인 참여 유도 등을 들고 있었다.

② 중소기업 대상의 조사결과

먼저 평가보상의 지표로서 질문된 "귀사의 지식경영 기여도에 대한 회사차원의 평가방법은 무엇입니까?"라는 대화 주제에 대한 반응은 다음과 같은 내용이었다.

중소기업 대상의 조사에서 A는 "철저하게 연봉과 연결시키니까 당연히 평가방법도 있다", "하지만 직원들이 동의하지 않으면 불만이 생기게 되므로 공정한 평가 방법에 대한 연구도 지속적으로 진행하고 있다"라고 응답하였고, B는 "우리 회사는 지식의 기여부분에 대한 평가를 실시한다", "직원별로 지식을 올린 건수를 기본으로 하고 그 지식을 클릭하여 열람한 횟수 등 직원들의 공유 정도도 상당히 중요한 평가와 측정의 기준이 된다", "지식경영에 일정 기여를 한 직원에게는 보상을 실시하고 있다", "현재는 보상이 무척 크거나 두드러진 것은 아니지만 직원들이 지식경영 활동에 참여하는 분위기를 조성하는 데에는 중요한 요소임에 틀림이 없다"라고 응답하였다.

C는 "우리 회사가 지식경영 솔루션을 판매하는 회사인데 당연히 우리 회사에도 지식경영에 대한 직원별 기여도를 평가하는 프로그램과 평가에 따른 공정한 보상이 존재하며 이것은 당연한 일이다", "지식경영에 대한 기여도가 큰 직원들에 대해서 보상을 실시하지 않으면 누가 적극적으로 지식경영활동에 참여하려고 하겠는가?"라는 반응을 보이면서도 "지식경영에 대한 기여도가 크면 보상을 받고 보상을 받으면 기쁜 일이지만 꼭 그것만을 위해서 일하는 건 아니다", "그러나 실제적으로 지식활동이라는 추상적인 것을 유형화하고 다른 직원들에게 지식경영 활동을 촉진 등 동기부여하기 위하여 보상이 중요하다"라는 반응을 보였다.

D는 "우리 회사는 단기적인 성과가 아닌 장기적인 관점에서 목표를 설정하고 그것들을 달성하기 위해 노력한다", "당장 지식경영에 대한 기여도를 중시하여 평가항목으로서의 비중을 높이지는 않지만 기본적으로 지식기여도에 대한 평가는 엄격하고 정확하게 실시되어야 할 것이며 그러기 위해서는 평가체계를 보완해 나아가야 한다"라는 반응을 보였다. 이러한 반응은 지식경영의 밑바탕에는 지식근로자들에 대한 공정한 평가가 필수적임을 나태내주고 있었다.

다음으로 평가보상에 대한 지표로서 질문된 "귀사의 지식경영에 기여한 직원에 대한 회사차원의 보상제도는 무엇입니까?"라는 대화주제에 대한 반응은 다음과 같은 내용이었다.

중소기업 대상의 조사에서 A는 "지식경영에 대한 기여 점수를 기준으로 보너스도 지급하지만 중요한 것은 다음해 연봉의 인상에 반영한다는 점이다", "지식이라는 추상적인 의미는 공허하므로 이를 유형화하기 위해서 보상체계가 필수적이다"라는 반응을 보임으로서 지식에 대한 보상의 의미와 구성원들의 능력에 따른 차등적인 보상이 이미 당연한 것으로 인식되고 있음을 확인할 수 있었으며 다른 중소기업의 조사대상자들도 대부분 비슷한 반응을 보였다.

　즉, B도 "우리 회사는 지식의 기여부분에 대한 평가를 실시하는 데, 직원별로 지식을 올린 건수를 기본으로 점수화하고 그 지식을 클릭 하여 열람하는 횟수 등 직원들의 공유 정도도 중요한 평가와 보상의 기준으로 삼아 일정한 기여를 한 직원에게 보상을 실시하고 있다", "현재는 경제적인 보상이 무척 큰 것은 아니지만 직원들이 지식경영 활동에 참여하는 분위기를 조성하는 데에는 중요한 요소 임에 틀림이 없다"라고 응답하였고, C와 D도 구성원들의 지식경영 활동을 촉진하고 성공적으로 유도하기 위하여 인센티브 등 경제적 보상을 실시하고 있다는 반응을 보이고 있었고 이는 지식경영에 대 한 구성원들의 동기부여와 조직성과 제고를 위한 보상을 의미하는 것이었다.

　전반적으로 조사대상 중소기업은 평가보상과 관련하여, 지식경영 의 평가방법에 대하여 지식게시 및 클릭 건수, 지식마일리지에 의 한 평가 등의 응답을 보이고 있는데 그 주된 이유는 지식경영의 목 표를 숙지하고 지속적 지식 창출을 확보하기 위한 의도 등이었으 며, 지식기여에 대한 보상방법으로는 모두 경제적 보상으로 응답을 하였는데 그 주된 이유는 경제적 보상으로 지식 창출 등 지속적인 지식경영에 기여를 유도하기 위한 의도 등을 들고 있었다.

　지금까지 살펴본 평가보상에 대한 심층면접결과를 질문에 대한 응답의 이유를 중심으로 요약하여 정리하면 <표 4-3>과 같다.

<표 4-3> 평가보상 면접결과 요약

| 구분 응답/질문 | 대기업 | | | | | | 중소기업 | | | | 비고 |
|---|---|---|---|---|---|---|---|---|---|---|---|
| | A | B | C | D | E | F | A | B | C | D | |
| 지식기여 평가방법 | 인트라넷 게시정도 | 균형 성과표 | 팀별지식 공개건수 | 지식게시 판참여도 | 지식가치 고려 | 지식제안 건수중심 | - | 게시 및 클릭건수 | - | 지식마일 리지 | |
| 응답이유 | 지식경영 참여 | 공정성 확보 | 참여유도 | 지식가치 평가 | 유용한지 식선별 | 지식창출 촉진 | - | 지식경영목 표숙지 | - | 지속적 지식창출 | |
| 지식기여 보상방법 | 인센티브, 인사고과 반영 | 인사고과 | 연봉반영 | 인센 티브 | 연봉반영 | 연봉반영 | 보너스, 연봉반영 | 경제적 보상 | 인센 티브 | 인센티브 | 전체적인 반응은 긍정적 |
| 응답이유 | 동기부여 | 참여유도 | 직무만족 감증대 | 동기부여 | 전사원 참여유도 | 직무 몰입 | 지식창출 유도 | 지속적지식 기여유도 | 지식경영 동기 부여 | 조직의 성과보상 | |

## (3) 조직문화

한국기업의 지식경영 성공요인 중 조직문화에 대한 지표의 하나로서 이미 선정된 '창의성과 개방성'이라는 지표를 보다 원활한 객관적인 대화의 주제로 바꾸기 위하여 "귀사는 직원들의 창의적인 아이디어를 수용하는 편입니까?", "귀사는 직원 간에 지식을 공유하려는 개방적인 분위기입니까?"라는 주제로 변경하여 제시하였다. 심층적 면접을 위한 이러한 대화 주제를 제시한 결과 대기업 대상의 조사와 중소기업 대상의 조사에서 나타난 응답의 구체적인 내용은 다음과 같다.

① 대기업 대상의 조사결과

먼저 조직문화의 지표로서 질문된 "귀사는 직원들의 창의적인 아이디어를 수용하는 편입니까?"라는 대화 주제에 대한 반응은 다음과 같은 내용이었다.

대기업 대상의 조사에서 A는 "직원들의 아이디어와 지식이 활발하게 창출되어야만 모든 지식경영 활동이 원만히 진행될 수 있다", "지식을 창출하는 것이 가장 중요하다", "그 다음에 공유하는 문제가 논의되어야 한다", "지식경영 자료가 충분히 축적되어야 e-learning도 가능하고 결국에는 업무효율성도 높아진다"라는 반응을 보였다. 이러한 반응은 지식경영의 시행과 운용에 있어 첫 번째 단계로서 구성원들의 지식창출의 중요성을 나타내는 것이라고 할 수 있다. 또한 이러한 반응은 창의적인 아이디어와 지식창출에 대하여 조직이 먼저 이를 수용하려는 적극적인 노력이 필요함을 알려주고 있는 것이기도 하였다.

또한 B는 "회사에서는 당연히 직원들의 아이디어를 수용하려고 노력한다", "그 이유는 직원들의 창의적인 아이디어와 지식만이 예기치 못한 문제도 해결할 수 있는 방법을 제공할 수 있기 때문이다"라는 반응을 보였다. 이러한 조사대상자 B의 반응은 결국 지식경영의 요체인 지식의 창출과 공유 중에서 일차적으로 구성원들의 지식창출이 얼마나 중요한 지식경영의 성공요인인가를 단적으로 말해주고 있는 것이라고 판단되었다.

C는 "이미 회사는 자유롭게 아이디어를 낼 수 있는 문화가 형성되고 있으며, 이처럼 구성원들과 회사 간의 아이디어나 지식의 제안과 수용이야말로 진정한 우리 회사의 경쟁력이 될 것", "최고경영자들도 이러한 조직문화의 조성을 위하여 여러모로 고심하고 있다"라는 반응을 보임으로써 구성원들이 창의성을 중시하는 문화의 필요성을 절감하고 이의 조성을 위해 노력하고 있는 것을 확인할 수 있었고, D도 "회의 때나 전자게시판을 통하여 아이디어를 내라고 이야기하면 직원들에게 부담은 되지만 직원들이 내놓은 아이디어가 실용화 가능성이 있다고 판단되면 회사에서는 채택하려고 노력하는 편이다", "우리는 국내에서 가장 큰 은행이지만 예전처럼 보수적인 문화로는 더 이상 살아남을 수 없다는 사고가 조직 내에서 지배적이다", "옛날처럼 굼뜨고 답답한 조직이 더 이상 아니다", "이제는 직원들의 창의적인 아이디어를 회사에서 적극적으로 수용해야할 것이고 또 그런 분위기로 가고 있다"라는 반응을 보임으로써 대규모 조직에서도 지식경영의 시행과 성공에 중요한 요인으로서 구성원들의 창의성을 중시하고 아이디어를 적극 수용하는 조직문화가 필수적임을 확인할 수 있었다.

반면 공기업 조사대상자 E는 "글쎄요, 원칙적으로는 직원들의 창의적인 아이디어를 적극적으로 수용하고 있다고 볼 수도 있지만 저희는 아직까지 직원들이 거리낌 없이 아이디어를 내고 그것들이 자연스럽게 수용되는 분위기는 도달하지 못한 것 같다", "불확실한 상황에 처하여 우리 회사가 그것을 해결할 수 있는 다양한 방법을 찾기 위하여 결국 우리도 창의적인 아이디어를 중시하는 조직문화를 조성해 나아가야 하지만 아직은 전통적인 공기업 문화가 많이 남아 있는 것 같다"라는 반응을 보였고, 또 다른 공기업 조사대상자 F도 "우리 회사에서는 지식경영에 매우 적극적인 것은 사실이지만 직원들의 아이디어를 수용하는 창의적인 조직문화는 아직 조성되지 않은 것 같다", "다양한 문제해법 도출을 위한 지식경영의 자유롭고 창의적인 분위기는 꼭 필요한 것 같다"라는 반응을 나타내었다.

다음으로 조직문화에 대한 지표로서 질문된 "귀사는 직원 간에 지식을 공유하려는 개방적인 분위기입니까?"라는 대화 주제에 대한 반응은 다음과 같은 내용이었다.

대기업 대상의 조사에서 A는 "처음에는 지식을 공유하는 데 많이 꺼리는 분위기였으나 시간이 지나면서 최소한 겉으로는 그런 분위기가 많이 없어진 것 같다", "물론 그렇게 되기까지는 끊임없이 회사 차원에서 지식을 창출하여 제시하도록 의무적으로 강제한 측면을 간과할 수 없을 것", "지식경영은 지식공유와 활용이 가장 중요하다"라는 반응을 보였고 B도 유사한 반응을 보임으로써 지식공유에 대한 모순점과 필요성을 동시에 보여주고 있는 것이라고 판단되었다. 즉, 지식에 대한 배타적이고 독점적이어서 다른 사람들에게 알려주고 싶지 않은 속성과 회사 차원에서 지식의 창출을 강요함으로써 어쩔 수 없이 알리고 싶지는 않지만 자신만의 지식을 알려주어야만 하는 모순적인 상황도 일부 존재하고 있었다. 또한 전사적인 차원에서 조직의 지식을 늘리고 경쟁력을 강화하기 위하여 필수적인 요소로서 구성원 간 지식 공유가 절실하게 필요하다고 느끼고 있음을 알 수가 있었다.

지식공유에 대하여 B는 "이제 지식공유를 꺼리는 분위기는 많이 없어졌다", "회사 차원에서도 k-map(지식지도)을 적극 개발하고 있다", "지식을 공유하려는 조직문화가 없다면 지식경영은 안 된다", "회사차원에서 지식친화적이고 지식공유를 촉진하는 문화를 만들어 회사 전체의 문제해결 능력을 키워나가는 것이 무엇보다도 중요하다", "그러나 현재는 관련 부서만이 특정 지식에 접근하고 공유할 수 있도록 제도를 운용하고 있다"라는 반응을 보였고, C도 역시 비슷한 반응을 보여 업종 환경의 급속한 변화에 대응하기 위한 지식 공유를 촉진하는 개방적 조직문화 조성의 필요성과 어려움을 확인하였다.

또한 D는 "이제 우리 은행에서 지식경영은 귀찮은 제도가 아니라 일상적으로 수행하는 업무의 일부분으로 느낀다"라는 반응을 보였고, F는 "우리 회사는 회사 전체적으로 지식경영을 추진하여 어느 정도 좋은 결과를 보이고 있긴 하지만 솔직히 아직은 잘 모르겠다", "우리는 20년간 기업문화를 특별히 바꾸려고 한 적도 없었고 원하지도 않는다", "그러나 지식경영을 시행하고 있는 이상 지식의 창조와 공유를 촉진하는 쪽으로의 기업문화 정립이 꼭 필요하다"라는 반응을 보였다. 실제로 이 F가 소속되어있는 기업을 방문할 당시의 회사 분위기는 다소 무거울 정도로 정적이었으며 이러한 기업에서 개방적이고 수평적인 조직문화가 필요한 지식경영을 과연 어떻게 제대로 시행할 수 있었을까하는 분위기를 느끼게 하였다. 그러나 이 회사는 지식경영에 적합한 조직문화의 형성에 대한 필요성을 구성원들이 공감하고 있음을 면접조사를 통하여 알 수가 있었다. 즉 "사실 우리가 지식경영을 실시한다고 해서 개방적인 조직문화로 바뀐다고 보지는 않는다", "또 조직문화를 바꾼다고 해서 성과가 갑자기 달라질 거라고 생각되지는 않지만 현재의 조직문화가 지식경영에 적합하다고 보지도 않습니다". "그러나 회사에서는 직원들의 창의적인 아이디어를 독려하고 어느 정도 논리에 맞는 아이디어라고 생각되면 적극적으로 채택하려는 분위기이고, 물론 지식을 공유하는 데도 적극적이다". "하지만 아직은 직원들이 지식경영 활동에 많은 부담을 느끼고 있다". "그 이유는 업무 이외의 활동이 늘어나 업무 부담이 가중된다고 하는 생각 때문인 것 같다"라는 반응을 보임으로써 조사대상자들이 속한 기업의 다소 보수적인 조직문화에

도 불구하고 지식공유의 개방적인 조직문화가 지식경영에 필요한 요소로 조사대상자가 인식하고 있음을 확인할 수 있었다.

전반적으로 조사대상 내기업은 조직문회와 관련하여, 주직의 창의직인 아이디어수용 정도에 대하여는 적극 수용하거나 당연히 수용한다는 응답을 보이고 있는데 그 주된 이유는 업무효율성을 제고하고 예외적인 문제 해결능력을 발견하기 위한 의도 등이었으며, 지식공유의 개방적인 분위기에 대하여는 상당히 개선되었거나 회사차원에서의 개선의 필요성을 응답하였는데 그 주된 이유는 조직 전체의 지식을 향상하고 변화에 대응하기 위한 의도 등을 들고 있었다.

② 중소기업 대상의 조사결과

먼저 조직문화의 지표로서 질문된 "귀사는 직원들의 창의적인 아이디어를 수용하는 편입니까?"라는 대화 주제에 대한 반응은 다음과 같은 내용이었다.

중소기업 대상의 조사에서 A는 "우리 회사는 성격상 어느 한사람의 영업 능력에 의해 성과가 좌우될 수 있는 부분이 아니며 여러 사람의 머리를 빌려야만 수익을 낼 수 있는 상황이다", "따라서 전 직원은 적극적으로 아이디어를 내야하고 회사는 당연히 직원들의 아이디어에 대하여 적극적인 수용의 태도를 보이고 있다", "또한 이러한 직원들의 아이디어는 서로에게 개방적으로 공개되기 때문에 자연스럽게 회사 전체가 지식을 공유할 수밖에 없다"라는 응답을 함으로써 회사가 직원들의 창의적인 아이디어를 내도록 유도하는 분위기가 이미 어느 정도 익숙해져있는 상황이라는 것으로 확인할 수 있었다.

B는 "우리 회사는 지식창조를 끊임없이 할 수밖에 없는 상황이다", "직원들이 출장 도중은 물론 출장에서 돌아온 후 반드시 보고서를 작성하여 지식창고에 올리도록 되어 있고 그것은 다른 직원들의 출장과 업무처리에도 유용하게 사용된다", "특히 출장 중이나 일상

업무 처리 중 알게 된 지식들을 web상에 반드시 게재하고 그 내용은 직원 누구에게나 개방하여 열람 할 수 있다"라고 응답하였다.

또한 D는 "현재는 회사가 그룹차원에서 개발한 시스템을 통하여 누구나 지식을 게재하고 열람할 수 있으나 전체적으로 아직은 지식을 창출하고 공유하려는 노력이 다소 부족하다", "우리도 조직의 문화차원에서 장기적으로 자연스럽게 접근해야 할 필요성에 대해서는 적극 공감하고 있으나 쉽지가 않다"라는 반응을 보였다. 또한 D는 "우리 회사는 단기적인 성과가 아닌 장기적인 관점에서 목표를 설정하고 그것들을 달성하기 위해 지속적으로 노력한다", "직원들도 그 점에 대해서는 공감하고 있는 것 같다", "단기적인 성과달성이 중요한 것은 사실이지만 직원들이 적극적으로 창의적인 아이디어를 도출하고 학습해 나간다면 결국 훌륭한 지식경영 성과를 달성해 나갈 것", "처음에는 직원 간에 다소 자기의 지식을 공유하기를 꺼리는 면이 없지 않았지만 사실 그 부분은 많이 개방적이 되어가고 있는 것 같다"라고 응답하였다.

다음으로 조직문화에 대한 지표로서 질문된 "귀사는 직원 간에는 지식을 공유하려는 개방적인 분위기입니까?"라는 대화 주제에 대한 반응은 다음과 같은 내용이었다.

중소기업 대상의 조사에서 A는 "우리회사는 직원들의 협력과 아이디어 교류를 통해서 대부분의 업무를 해결한다", "지식경영의 가장 중요한 요인으로 공감대를 최우선으로 두고 하부 개념으로 신뢰, 의지, 능력, 양보 등을 두고 있다".

B는 "우리 회사는 직원들의 업무상 지식을 게재하는 것이 일상화되어 있는데 이는 다른 직원들의 지식으로부터 자기 자신의 업무처리를 가능하게 하는 지식을 직접적으로 얻을 수 있기 때문이다", "특히 일상 업무 처리 중 습득한 지식을 web상에 반드시 게재하여 직원 누구에게나 개방하므로 항상 열람할 수 있다"라고 응답하였다.

또한 C는 "현재는 지식을 공유하는 데 있어 초창기보다 상당히

개선되었는데 이는 조직차원에서 구성원들의 아이디어 유통에 꼭
필요한 것"이라는 응답을 하였고, D는 "현재는 그룹차원에서 개발
한 지식관리시스템을 통하여 누구나 지식을 올리고 자유롭게 공유
할 수 있는 개방적인 조직문화의 필요성에 적극 공감하고 있다"라
는 응답을 하였으며, "우리도 장기적인 차원에서 지식경영에 맞는
조직문화 형성에 대한 필요성을 절감하고 있고 이는 결국 시간이
필요한 문제"라는 반응을 보였다. 또한 D는 "우리 회사는 지식의
창출에 있어서도 각 개인들에게 장기적인 관점에서 생각하도록 하
고 있다", "우리 회사의 직원들도 그 점에 대해서는 공감하고 있
다", "구성원 간의 지식 공유에 있어서도 처음에는 다소 부담을 느
끼고 꺼려하였지만 이제는 그 필요성에 전적으로 동의하고 있다",
"결국 장기적인 차원에서 구성원들의 개방적인 분위기는 조직학습
을 촉진하고 그 결과로서 조직 전체의 지식을 향상시켜 나아갈 것"
이라는 반응을 보임으로써 개방적인 조직문화의 필요성에 공감하고
나아가 그러한 개방적인 조직문화의 조성이 지식경영에 필요하다는
사실에 대하여 응답자들도 긍정적으로 생각하고 있다는 사실을 확
인하였다.

전반적으로 조사대상 중소기업은 조직문화와 관련하여, 조직의
창의적인 아이디어 수용 정도에 대하여는 적극 수용하거나 업무 필
요상 당연히 수용한다는 응답을 하였는데 그 주된 이유는 창의성을
촉진하고 성과를 달성하기 위한 의도 등이었으며, 지식공유의 개방
적인 분위기에 대하여는 일상화되었거나 상당히 개선되었다는 응답
을 하였는데 그 주된 이유는 업무 해결과 아이디어 유통 등의 의도
등을 들고 있었다.

지금까지 살펴본 조직문화에 대한 심층면접결과를 주요 질문에
대한 조사대상자들의 응답 이유를 중심으로 요약하여 정리하면
<표 4-4>와 같다.

<표 4-4> 조직문화 면접결과 요약

| 구분 응답/질문 | 대기업 | | | | | | 중소기업 | | | | 비 고 |
|---|---|---|---|---|---|---|---|---|---|---|---|
| | A | B | C | D | E | F | A | B | C | D | |
| 창의적인 아이디어 수용정도 | 적극수용 | 당연히 수용 | 필요성 절감 | 제때노력 | 인격적으로 적극수용 | 아직 약함 | 적극수용 | 업무필요상 당연수용 | — | 당위성 공감 | |
| 응답이유 | 업무효율 성제고 | 예외적 문제해결 | 경쟁력 향상 | 지식창출 활성화 | 불확실 대처능력 향상 | 다양한 문제해결 도출 | 창의성 촉진 | 업무지식 공유 | — | 성과 달성 | 전체적인 반응은 매우 긍정적 |
| 개방적지식 공유분위기 정도 | 상당히 개선됨 | 회사차원 개선 | 필요성 확인 | 일상화 | — | 필요성 공감 | 일상화 | 업무상 필요로 일상화 | 상당히 개선 | 필요성 적극공감 | |
| 응답이유 | 조직전체 지식향상 | 문제해결 능력향상 | 경쟁력 제고 | 빨라진 변화속도에 대응 | — | 지식창조 정보결합 | 업무해결 | 출장과 업무 처리 | 아이디 어유통 | 조직학습 촉진 | |

## (4) 지식관리시스템

한국기업의 지식경영 성공요인 중 지식관리시스템에 대한 지표의 하나로서 이미 선정된 '지식관리시스템 구축과 활용'이라는 지표를 보다 원활한 객관적인 대화의 주제로 바꾸기 위하여 "귀사의 지식관리시스템은 충분히 구축되어 있습니까?" "귀사가 구축한 지식관리시스템은 제대로 활용되는 편입니까?"라는 주제로 변경하여 제시하였다. 심층적 면접을 위한 이러한 대화 주제를 제시한 결과 대기업 대상의 조사와 중소기업 대상의 조사에서 나타난 응답의 구체적인 내용은 다음과 같다.

① 대기업 대상의 조사결과
먼저 지식관리시스템의 지표로서 질문된 "귀사의 지식관리시스템은 충분히 구축되어 있습니까?"라는 대화 주제에 대한 반응은 다음과 같은 내용이었다.

대기업 대상의 조사에서 A는 "우리 회사는 지난해만 해도 지식관리시스템에 약 40억 원가량을 투자하여 현재는 상당한 수준이다", "초기에 시스템을 구축할 당시만 해도 운영하기에 충분한 용량이라고 생각했는데 지금은 전혀 그렇지가 않다", "지식관리시스템의 용량이 부족하면 어떻게 지식경영 활동이 제대로 이루어지겠는가?", "사실 눈에 보이지 않는 지식을 볼 수 있도록 형식지화하여 경영에 적용한다는 것은 쉬운 일이 아니고, 그러한 문제들을 직접적으로 해결해 주는 것이 바로 지식관리시스템이다"라는 반응을 보임으로서 지식관리시스템이 지식경영 시행과 성공을 위한 필수적인 중요 요소임을 강조하고 있었다.

B는 "우리 회사는 KMS를 지식 프로젝트 별로 연관시켜 운용하고 있다". "따라서 지식에 접근할 수 있는 직원들이 제한 되도록 보

안단계를 설정하여 운용하고 있으며 지식과 비지식을 구분하여 시스템을 운용하여야 한다", "단순히 정보를 저장하고 처리하는 것은 지식관리시스템이라기보다는 EDMS(전자문서관리시스템)에 지나지 않는다"라는 반응을 보였다. 그리고 "지식을 공유할 수 있도록 하기 위하여 직원들이 지식에 접근하는 방법을 가르쳐주는 k-map(지식지도)을 개발하였다". "지식경영 자료들이 축적되어야 만이 효과적인 e-learning이 가능하게 된다"라고 응답함으로써 지식관리시스템에 대한 나름대로의 중요성 인식과 효율적인 운영의 필요성을 지적하고 있었다.

C는 "지식관리시스템에 대한 막대한 규모의 투자로 상당한 수준의 KMS가 구축되었다", "그 지향점은 결국 직원들이 자기의 지식을 쉽게 올릴 수 있고 또 필요한 지식을 쉽게 찾아볼 수 있도록 운영하고 관리하는 데 있다", "지식관리시스템을 운영하는 전담 부서를 두고 있다", "지식관리시스템은 또한 직원들의 지식기여도를 평가하는 데도 없어서는 결코 안 될 중요한 요소이다"라는 반응을 보였고, D도 유사한 반응을 보임으로써 지식경영의 시행과 성공에 있어 핵심적인 요소로서 지식관리시스템을 간주하고 있음이 확인되었다.

또한 E는 "해마다 지식관리시스템에 대한 투자를 증대시키고 있으며 이는 지식경영의 초창기 상황에서는 당연한 것으로 생각된다"라는 반응을 보임으로서 지식경영의 초기단계에서 지식저장과 공유를 가능하게 하는 지식관리시스템이 구축되고 있음을 확인하였다.

또 다른 공기업 소속의 F도 "이제 지식관리시스템을 어느 정도 갖추어져 가는 단계로 접어들고 있다", "지식관리시스템이 충분히 구축되어야 만이 지식의 축적과 활용이 가능한 것은 사실이다"라고 응답하여 지식관리시스템의 구축이 지식경영의 시행과 성공에 있어 중요한 요인임을 확인하였다.

다음으로 지식관리시스템에 대한 지표로서 질문된 "귀사가 구축한 지식관리시스템은 제대로 활용되는 편입니까?"라는 대화 주제에 대한 대기업 대상의 조사에서 나타난 반응은 다음과 같은 내용이었다.

대기업 대상의 조사에서 A는 "지식관리시스템의 활용이 일상화되어 있고 이는 업무 효율성을 높인다", 또한 "계열사 중에서 가장 모범직인 회사로 우리 직원들도 교육을 받으러 수시로 출장을 간다"라고 응답하였고, B는 "결국 아무리 훌륭히 지식관리시스템을 구축했다고 하더라도 유용하게 활용하지 않으면 무용지물이며 자원 낭비일 뿐", "창출된 지식 활용을 극대화하기 위해 KMS를 최대한 활용 중"이라는 반응을 보임으로서 조직 차원에서는 물론 조직 내 구성원들의 지식관리시스템에 대한 활용을 강조하고 있었는바 이러한 지식관리시스템의 적극적인 활용을 지식경영의 중요한 요인으로 간주하고 있음이 확인되었다.

C는 "회사 전체가 정보통신과 관련된 업무가 주가 되다보니 지식관리시스템에 대한 직원들의 활용과 적응 속도가 다른 기업보다 상당히 빠른 편이고 이처럼 지식관리시스템에 대한 효율적인 활용은 지식경영에 전사원이 동참하는 데 많은 도움을 준 것이 사실"이라는 반응을 보여 구축된 지식관리시스템에 대하여 조직체 차원뿐만이 아니라 구성원 개개인이 적극적인 활용으로 업무처리방식 개선과 성과향상 등 성공적인 지식경영의 정착에 많은 도움을 주고 있음을 확인하게 하였다.

D는 "업무와 관련된 지식을 게재할 수 있고 필요한 지식을 바로 열어볼 수 있는 정도로 직원들이 지식관리시스템을 잘 활용하고 있다"라는 반응을 보여 지식관리시스템에 대한 활용도가 높음을 알 수가 있었다. 또한 E는 "지식관리시스템에 대한 전사적인 투자와 효율적 운영으로 지식경영에 필요한 지식저장과 공유가 가능하게 되었다"라는 반응을 보였고 F도 유사한 반응을 보임으로써 지식관리시스템은 지식경영의 성공요인으로 매우 중요하게 조직에서 여겨지고 있음이 확인되었다.

전반적으로 조사대상 대기업은 지식관리시스템과 관련하여, 지식관리시스템의 구축 정도에 대해서는 상당한 수준이라는 응답이 많았는데 그렇게 지식관리시스템을 구축한 주된 이유에 대하여는 지식접근성 용이함 확보와 지식 축적 및 활용을 위한 의도 등이었으며, 지식관리시스템의 활용정도에 대하여는 모두 활용도가 높다는 응답하였는데 그 주된 이유는 지식의 저장 및 공유를 위해, 업무 효율성 제고를 위해 활용한다는 응답을 하고 있었다.

② 중소기업 대상의 조사결과

먼저 지식관리시스템의 지표로서 질문된 "귀사의 지식관리시스템은 충분히 구축되어 있습니까?"라는 대화 주제에 대한 반응은 다음과 같은 내용이었다.

중소기업 대상의 조사에서 A는 "지식관리시스템의 구축은 지식경영 활동에 절대적이다", "우리 회사는 지식관리시스템에 연간 약 8-10억 원 정도를 투자하고 있으며 그 결과 현재는 사내 인트라넷을 통한 결재 등 업무효율성을 극대화하고 있으며 조만간 재택근무와 원격지 출장 활동도 체크 할 수 있도록 해주는 위성을 이용한 GPS 시스템을 구축하려고 한다", "그러나 KMS관리는 아웃소싱을 통해 3명이 현재 관리하고 있다"라는 응답을 하였는바 이는 중소기업의 현실을 감안하면 놀라운 수준이었고 지식관리시스템의 구축 면에서 어느 대기업 못지않은 높은 수준을 유지하고 있었다.

B는 "우리 회사는 직원들이 web상에 자신들의 지식을 올리고 전 사원들이 이를 열람할 수 있도록 하고 있다"는 반응을 보이고 있었는데 이 기업은 이미 수년 전부터 이와 같이 구성원들의 지식을 게시하여 공개적으로 열람할 수 있도록 지식관리시스템을 충분히 구축해 오고 있었다. 또한 B는 "우리 회사는 지식창고를 가장 많이 이용할 수밖에 없는데 그 이유는 각국의 업무 정보를 필요한 만큼 알아보기 위해서는 지식창고 활용 이외의 다른 대안이 있을 수 없다", "향후 토탈 지식관리시스템은 자체 IT기획팀과 자회사가 함께

완벽한 수준으로 개발할 수 있을 것이고 그렇게 해야만 효과적인 지식경영을 수행할 수 있을 것이다"라는 반응을 보였다.

C는 "직원들은 KMS를 매우 능숙하게 사용하고 이제는 일상적인 업무의 일부분으로서 인식되어 있다", "우리 회사가 지식 solution을 다루는 회사이기 때문에 상당한 수준으로 KMS를 구축하기도 하였다"라고 응답함으로써 구성원들이 컴퓨터에 대체로 능숙한 점을 활용하여 그들의 지식관리시스템을 적절하게 구축하고 있음을 확인하였다.

D는 "그룹웨어가 본격적으로 작년에 구축되기 시작하여서 아직 여러 모로 부족한 상황으로 현재는 아직 게시판 기능 정도다", "우리 같은 회사는 아직 지식관리시스템을 완벽하게 갖추기는 어렵고 다른 회사가 부럽다", "그러나 결국 완벽한 지식관리시스템을 갖추어 나가야만 할 것이다"라는 반응을 보임으로서 지식관리시스템의 구축에 대한 필요성을 확인시켜 주었다.

다음으로 지식관리시스템에 대한 지표로서 질문된 "귀사가 구축한 지식관리시스템은 제대로 활용되는 편입니까?"라는 대화 주제에 대한 반응은 다음과 같은 내용이었다.

중소기업 대상의 조사에서 A는 "직원들이 인터넷의 익숙한 사용은 물론이고 사내 인트라넷 등의 지식관리 도구도 충분히 활용하여 업무 처리속도 등에서 정상급의 수준", "효율적 활용으로 대고객 서비스가 개선되고 있다"라는 반응을 보였고, B도 이와 유사한 반응을 보임으로서 조직 차원에서 원하는 지식관리시스템의 숙달된 사용 수준에 도달해 있음을 알 수 있게 해 주었으며, C도 "우리회사 업무 특성상 이미 직원들이 지식관리시스템에 대한 이해 정도가 상당한 수준이다"라는 반응을 보임으로써 회사의 규모는 작지만 지식관리시스템은 충분히 활용하고 있음을 알 수가 있었다.

다만 D는 "아직 전체적으로 시스템이 완전히 구축되지는 않았지만 직원들이 지식창고의 활용과 Q&A 등 지식관리시스템을 숙달되게 활용하는 것은 이제 당연지사"라는 반응을 보여 지식관리시스템의 적절한 활용은 기본적인 것으로 간주하고 있음이 확인되었다.

전반적으로 조사대상 중소기업은 지식관리시스템과 관련하여, 지식관리시스템의 구축 정도에 대해서는 거의 상당한 수준이라는 응답을 하였는데 그 주된 이유에 대하여는 업무효율극대화, 업무처리 정보탐색을 위한 의도 등이었으며, 지식관리시스템의 활용정도에 대하여는 거의 정상급이라는 응답을 하였는데 그 주된 이유는 업무처리 속도 증진 및 대고객 서비스 개선을 위해서라는 반응을 보였다.

지금까지 살펴본 지식관리시스템에 대한 심층면접결과를 질문에 대한 응답의 이유를 중심으로 요약하여 정리하면 <표 4-5>와 같다.

<표 4-5> 지식관리시스템 면접결과 요약

| 구분<br>질문 | 대기업 | | | | | | 중소기업 | | | | 비 고 |
|---|---|---|---|---|---|---|---|---|---|---|---|
| | A | B | C | D | E | F | A | B | C | D | |
| KMS<br>구축정도 | 상당한<br>수준 | 프로젝트<br>별 구축 | 상당한<br>수준 | 상당한<br>수준 | 초기<br>수준 | 어느정도<br>수준 | 상당한<br>수준 | 상당한<br>수준 | 상당한<br>수준 | 게시판<br>수준 | |
| 응답이유 | 지식의<br>형식지화 | 지식축적,e<br>-learning | 지식접근<br>용이성 | 지식접근<br>용이성 | 새로운<br>지식저장<br>공유 | 지식축적<br>활용 | 업무효율<br>극대화 | 업무정보탐<br>색, 공유 | 지식솔루<br>션생산 | 그룹자원<br>시스템 | 전체적<br>인반응<br>은매우<br>긍정적 |
| KMS<br>활용정도 | 활용도<br>높음 | 활용도<br>매우높음 | 활용도<br>매우높음 | 활용도<br>높음 | 효율적<br>활용 | 효율적<br>활용 | 정상급 | 정상급 | 정상급 | KMS수달 | |
| 응답이유 | 업무효율<br>성 제고 | 지식활용<br>극대화 | 업무처리<br>방식개선 | 지식공유<br>수달 | 지식저장<br>공유 | 지식저장<br>공유 | 업무처리<br>속도증진 | 대고객서비<br>스개선 | 업무<br>특성상 | 지식창고,<br>Q&A활용 | |

## (5) 조직구조

한국기업의 지식경영 성공요인 중 조직구조에 대한 지표의 하나로서 이미 선정된 '수평적이고 분권화된 조직'이라는 지표를 보다 원활한 객관적인 대화의 주제로 바꾸기 위하여 "귀사는 팀제와 같은 수평적인 조직구조를 가지고 있습니까?", "귀사는 업무 처리 시 직원들에게 재량권이 어느 정도 있습니까?"라는 주제로 변경하여 제시하였다. 심층적 면접을 위한 이러한 대화 주제를 제시한 결과 대기업 대상의 조사와 중소기업 대상의 조사에서 나타난 구체적인 응답 내용은 다음과 같다.

① 대기업 대상의 조사결과
먼저 조직구조의 지표로서 질문된 "귀사는 팀제와 같은 수평적인 조직구조를 가지고 있습니까?"라는 대화 주제에 대한 반응은 다음과 같은 내용이었다.

대기업 대상의 조사에서 A는 "조직구조 혁신을 위하여 팀제가 도입된 지 3-4년 정도 된 것 같고, 지금은 전체적으로 팀제로 운영이 된다", "그러나 팀내 직급은 인정이 된다", "우리나라 사람에게 팀제는 글쎄, 아직 잘 맞는다고는 보기 힘들다", "그래서 우리는 부서를 팀 단위로 구성하여 시행하고 있긴 하지만 팀장과 팀원만이 존재하는 것은 아니며 부장 차장의 직급이 아직도 있다"라는 응답을 함으로써 전통적인 위계에 의한 계층구조가 사실상 그대로 남아 있음을 확인할 수 있었고 다만 부서 단위나 명칭만을 팀으로 명명하고 있음이 확인되었다.

B도 "당초 수평적 의사소통을 통한 창의성 극대화를 위하여 팀제를 실시하였고 현재에도 팀제로 돌아가고는 있지만 그 팀 안에는 사실 대리, 과장, 차장의 직급이 다 있다"라는 반응을 보였고, C, D, E, F 모

두 비슷한 상황이었다. 이것은 우리나라 특유의 장유유서나 위계질서를 고려한 계층적 조직 구조를 그대로 유지하면서 팀제도의 장점을 살려보려는 취지의 조직 운영으로 조직구조의 형태 자체가 지식경영에 중요한 요소로 단언할 수는 없는 것으로 판단되었다.

다음으로 조직구조에 대한 지표로서 질문된 "귀사는 업무 처리시 직원들에게 어느 정도 재량권이 있습니까?"라는 대화 주제에 대한 반응은 다음과 같은 내용이었다.

직원들에게 업무의 권한 위양 내지는 재량권 정도와 관련한 대기업 대상의 조사에서 A는 "우리 회사는 자율성 제고차원에서 직원들에게 상당히 재량권이 있어 특별히 중요하거나 전략적인 차원이 아닌 웬만한 문제들은 본인들이 알아서 판단하여 결정하고 회사도 그것에 대해 간섭하지 않는 편이며, 다만 그로 인한 결과만을 확인하고 책임질 뿐이다"라는 반응을 보였다.

B는 "업무처리를 위한 현장의 직원들 판단은 존중되어야 한다는 게 우리 회사의 기본적인 생각이고 전사적으로 매우 중요한 의사결정 사항이 아니면 업무 담당자에게 일임하는 상황입니다"라고 응답하였고 C도 유사한 반응을 보임으로써 업무를 현장에서 수행하는 담당 직원에게 이전보다는 많이 재량권이 있음을 확인할 수가 있었다.

그러나 공기업의 조사대상자 E는 "우리는 아직 결재라인을 따라 결재를 받고 나서야 정식으로 업무를 시작하는 것이 대부분으로 아직까지 업무 처리 방식 자체는 경직된 편이다"라는 반응을 보임으로써 공기업의 조직문화가 아직까지는 그대로 이어져 내려오고 있으며 그러한 맥락에서 조직구조도 이루어져 있는 것이 아닌가 하는 판단이 들었다. 그러나 또 다른 공기업 조사대상자 F의 반응은 "결재 후 업무가 추진됩니다만, 직원들에게 업무관련 재량권 여부와 관련하여 조직구조가 어떠하든 그것이 지식경영의 성패를 좌우한다고 보지는 않는다", "각 조직마다 독특한 환경에 처해 생존해온 방식이 있는 만큼 단정적으로 어떤 조직구조가 지식경영에 적합하다고 할 수는 없을 것"이라는 부정적인 취지의 반응을 나타내었다.

전반적으로 조사대상 대기업은 조직구조와 관련하여, 팀제 시행 여부에 대해서는 모두 시행 중(팀내 직급 존재)이라고 응답하였고 그 이유는 조직구조 혁신과 창의성 극대화 및 변화에 대한 **빠른 대응**을 위한 의도 등이었으며, 권한 위양 정도에 대해서는 상당부분 위양되는 경우와 위양되지 않는 경우가 공존하고 있었는데 그 이유는 자율성 제고 차원의 수평적 조직문화 추세와 결재과정과 같이 권한 계층에 따른 업무 처리를 중요시하는 계층구조 위주의 문화가 함께 남아있기 때문이라고 확인할 수 있었고, 이에 따라 결과적으로 조직구조에 있어서는 조사대상자들로부터 일치된 방향의 응답을 얻지는 못하였다.

② 중소기업 대상의 조사결과

먼저 조직구조의 지표로서 질문된 "귀사는 팀제와 같은 수평적인 조직구조를 가지고 있습니까?"라는 대화 주제에 대한 반응은 다음과 같은 내용이었다.

중소기업 대상의 조사에서 A는 "우리는 자유로운 의견 제시와 지식 창출을 위하여 전체적으로 팀 단위를 기본으로 하고 있지만 그것이 진정으로 수평적인 조직인지는 잘 모르겠다", "사실상 팀내에도 전통적인 직급이 존재하고 있으며 이는 호칭만의 문제가 아니다", "또한 같은 팀내에도 일반 팀장과 선임 팀장이라는 직위가 공존함으로써 기존의 우리나라 조직에서 볼 수 있는 계층구조는 사실상 명백히 존재하는 것"이라는 반응을 보임으로써 지식경영 시행기업이라고 해서 모두가 진정한 팀제와 같은 수평적인 조직구조를 보유하고 있는 것은 아니라는 사실을 확인할 수 있었다. 팀내에 부장, 과장, 차장 등으로 구분이 있었고 A사는 앞서 언급한 것처럼 팀제도 내에 선임팀장 제도를 운영하고 있어 수평적인 조직구조라고 단정하기는 어려웠다.

B는 또한 "팀웍 활용을 위해 부서 내에 팀을 두는 방식을 채택하고 있으나(예: 기획실 홍보기획팀) 이는 순수한 의미의 팀제라고 보기는 어렵다"라는 반응을 보였고, 또한 B는 지식경영을 성공시키는데 팀제와 같은 수평적인 조직구조가 꼭 필요한 것만은 아니다"라는 반응을 보였으며, C는 "조직의 업무 처리방법 개선과 생산성 증대에 도움이 되는 직원들의 창의적 아이디어를 유도하기 위하여 팀제를 실시하고는 있지만 팀 구성에 있어서는 팀장과 팀원만이 존재하는 것이 아니고 팀내 직급은 엄연히 존재한다"라는 반응을 보였고 D도 유사한 반응을 보였다.

다음으로 조직구조에 대한 지표로서 질문된 "귀사는 업무 처리 시 직원들에게 어느 정도 재량권이 있습니까?"라는 대화 주제에 대한 반응은 다음과 같은 내용이었다.

중소기업 대상의 조사에서 A는 "직원들에게 상당한 정도의 재량권이 주어짐으로써 주인의식을 고취하고 결과적으로 서비스의 질을 자율적으로 향상하도록 하기 위한 것으로 그에 대한 책임도 진다"라고 응답하였고, B도 유사한 반응을 보임으로써 지식경영 활동을 수행함에 있어 구성원들에게 많은 재량권이 주어지고 있음을 확인할 수 있었다.

C도 "일상적인 업무처리에 있어서 물론 보고는 하지만 그것은 사후적인 보고인 경우가 대부분으로 이제는 회사의 분위기가 직원들의 자율성과 자기 판단에 따른 업무추진을 강조하고 있으며 이는 하위 직원들의 창의력을 문제해결에 활용하기 위함이다"라는 반응을 보였으며, D도 역시 "아직 재량권이 업무 담당직원에게 완전하게 부여되고 있다고 말할 수 있는 단계는 아니지만 신속한 현장의 문제 해결을 위하여 그러한 추세로 가고 있는 것만은 사실"이라는 반응을 보이고 있다.

전반적으로 조사대상 중소기업은 조직구조와 관련하여, 팀제 시행여부에 대해서는 모두 시행 중(팀내 직급 존재)이었고 그 이유는

지식창출 촉진과 팀웍 활용 등의 응답을 하였으며, 권한위양 정도
에 있어서는 상당한 정도 내지는 위양 추세라는 반응을 보였으며
그러한 응답의 주된 이유로 주인의식 고취, 서비스의 질제고 등의
이유를 들었다.

조직구조와 관련한 이상의 응답들을 종합하면 수평적인 조직구조
와 같은 특정한 유형의 조직구조가 지식경영 시행과 성공을 좌우하
는 전제조건이라고 단정적으로 말할 수는 없었다. 특히 대기업 조
사대상의 응답 결과에서 지식경영을 성공시키기 위하여 반드시 팀
제와 같은 수평적 조직구조가 필요하다든지 또는 전통적인 계층적
조직구조가 중요하다든지 하는 양자택일적 판단에 동의하지 않고
있었다는 점은 특기할 만한 응답결과였다. 이는 지식경영의 시행과
성공에 있어서 해당 지식경영 기업의 특성과 환경에 적합한 조직구
조를 갖추는 것이 필요하리라는 판단을 가능하게 하는 반응이었다.
특히 수평적 조직구조를 지향하는 팀제나 권한계층에 따른 수직적
인 조직구조 자체가 모두 지식경영의 성공요인으로 긍정적으로 작
용할 수도 있으나 해당 기업이 처한 조직 내외의 환경에 적합한 조
직구조가 우선시 되어야 한다는 점은 지식경영 기업에서도 마찬가
지로 적용되는 것으로 면접조사 결과 확인되었고, 이는 질문지를
통한 조사분석에서는 얻을 수 없었던 주목할 만한 응답 결과였다.

지금까지 살펴본 조직구조에 대한 심층면접결과를 질문에 대한
응답의 이유를 중심으로 요약하여 정리하면 <표 4-6>과 같다.

<표 4-6> 조직구조 면접결과 요약

| 구분 | 대기업 | | | | | | 중소기업 | | | | 비 고 |
|---|---|---|---|---|---|---|---|---|---|---|---|
| 응답 / 질문 | A | B | C | D | E | F | A | B | C | D | |
| 수평적 조직(팀제) 시행여부 | 시행중 (직급별도 존재) | 시행중 (직급별도 존재) | 시행중 (직급별도 존재) | 시행중 (직급별도 존재) | 시행중 (직급별도 존재) | 시행중 (직급별도 존재) | 시행중 (직급별도 존재) | 시행중 (직급별도 존재) | 시행중 (직급별도 존재) | 시행중 (직급별도 존재) | |
| 응답이유 | 조직구조 혁신 | 창의성극 대화 | 변화에 빠른대응 | 혁신정정 대비 | 혁신역량 극대화 | 자유로운 의사소통 | 지식창출 촉진 | 팀워활용 | 생산성 증대 | 발전적 아이디어 유도 | 전체적으로 반응이 일치되지 않음 |
| 권한위양 정도 | 상당부분 위양 | 담당자의 전공요시 | 담당자의 전공요시 | — | 위양않됨 | 위양않됨 | 상당한 정도 | 상당한정 도 | 자율적 판단강조 | 위양추세 | |
| 응답이유 | 자율성 제고 | 현장실무 중시 | 현장실무 중시 | — | 결제과정 중시 | 결제과정 중시 | 주인의식 고취 | 서비스질 제고 | 하위자의 창의력 활용 | 신속한 문제 처리 | |

## (6) 요인간의 상대적 중요도

심층면접을 이용한 질적 조사를 통하여 확인한 지식경영의 성공 요인들이 갖는 상대적인 중요도의 의미와 조사대상자들의 응답 이유를 그 순위에 의거하여 종합적으로 분석하면 다음과 같다. 전제할 것은 질문지 조사분석의 응답결과를 계량화할 수는 없지만 긍정적 반응의 강도에 따른 순으로 요인을 분석한 것이다.

첫째, 지식경영의 성공요인들 중에서 가장 중요한 요인으로 '최고경영자의 의지'를 응답하였는데 그 이유는 지식경영이 전략차원에서의 중요성과 필요성에 기인한다고 해석될 수 있었다. 즉, 기업이 나아가야 할 전체적인 방향을 제시하여 주는 것이 바로 기업 전략의 속성이고 이러한 전략을 수립하는 주체인 최고경영자의 의지야말로 지식경영의 성패를 결정짓는 가장 핵심적인 요인인 동시에 필수적인 요인이기도 한 것이다. 결국 시장에서 경쟁우위를 점하고 시장 내 리더로서의 지위를 지속함은 물론 기술력 증대와 부가가치 향상을 통한 경쟁력 확보 등 전략차원에서 최고경영자가 가지는 의사결정권은 다른 모든 요인들을 통제할 수 있는 지배적인 위치를 점하고 있는 중요한 요인으로서 이를 가장 핵심적인 지식경영의 성공요인으로 응답하고 있는 것이다.

둘째, 지식경영의 성공요인들 중에서 두 번째 중요한 요인으로 '조직문화'를 응답하였는데 그 이유는 지식의 창출과 다양한 아이디어 도출을 위해서는 각 개인의 창의성이 중시되는 조직문화가 필요하고, 구성원들이 지식을 공유하고 자유롭게 지식을 활용함으로써 조직전체의 문제해결 능력 향상을 가능하게 하는 개방적인 조직문화가 필수적이기 때문으로 요약될 수 있다. 구체적으로는 구성원들의 창의적인 아이디어를 적극 수용함으로써 업무 처리 시 효율성을 제고할 수 있으며 예외적이고 불확실한 상황하에서 다양한 해법을 제시하여 문제해결 능력을 높임으로써 조직의 경쟁력을 확보할 수 있고, 조직의 개방적인 지식공유 문화를 통하여 아이디어와 지식을 조직 내 자유롭게 유동시킴으로써 조직전체의 지식역량 증대와 synergy효과를 통한 경쟁우위를 가능케 하는 지식경영의 성패를 가름할 수 있는 토양이자 중요한 배경요인으로써 조직문화를 두 번째로 중요한 지식경영의 성공 요인으로 지적하고 있는 것이다.

셋째, 지식경영의 성공요인들 중에서 세 번째 중요한 요인으로 '지식관리시스템'을 응답하였는데 그 이유를 살펴보면 '지식관리시스템'은 지식경영 시행의 전제조건으로서 구성원들이 보유하고 있는 암묵지를 형식지로 전환하여 지식을 축적하고 공유할 수 있게 하고 지식접근을 용이하게 하여 업무효율을 극대화함으로써 결과적으로 경쟁력을 강화할 수 있는 수단으로서의 지식관리시스템이 가지는 중요성에 기인한다고 할 수 있다.

넷째, 지식경영의 성공요인들 중에서 네 번째 중요한 요인으로 '평가보상'을 응답하였는데 그 이유는 지식경영의 성공을 위한 제도의 유지와 지속적인 구성원의 참여를 촉진하는 수단으로서 평가보상이 차지하는 중요성에 기인하고 있다. 즉, 구성원들의 지식기여도에 대한 공정한 평가를 통하여 구성원들의 공감대를 형성하고 이를 통하여 유용하고 가치 있는 지식의 지속적인 창출을 촉진함으로써 전체 구성원의 지식경영 참여를 유도하고, 지식경영 기여도에 대하여 인센티브와 인사고과 반영 등으로 구성원들의 지식경영 참여의 확보와 직무만족감의 증대는 물론 지속적인 지식경영 참여를 유도하는 유용한 현실적 수단이 되기 때문에 평가보상을 중요한 지식경영의 성공요인으로 지적하고 있는 것이다.

참고로 '조직구조'는 질문지 조사분석과 달리 심층면접 조사분석에서는 지식경영의 성공요인으로 확인할 수는 없었고, 다만 기업 특성에 맞는 조직구조가 지식경영 기업에도 필요하다는 원칙만을 재확인할 수 있었다.

# 4. 사용된 두 연구방법의 비교

이미 밝혀진 바와 같이 본 연구는 5개의 가정적이고 이상적인 지식경영의 성공요인을 확인하기 위한 조사방법으로 질문지 조사분석과 심층면접 조사분석을 병행하여 사용하였다. 여기서는 이들 두 조사방법에 대한 방법론(methodology)상의 그 논리적 타당성을 논하려는 것은 아니고, 다만 한국기업을 조사대상을 하는 경우 어느 방법이 더 적합한 조사방법인가의 문제만으로 한정하여 몇 가지만 제시하고자 한다. 본 연구를 수행하기 위하여 실제로 이들 조사방법을 적용하여 본 결과 현재의 한국기업 지식경영 성공요인에 대한 조사대상의 응답태도 등으로 보아 실태조사연구(research survey)를 위하여 질문지 조사분석과 심층면접 조사분석방법을 비교한다면 심층면접 조사분석이 질문지 조사분석보다 더 바람직한 조사방법으로 판단된다. 이러한 판단의 몇 가지 이유를 들면 다음과 같다.

첫째, 질문지 조사분석(전자)의 경우 대체로 응답자가 갖는 주관적이고 내면적인 의식에 대한 파악이 대단히 곤란한 상태이지만, 심층면접 조사분석(후자)인 경우에는 응답자의 주관적이고 내면적인 의식에 대한 판단이 비교적 가능하다.

둘째, 전자의 경우 본 연구에서 이용한 질문지의 현장 배포와 회수에도 불구하고, 본인이 아닌 대리응답이 이루어질 가능성도 전혀 배제할 수 없으나 후자의 경우에는 본인 자신이 아니고서는 도저히 응답이 불가능하여 응답의 정확성과 현실성을 확보할 수 있는 조사분석방법이라고 할 수 있다.

셋째, 전자인 경우 특별한 응답자를 제외한 대개의 응답자들이 이미 많은 질문지 응답경험을 가지고 있어서 '또 그런 것'이라는 태도를 보이고 있는 반면 후자의 경우에 있어서는 대개의 조사대상자들이 자유스러운 분위기가 확보됨으로써 오히려 흥미를 가지고 면담에 응하였다.

넷째, 전자의 경우 대개의 응답자들이 피상적인 응답을 보이는 경향이 농후한 데 반하여 후자에 있어서는 상대적으로 보다 진지한 반응을 보이는 경향이 있다는 점이다.

위와 같은 이유에서 한국기업의 지식경영 상황으로 보아 심층면접 조사분석방법이 질문지 조사분석방법보다 그 타당성을 인정할 수 있을 것으로 판단된다. 물론 그 조사대상이 소수로 한정될 수밖에 없다는 점에서 조사결과에 대한 일반화에 있어서의 한정성과 조사결과에 대한 분석상의 세심한 접근, 특히 해석상의 전문적인 능력이 요구된다고 하는 문제도 없지는 않다.

그러나 어느 조사기법을 막론하고 그에 대한 전문적인 지식과 훈련이 필요하다는 것을 기본적으로 인정한다면 각 기법의 적용 시 요구되는 전문성도 결국 정도의 차에 불과하다고 할 수 있고, 반면에 질문지방법과 같이 다수를 대상으로 한 조사결과는 그 일반화에 있어서는 폭이 비교적 넓고 또 어느 정도 객관성있는 계량적 표현이 가능할 수 있겠지만, 그러나 이러한 질문지방법은 계량적인 분석에 치중하여 그 결과치에 대한 숫자화에 몰두한 나머지 자칫 숫자의 마술(magic of number)(Kaplan, 1964)에 빠질 수 있는 위험성도 있다고 하겠다.

# 제9장 요약과 결론

## 1. 연구결과의 요약 및 시사점

지식경영의 성공요인에 대한 국내외 여러 연구자들의 연구결과를 취합하여 분석함으로써 지식경영의 핵심적인 성공요인이라고 할 수 있는 5개의 요인, 즉 최고경영자의 의지, 평가보상, 조직문화, 지식관리시스템, 조직구조란 요인들을 유도하여 지식경영의 1차적인 성공요인으로서 발견 제시하였다.

이러한 5개의 요인은 가정적이면서도 이상적인 요인으로서의 성격을 가짐으로서 실제로 이러한 요인들의 실증적인 근거여하를 확인하기 위하여 두 종류의 실증적 조사분석을 시도하였다. 이러한 조사분석을 위하여 먼저 조사대상을 대기업과 중소기업으로 양분하여 선정하였고, 조사도구로서는 질문지와 심층면접을 병행하여 사용하였다. 이러한 두 조사방법을 적용하여 수집된 자료를 그 성격에 따라 각기 양적 또는 질적인 분석을 시도하였다.

이제 두 개의 별도 실증적 조사에 의한 분석결과를 개괄적으로 요약 제시하고, 그러한 결과를 해석하면서 한국기업의 지식경영 성공요인을 유도하고, 그들 요인들 간의 상대적인 중요도에 대한 것을 검토하여 보려고 한다. 따라서 여기서는 본 연구를 수행하여 온 이론적 순서와 내용에 따라 첫째, 두 개의 실증적 연구의 연구결과에 대한 요약으로써 ① 질문지를 조사도구로 한 분석결과, ② 심층면접을 조사도구로 한 분석결과, ③ 양조사분석방법에 의한 비교 등과 둘째, 한국기업의 공통된 지식경영 성공요인과 이들 요인간의 상대적인 중요도에 관한 것으로서 ① 공통된 한국기업의 지식경영 성공요인의 유도, ② 성공요인 간의 상대적인 중요도에 대하여 논

하고, 셋째 본 연구의 연구방법론에 대한 것으로서 ① 한국에 있어
양조사분석방법의 적용상의 문제, ② 본 연구가 갖는 몇 가지 방법
론상의 제약점 등으로 나누어 검토하였다.

## (1) 질문지를 조사도구로 한 분석결과

이 조사방법을 사용하여 분석한 결과 한국기업의 지식경영 성공요
인과 관련하여 이미 밝혀진 바와 같이 다음 사항들이 발견되었다.

첫째, 대기업과 중소기업의 두 조사대상이 갖는 공통요인에 대한
것이다. 한정적이나마 조사대상으로 선정된 대기업 대상의 조사와
중소기업 대상의 두 조사대상에서 다같이 긍정적으로 나타나고 있
는 공통된 요인으로서 그 긍정적 반응의 순위에 따라 나타내면 ①
최고경영자의 의지, ② 조직문화, ③ 지식관리시스템, ④ 평가보상,
⑤ 조직구조 등의 5가지 요인 순으로 발견되었으며 그 중에서 최고
경영자의 의지와 조직문화 그리고 지식관리시스템은 특히 강한 긍
정의 반응을 나타내고 있었다.

둘째, 대기업 대상의 조사에서 주로 나타난 중요요인에 대한 것
이다. 대기업을 기준으로 하여 볼 때 5가지 성공요인 전부가 긍정
적인 반응을 나타내고 있었다. 이들 5개 요인은 지식경영을 시행하
는 국내 대기업에 있어서 그들이 갖는 지식경영의 성공요인이라고
하겠다. 특히 이들 5개 요인이 강하게 나타나고 있는 그 요인의 순
위는 ① 최고경영자의 의지, ② 지식관리시스템, ③ 조직문화, ④
평가보상, ⑤ 조직구조 등의 순으로 나타나고 있었으며 그 중에서
도 최고경영자의 의지, 지식관리시스템, 조직문화는 특히 강한 긍정
의 반응을 나타내고 있었다.

셋째, 중소기업 대상의 조사에서 주로 나타난 중요요인에 대한
것이다. 중소기업을 기준으로 하여 볼 때 5가지 성공요인 전부가

긍정적인 반응을 나타내고 있었다. 이들 5가지 요인은 지식경영을 시행하는 국내 중소기업이 갖는 주된 지식경영의 성공요인이라고 하겠다. 특히 이들 5가지 요인이 강하게 나타나고 있는 그 요인의 순위는 ① 최고경영자의 의지, ② 조직문화, ③ 평가보상, ④ 지식관리시스템, ⑤ 조직구조 등의 순이었고 그 중에서도 최고경영자의 의지, 조직문화, 평가보상, 지식관리시스템 등은 특히 강한 긍정적인 반응을 나타내고 있었다.

넷째, 대기업과 중소기업 대상의 조사에서 각기 서로 비교될 수 있는 반응을 보이는 요인에 대한 것이다.

먼저 대기업 대상의 조사에서는 그 정도의 차이만 있을 뿐 5개 요인들이 전부가 긍정적인 반응을 보이고 있고 부정적인 반응을 나타내는 요인은 없었다. 따라서 질문지를 조사도구로 한 분석결과로는 가정적으로 유도된 5개 요인이 전부 유의성있는 실증적 근거를 갖는 것으로 확인되었다.

다음으로 중소기업 대상의 조사에서도 역시 그 정도의 차이는 있으나 5개 요인들이 전부가 긍정적 반응을 보이고 있고 부정적인 반응을 보인 요인은 없다. 따라서 질문지를 조사도구로 한 분석결과는 가정적으로 유도된 5개 요인이 전부 유의성있는 실증적 근거를 갖는 것으로 확인되었다.

그러므로 질문지를 조사도구로 한 분석결과 이들 두 조사대상을 비교한 결과 동일하게 5개 요인 모두는 실증적 근거를 가지는 지식경영의 성공요인이라고 하겠다.

## (2) 심층면접을 조사도구로 한 분석결과

심층면접 조사방법을 사용하여 분석한 결과 한국기업의 지식경영 성공요인과 관련하여 이미 밝혀진 바와 같이 다음과 같은 사실들이 또한 발견되었다.

238

 첫째, 대기업 및 중소기업 대상의 두 조사대상이 갖는 공통요인에 관한 것이다. 소수로 한정된 조사대상으로 선정된 대기업과 중소기업의 두 조사대상에서 다같이 긍정적으로 나타나는 공통적인 요인으로는 ① 최고경영자의 의지, ② 조직문화, ③ 평가보상, ④ 지식관리시스템 등 네 개의 요인이다. 이들 중에서 그 수준에 있어 특히 강한 공통적인 요인으로는 최고경영자의 의지, 조직문화, 지식관리시스템 순으로 긍정적인 반응을 나타내었다.

 둘째, 대기업 대상의 조사에서 주로 나타난 중요요인에 관한 것이다. 대기업 조사대상을 기준으로 볼 때 지식경영을 시행하는 대기업이 갖는 주요 지식경영 성공요인은 ① 최고경영자의 의지, ② 조직문화, ③ 지식관리시스템 등 세 개의 요인으로 강한 긍정적인 반응을 나타내고 있었고, 이에 비하여 상대적으로 평가보상은 긍정의 강도가 덜하였다.

 셋째, 중소기업 대상의 조사에서 주로 나타난 중요요인에 대한 것이다. 중소기업 조사대상을 기준으로 하여 볼 때 지식경영을 시행하는 중소기업의 주요 지식경영 성공요인은 ① 최고경영자의 의지, ② 조직문화, ③ 지식관리시스템 등에 대하여 강한 긍정적인 반응을 나타내고 있었고, 이에 비하여 상대적으로 평가보상은 긍정의 강도가 덜하였다. 특히 중소기업 대상의 조사에서는 지식경영의 성공요인으로서 최고경영자의 의지를 강한 긍정적 요인으로 응답하고 있음을 확인할 수 있었는데 이는 기업 규모에서 오는 특수성에 기인한 것으로 판단되었다.

 넷째, 대기업 대상의 조사와 중소기업 대상의 조사에서 각기 서로 비교될 수 있는 반응을 보이는 요인에 대한 것이다. 이 두 조사대상에 있어서 비교될 수 있는 부분은 평가보상과 관련한 것이었는데 대기업 조사대상에서 제한적 긍정 반응을 보이고 있으나, 중소기업 조사대상에서는 강한 긍정 내지는 긍정의 반응을 보이고 있는 점이 다소간의 차이점 내지는 상호 대조되는 반응이었다.

## (3) 양분석결과의 비교

다수인에 대한 질문지 조사분석을 통한 분석결과와 소수인에 대한 심층면접 조사분석을 봉한 분석결과를 상호 비교한 결과 다음과 같은 사실들을 발견할 수가 있었다.

첫째, 양분석결과가 제시한 대기업과 중소기업 두 조사대상에 공통적으로 나타나 요인에 있어서의 차이다. 질문지 조사분석을 통한 분석결과(전자)에 공통요인으로 나타난 것으로는 ① 최고경영자의 의지, ② 조직문화, ③ 평가보상, ④ 지식관리시스템, ⑤ 조직구조 등의 5개 요인이었음에 비하여, 심층면접 조사분석을 통한 분석결과(후자)에 공통요인으로 나타난 것으로는 ① 최고경영자의 의지, ② 조직문화, ③ 지식관리시스템, ④ 평가보상 등의 4개 요인이었으므로, 이 두 분석결과를 비교하여 보면 조직구조 요인에서 차이가 남을 알 수가 있었다. 즉 전자에서는 조직구조 요인이 지식경영 성공요인으로서 긍정적인 반응을 보이고 있으나 후자에서는 일치된 반응을 얻을 수가 없어 양분석결과의 차이가 확인되었다.

둘째, 대기업 대상의 조사를 중심으로 하여 볼 때 긍정적 반응을 보인 양분석결과에 나타난 성공요인에 있어서의 차이이다. 전자의 분석에 있어서는 ① 최고경영자의 의지, ② 조직문화, ③ 평가보상, ④ 지식관리시스템, ⑤ 조직구조 등의 5개 요인이 전부에 대하여 긍정적인 반응을 보이고 있으나 후자의 분석에 있어서는 조직구조 요인을 제외한 4개 요인에 대하여만 긍정적인 반응을 보이고 있는 것을 알 수 있다.

셋째, 중소기업 대상의 조사를 중심으로 하여 볼 때 긍정적 반응을 보인 양분석결과에 나타난 성공요인에 있어서의 차이이다. 전자의 분석에 있어서는 강한 긍정의 반응을 보이는 성공요인으로 ① 최고경영자의 의지, ② 조직문화, ③ 평가보상, ④ 지식관리시스템이었으나 후자의 분석에서는 ① 최고경영자의 의지, ② 조직문화, ③ 지식관리시스템의 3개 요인에 대하여 강한 긍정적인 반응을 보이고 있는 것으로 확인되었다.

위에서와 같이 질문지와 심층면접이라는 두 개의 별개 분석결과를 기준으로 하여 볼 때 대기업 및 중소기업이라는 두 개의 조사대상이 동일하게 갖는 공통요인의 제시에 있어서도 각 분석에 따라 서로 다르다. 또 각 조사대상별, 즉 대기업이 갖는 주된 성공요인에 있어서뿐만 아니라 중소기업 조사대상이 갖는 주된 성공요인에 있어서도 제시되어지고 있는 성공요인들이 각 분석에 따라 다소 다른 것을 알 수 있었다.

그러면 대기업과 중소기업의 두 조사대상이 갖는 분석결과를 중심으로 과연 한국에 있어 전반적인 지식경영의 성공요인들의 특징을 어느 조직의 분석결과가 더 타당하게 대표하느냐의 문제, 다시 말하면 어느 조사대상의 지식경영 성공요인에 대한 반응 결과가 전체적인 한국기업의 지식경영 성공요인의 'parameter'로부터 그 일탈성(deviation)이 보다 적으냐에 대한 문제를 생각해 볼 수 있다. 그러나 이러한 문제를 확인하기란 이 연구에 있어서는 그 분석표본의 규모도 규모이려니와 두 조사대상이 각기 그 나름대로의 독특한 특징과 속성을 가지고 있기 때문에 본 연구에서 두 개 집단에 대한 분석만을 가지고서는 상호간의 어떤 일탈성을 논하기란 불가능한 상태이다.

다만 이와 같은 문제점을 전제로 하는 한 하나의 참고기준이 될 수는 있으리라고 인정되는 것으로시, 여러 연구가 있을 수 있지만, 본 연구에서는 전국경제인연합회의 연구보고서(2001)[22)]에서 제시된

---

22) 전국경제인연합회가 국내 100대 기업의 최고지식경영자(CKO)로 구성된 CKO클럽회원사를 대상으로 실시한 지식경영의 성공요인 분석에 관한 연구로, 본 연구자가 이를 참고기준으로 삼은 이유는 국내의 지식경영 시행과 연구의 역사가 일천하여 아직 일반적으로 수용되어지는 지식경영의 성공요인이 이론적으로 존재하지 않음을 감안하면 오히려

한국기업의 지식경영 성공요인 분석결과를 본 연구결과와 상호비교하여 봄으로써 다소 그러한 경향여하를 짐작할 수는 있을 것으로 판단된다.

전국경제인연합회(2001)는 먼저 한국기업의 지식경영 성공요인으로 강하게 작용하는 요인으로 ① CEO의 강력한 의지, ② 조직의 분위기·문화, ③ 부서 간의 의사소통·협력, ④ 평가보상체제 순으로 제시하였다.

먼저 전국경제인연합회의 연구에서 한국기업의 지식경영 성공요인으로 제시하고 있는 요인들을 기준으로 하여보면 이들 요인들 모두가 본 연구에서 이미 제시한 바 있는 지식경영 성공의 공통요인들로서 ① 최고경영자의 의지, ② 조직문화, ③ 평가보상 등의 요인들과 상호 그대로 일치하는 것이 있는가 하면 부분적인 속성으로만 일치되는 것도 있음을 알 수 있다.

또한 전국경제인연합회의 연구에서 지적하고 있는 요인들 중에는 본 연구의 조사대상으로서 대기업 대상의 조사에서 강한 긍정적 반응을 보이고 있는 공통요인인 ① 최고경영자의 의지와 ② 조직문화가 일치하고 있었으며, 중소기업 대상의 조사에서 역시 강한 긍정적 반응을 보이고 있는 공통요인 중에서 ① 최고경영자의 의지와 ② 조직문화 요인이 그대로 일치하고 있음을 알 수 있었고, 나머지 성공요인들 중에는 부분적 속성, 또는 주변적속성만을 제시하고 있는 정도의 요인도 존재함을 확인할 수 있었다.

---

동 연구가 지식경영 현황과 문제점을 한국기업의 실무차원에서 현실적으로 가장 잘 반영하고 있는 연구이자 본 연구의 주제와도 부합되어 참고기준으로서의 의미가 있다고 판단되었기 때문이다.

## (4) 한국기업의 공통된 지식경영 성공요인과
## 요인간의 상대적 중요도

① 한국기업의 공통된 지식경영 성공요인 유도

본 연구는 이미 한국기업의 지식경영 성공요인 분석과 요인 간의 상대적인 중요도 순위 확인 등 몇 개의 연구과제를 설정하였다. 이제 그러한 연구과제와 실증적 분석결과 발견된 사항들을 상호비교 검토함으로써 각 과제의 타당성 여부를 검증하여 보려고 한다.

첫 번째 연구과제는 5개로 유도 정립된 가정적이고 이상적인 요인들이 과연 한국기업 지식경영의 핵심적인 성공 요인인가의 타당성 여부에 대한 것이다. 지식경영 성공요인으로서 5개 요인을 전제한 이 연구과제는 양분석결과를 토대로 검토하여 볼 때 거의 대부분 요인이 그 타당성을 확인할 수 있었다. 이러한 실증적 근거는 양분석결과 대기업 대상의 조사와 중소기업 대상 조사에서 나타난 반응으로 볼 때 최고경영자의 의지, 조직문화, 지식관리시스템, 평가보상 등 4개의 요인에 대하여 공통적으로 그 실증적 근거를 찾아 볼 수 있었기 때문이다

위의 첫 번째 과제에 대한 실증적 근거를 볼 때 다음과 같은 사실들을 지적하여 볼 수 있다.

먼저 한국기업의 지식경영 성공요인으로서 4개로 유도 정립된 요인들을 한국기업의 지식경영 성공요인 분석을 위한 '이상적 요인' 내지는 분석의 '틀'로서는 충분한 그 가치성을 인정할 수 있는 것이다. 이것은 한국기업의 지식경영 성공요인 분석을 위하여 외국학자들의 문화제약적(culture-bounded) 이유로 인한 생소한 분석개념이나 또는 적합하지 않은 분석의 '틀' 등을 구태여 도입할 필요성이 없을 뿐만 아니라 한국기업의 지식경영 성공요인 분석을 위한, 적어도 개념적인 길잡이로서 논리적인 분석의 '틀' 역할은 충분히 할

수 있다고 인정되는 것이다. 또 한국기업의 지식경영 성공요인에 대한 범위(range)를 확정하여 주고 그러한 성공요인 및 속성 등을 규정하여 주는 데 있어서도 적지 않게 도움을 줄 수 있는 하나의 분석모형으로서도 저절히 사용될 수 있을 것이다.

② 성공요인간의 상대적 중요도

본 연구의 두 번째 연구과제는 지식경영의 성공요인 각각이 갖는 상대적인 중요도 순위에 대한 것으로, 이미 가정적으로 전제한 ① 최고경영자의 의지, ② 조직문화, ③ 평가보상, ④ 지식관리시스템, ⑤ 조직구조라는 요인들의 순위에 대한 그 타당성 여부에 대한 것이다. 이러한 요인순위에 대한 연구과제를 양조사분석결과를 중심으로 하여 살펴볼 때 그러한 요인 간의 상대적 중요도에 대한 순위를 그대로 인정하기는 어려운 상태였다.

먼저 명백한 순위측정이 가능한 계량적 분석의 성격을 갖는 질문지 조사에 의한 분석결과로 밝혀진 요인들 간의 순위를 보면, ① 최고경영자의 의지, ② 조직문화, ③ 평가보상, ④ 지식관리시스템과 조직구조(동순위) 등의 순으로 제시되어지고 있었다. 다음으로 질적 분석의 성격을 갖기 때문에 분명한 순위측정은 불가능하다고 하여도 어느 정도 요인 간의 중요성에 대한 순위만은 제공하여 주는 심층면접조사에 의한 분석결과로 파악된 순위는 ① 최고경영자의 의지, ② 조직문화, ③ 지식관리시스템, ④ 평가보상 등의 순으로 나타나고 있었고, 조직구조는 조사대상자들의 일치된 긍정적 응답을 얻을 수 없으므로 지식경영의 성공요인으로 인정하기는 어려웠다.

위의 두 번째 연구과제에 대한 실증적 근거를 볼 때 무엇보다도 한국기업의 지식경영 성공요인으로서 어떤 요인들이 그 비중에 있어 중요성을 가지고 있는가를 알 수 있게 한다. 양분석결과로 제시된 요인 간의 순위를 종합적으로 살펴보면 첫 번째 성공요인으로는 최고경영자 의지, 두 번째 성공요인으로는 조직문화, 세 번째 성공

요인으로는 평가보상 또는 지식관리시스템, 네 번째 지식관리시스
템 내지는 평가보상 등으로 각 요인 간의 순위를 규정하여 볼 수
있다. 그러나 양분석결과 제시되고 있는 요인 간의 순위가 다소 상
이한 것은 양조사기법 특성상 심층면접 조사분석에 대하여 그 분석
적 타당성을 더 인정할 수 있는 만큼(다음에서 그 이유를 제시함)
심층면접 조사분석에 비중을 더 주어 전체적인 요인간의 순위를 ①
최고경영자의 의지, ② 조직문화 ③ 지식관리시스템, ④ 평가보상
순으로 규정하려고 한다. 이러한 요인 비중에 대한 순위는 문헌상
여러 연구자들이 지적한 빈도에 의한 역사적 근거와도 어느 정도
부합하고 있다[23]. 이렇게 순위를 규정하여 볼 때 어떤 지식경영 성
공요인이 과연 한국기업의 지식경영 성공요인을 대표하는 요인인가
를 분명하게 알 수 있게 되는 것이다.

　셋째 연구과제는 기업 규모의 차이 등 기업의 성격특성을 달리하
는 두 조사대상, 즉 대기업과 중소기업이 갖는 공통요인 내지는 각
기 특징적으로 갖는 독특한 부분요인의 존재여부에 대한 것이다.
이와 같은 두 개의 대조되는 조사대상이 갖는 공통 및 부분요인에
대하여는 이미 앞의 분석에서 각각 명백히 밝혀진 바와 같다. 다시
양분석결과에 의한 발견내용을 요약하여 대기업 대상의 조사와 중
소기업 대상의 조사에서 두 조사대상 간에 우선 유의성있는 강한
긍정의 실증적 근거를 갖는 공통요인을 지적하여 보면 ① 최고경영
자의 의지, ② 조직문화, ③ 지식관리시스템이란 세 개의 요인이라

---

23) 앞서 <표 3-4>에서 언급한대로 요인 간 빈도는 최고경영자의 의지 17,
　　평가보상 16, 조직문화 40, 지식관리시스템 29를 나타내어 조직문화와
　　지식관리시스템이 상대적으로 높은 빈도를 나타내고 있지만 좀 더 자
　　세히 살펴보면 최고경영자의 의지와 평가보상은 단일 요인을 기준으로
　　한 빈도이나 조직문화는 창의성(20)과 개방성(20)의 두 요인을, 지식관
　　리시스템은 지식축적도구(15), 지식공유도구(14)의 두 요인을 합산한 결
　　과임을 감안한다면 연구결과 최종적으로 도출된 성공요인 간의 순위는
　　문헌상의 연구결과와도 어느 정도 부합된다고 할 수 있다.

고 하겠고, 다음으로 어느 정도 긍정의 실증적 근거를 갖는 공통요 인으로서의 ④ 평가보상은 심층면접에 있어서 그 긍정 응답의 정도 가 제한적이어 소위 준공통요인이라고 하겠다. 이들 이외의 공통요 인에 들지 않는 요인으로서 조직구조는 특정한 경우에 한정되므로 부분요인이라고 할 수 있다.

위의 셋째 연구과제에 대한 실증적 근거를 검토하여 볼 때 또한 다음과 같은 사항들을 지적할 수 있다.

먼저 한국기업의 지식경영 시행이 갖는 지속적이면서도 공통적인 일반요인들을 밝혀볼 수 있는 것이다. 이와 같은 일반적인 지식경 영 성공요인들로서는 앞서 밝혀진 공통요인 및 준공통요인을 통합 하여 ① 최고경영자의 의지, ② 조직문화, ③ 지식관리시스템, ④ 평가보상 등의 4개 요인이라고 할 수 있을 것이다. 이러한 4개 요 인들은 종업원 규모의 차이 등 기업의 성격 특성을 달리하는 두 조 사대상인 대기업과 중소기업에 공통됨으로서 요컨대 한국기업의 지 식경영을 대표하는 공통적인 성공요인이라고 하겠다.

다음으로는 한국기업의 지식경영의 특징을 규정하여 주는 4개의 성공요인의 보다 명백한 개념적 성격에 대한 것이다. 이미 실증적 분석을 위하여 공통요인으로 규정된 4개의 성공요인에 대한 개념적 성격이 어느 정도 명백히 밝혀졌다. 그러나 여기서는 실제 양실증 적분석을 거침으로서 4개의 성공요인에 대하여 보다 한정적으로 새 롭게 파악된 개념적 성격을 중점적으로 분석하였다.

첫째, 최고경영자의 의지에 대한 것이다. 최고경영자의 의지는 '지식경영 추진의지와 지원정도'에 개념적 초점을 두었던바 이는 그 대로 유의성있게 확인되었다. 지표로서는 최고경영자의 지식경영 개념인지, 지식경영 지원, 지식창조 강조, 지식공유 강조, 지식경영 의 필요성인지, 지식경영 실용성인지의 정도 등 6개를 설정하였는 데 이러한 지표들은 실증적으로 유의성이 있는 것으로 확인되었다. 이러한 분석결과를 살펴볼 때 지식경영의 성공요인들 중에서 최고경영자의 의지는 지식경영의 전략차원에서의 중요성과 필요성에 기인하는 지식경영의 성공요인으로 해석될 수 있다. 즉, 기업이 나아가야 할 전체적인 방향을 제시하여 주는 것이 바로 기업 전략의 속성이고 이러한 전략을 수립하고 추진하는 최고경영자의 의지야말로 지식경영의 성패를 결정짓는 가장 중요한 요인인 동시에 필수적인 요인이기도 한 것이다. 결국 시장에서 경쟁우위를 점하고 시장 내 리더로서의 지위를 지속할 수 있는 등의 전략차원에서 최고경영자가 가지는 의사결정권은 다른 모든 요인들을 통제할 수 있는 지배적인 요인으로서 이를 가장 핵심적인 한국기업의 지식경영의 성공요인으로 응답하고 있는 것이다.

둘째, 조직문화에 대한 것이다. 조직문화는 '조직의 창의성과 개방성'에 개념적 초점을 두었던바 거의 그대로 유의성있게 확인되었다. 지표로서는 회사의 창의성 존중의 조직문화, 창의성 장려, 개인의 자유로운 의사표현의 분위기, 회사 내 정보요구의 용이성, 직원 간 정보제공의 호의도, 정보공유 의지의 정도 등 6개를 설정하였으며 이러한 지표들은 실증적으로 유의성이 있는 것으로 확인되었다. 이러한 분석결과를 살펴볼 때 지식경영의 성공요인으로서 조직문화는 지식의 창출과 다양한 아이디어 도출을 위하여 각 개인의 창의성이 중시되는 조직문화가 필수적이고, 구성원들이 지식을 자유롭게 공유하고 활용함으로써 조직전체의 문제해결 능력을 향상시키는 개방적인 조직문화를 의미한다고 해석할 수 있다. 이는 구성원들의 창의적인 아이디어를 적극 수용함으로써 예외적이고 불확실한 상황 하에서 다양한 해법을 적용하여 문제해결 능력을 향상시킴으로서 업무효율성을 제고하여 조직의 경쟁력을 확보하고, 조직의 개방적인 지식공유 문화를 통하여 아이디어와 지식을 조직 내 자유롭게 유통시킴으로써 조직전체의 지식역량 증대와 synergy 효과를 가능하게 하기 때문에 조직문화를 두 번째로 중요한 지식경영의 성공요인으로 응답하고 있는 것으로 해석되었다.

셋째, 지식관리시스템에 대한 것이다. 지식관리시스템은 'KMS의 구축과 활용정도'에 개념적 초점을 두었던바 이는 거의 그대로 유의성있게 확인되었다. 지표로서는 지식DB 등 지식축적도구의 구축, 지식축적도구의 활용, 인트라넷 등 지식공유도구 구축, 지식공유도구의 효율적 이용, KMS를 활용한 업무효율성, KMS의 전반적 구축의 수준 등의 6개를 설정하였으며 이러한 지표들은 실증적으로 유의성이 있는 것으로 확인되었다. 이러한 분석결과를 살펴볼 때 지식관리시스템은 지식경영 시행의 전제조건으로서 구성원들이 보유하고 있는 암묵지를 형식지로 전환하여 지식을 축적하고 지식접근을 용이하게 하여 지식을 공유함으로써 업무효율을 극대화하고 결과적으로 경쟁력을 강화할 수 있는 실질적인 수단으로서의 지식관리시스템이 가지는 중요성에 기인하고 있다는 것을 알 수 있었다.

넷째, 평가보상에 대한 것이다. 평가보상은 '지식기여도 평가와 보상체계'에 개념적 초점을 두었던 바 이는 거의 그대로 유의성 있게 확인되었다. 지표로서는 회사 내 조직학습이 승진이나 보상에 미치는 영향, 지식경영 기여도 평가체계, 지식경영 기여도 보상제도, 지식창조활동의 비경제적 보상과의 연계, 지식창조활동의 경제적 보상과의 연계, 지식창조와 공유노력이 승진이나 보상에 미치는 영향의 정도 등 6개를 설정하였으며 이러한 지표들은 실증적으로 유의성이 있는 것으로 확인되었다. 이러한 분석결과를 살펴볼 때 평가보상이 지식경영의 성공요인으로 확인된 이유는 지식경영 제도의 유지와 지속적인 구성원의 참여를 촉진하는 수단으로서 평가보상이 차지하는 중요성에 기인하고 있다고 하겠다. 즉, 지식기여도에 대한 공정한 평가와 적절한 보상이 구성원들의 지속적인 지식창출과 공유를 촉진하는 데 유용한 현실적 수단이 되고 있어 이를 지식경영의 성공요인으로 지적하고 있는 것이다.

## 2. 연구의 한계와 제언

### (1) 연구의 한계

본 연구는 지식경영 성공요인에 관하여 문헌상에 나타난 연구결과를 종합적으로 분석하고 이를 한국기업을 대상으로 한 실증연구를 수행하여 그 두 가지 연구결과들이 일치하는지에 대한 확인과 검증을 시도한 최초의 연구로서 큰 의미를 가질 수 있다고 할 것이다. 그러나 동 주제에 대하여 실증적으로 처음 시도한 연구이기 때문에 나타날 수 있는 문제점 등 본 연구의 주요 한계점은 다음과 같다.

첫째, 지식경영 연구자들이 제시한 좀 더 많은 수의 성공요인을 취합할 수 있는 다양하고 풍부한 연구자료 확보에 대한 미비함이 아쉬움으로 남는다. 이는 지식경영의 성공요인에 대한 기존연구들을 수집 분석함에 있어 입수 가능한 것만으로 한정한 결과 그 기존연구에 대한 제약성의 문제가 있다고 하겠고 특히 본 연구에서는 출처가 분명한 연구자별 성공요인만을 취합하여 지식경영의 성공요인을 유도하여 절대적으로 부족한 지식경영 분야의 연구 자료를 더욱 제한한 감이 있으므로 향후에는 국내외 연구 결과를 좀 더 수집하여 폭 넓은 자료를 통한 의미 있는 연구가 이루어지도록 해야 할 것이다.

둘째, 지식경영의 가정적인 성공요인을 유도하는 과정에서 본 연구는 1차적으로 일정한 분류의 틀을 사용하여 차원별로 대표적인 요인 1개씩만을 제시함으로써 요인들의 수를 제한한 측면도 있었다. 이러한 방법은 체계적 연구를 위하여 부득이 사용한 방법이었다고 할지라도 보다 다양한 요인들을 취합하여 분석하기 위하여서는 차원별로 여러 요인들을 제시할 수도 있고, 나아가 특정한 분류의 틀에 얽매이지 않고 다양한 요인들로부터 가정적인 성공요인들을 유도해 나아가는, 이를테면 귀납적인 방법으로 성공요인을 유도하여 제시할 수도 있을 것이다.

셋째, 본 연구의 진행상 불가피하게 범하게 된 본질적인 문제로서, 심층면접 조사분서에 있어서는 정신분석학 등의 전문적 지식이 요구되는 바 그 면접기술의 제약성과 그 결과에 대한 해석적 분석능력 보완의 필요성 등을 지적하지 않을 수 없다. 이에 따라 심층면접 시 각 질문에 대한 조사대상자의 응답결과를 좀 더 효과적으로 전달하기 위한 기술상의 문제에 대한 연구도 필요하다는 점이다. 이는 조사대상자의 응답내용을 좀 더 객관적이고 정확하게 전달하기 위한 조치로 심층면접이 가지는 연구결과의 객관화 가능성에 대한 한계점을 극복하기 위한 방법론상의 보완조치이기도 하다.

## (2) 후속연구를 위한 제언

본 연구를 통하여 한국기업의 공통적인 지식경영 성공요인을 도출하고 각각의 요인들이 가지는 상대적인 중요도 등을 고찰하였다. 그러나 향후 한국기업의 지식경영 성공요인에 대한 보다 포괄적이고 체계적인 이론 정립을 위하여 다음과 같은 몇 가지 제언을 하고자 한다.

첫째, 본 연구가 한국기업을 대상으로 지식경영의 성공요인들을 실증적으로 확인·분석한 연구결과인 만큼 이를 기초로 향후 국내 지식경영의 성공요인과 관련한 연구의 출발점으로 사용될 수 있고, 특히 본 연구에서 확인된 지식경영의 성공요인들이 경영성과와 같은 요인들에 어떠한 영향을 미치는가를 파악하기 위하여 경영성과 등과의 연계 하에서 지식경영의 성공요인을 분석하고 설명할 수 있는 후속적인 실증연구가 요구된다.

둘째, 본 연구의 결과로 국내 기업에서 확인된 지식경영의 성공요인 각각에 대하여 하나의 연구 주제로서 심도있는 실증분석 연구를 진행할 필요가 있다. 이는 논리론적인 측면에서 보다 합리적이고 체계적인 연구를 수행하기 위해서는 본 연구에서 도출된 한국기업의 지식경영 성공요인 4개 각각을 주대상으로 삼은 별개의 독립된 연구가 요망된다는 것을 의미한다.

셋째, 본 연구에서 도출된 지식경영의 성공요인들이 한국기업의 지식경영 도입과 시행에서 성공적인 결과를 가져올 수 있는 기본적인 지침으로서 기업 실무에서 응용될 수 있는 후속연구가 필요하다. 이는 본 연구에서 조사대상을 대기업과 중소기업으로 양분하여 연구를 수행하였으나 개별기업의 지식경영 실무에 좀 더 유용한 지침을 제공하고 보다 구체적인 개별기업의 지식경영 성공요인들을 제시하기 위해서는 세부 업종별로 심도 있는 별도의 지식경영연구가 요구된다는 것을 의미한다.

# < 부 록 >

## <부표 1> 타당도 검증을 위한 요인분석 수행 결과

| 항 목 | Varimax 회전 후의 요인적재값 | | | | | 각 항목의 설명정도 (communality) |
|---|---|---|---|---|---|---|
| | 요인1 | 요인2 | 요인3 | 요인4 | 요인5 | |
| I-1 | 0.0921 | 0.1305 | 0.2566 | 0.3518 | 0.6599 | 0.6506 |
| I-2 | 0.0912 | 0.0606 | 0.3054 | 0.3510 | 0.6354 | 0.6322 |
| I-3 | 0.0748 | 0.1081 | 0.3112 | 0.4023 | 0.5697 | 0.6006 |
| I-4 | 0.0160 | 0.0461 | 0.2876 | 0.5206 | 0.4545 | 0.5628 |
| I-5 | 0.1295 | 0.1419 | -0.0016 | -0.1253 | 0.8050 | 0.7007 |
| I-6 | 0.1691 | 0.1799 | 0.0649 | -0.0016 | 0.7748 | 0.6655 |
| II-1 | 0.2398 | 0.1865 | 0.6563 | -0.1811 | 0.2374 | 0.6123 |
| II-2 | 0.1636 | 0.1877 | 0.6299 | 0.4059 | 0.1903 | 0.6599 |
| II-3 | 0.2444 | 0.1534 | 0.6919 | 0.3664 | 0.1064 | 0.7076 |
| II-4 | 0.3499 | 0.1410 | 0.5984 | 0.3524 | 0.1609 | 0.6506 |
| II-5 | 0.1276 | 0.1951 | 0.7498 | 0.0384 | 0.1721 | 0.6477 |
| II-6 | 0.3827 | 0.2132 | 0.5324 | 0.1707 | 0.1869 | 0.5395 |
| III-1 | 0.4648 | 0.4265 | 0.2226 | 0.4564 | 0.2767 | 0.7324 |
| III-2 | 0.4043 | 0.3200 | 0.1040 | 0.5288 | 0.1727 | 0.5862 |
| III-3 | 0.4059 | 0.3466 | 0.1202 | 0.5765 | 0.1406 | 0.6516 |
| III-4 | 0.2308 | 0.4511 | -0.0059 | 0.5383 | 0.0994 | 0.5565 |
| III-5 | 0.2018 | 0.4625 | 0.1314 | 0.4509 | 0.0786 | 0.4815 |
| III-6 | 0.2426 | 0.4615 | 0.1774 | 0.4745 | 0.0813 | 0.5352 |
| IV-1 | 0.1902 | 0.6541 | 0.2741 | 0.2525 | 0.2057 | 0.6453 |
| IV-2 | 0.2337 | 0.6423 | 0.2508 | 0.2986 | 0.2318 | 0.6731 |
| IV-3 | 0.1040 | 0.6591 | 0.2589 | 0.2561 | 0.1834 | 0.6116 |
| IV-4 | 0.1738 | 0.6484 | 0.1615 | 0.3367 | 0.1408 | 0.6100 |
| IV-5 | 0.2915 | 0.6732 | 0.1863 | 0.0788 | 0.1740 | 0.6095 |
| IV-6 | 0.1227 | 0.6807 | 0.2175 | 0.1374 | 0.2210 | 0.5936 |
| V-1 | 0.7030 | 0.1776 | 0.1935 | 0.2815 | 0.2539 | 0.7071 |
| V-2 | 0.7477 | 0.1502 | 0.3064 | 0.2939 | 0.1623 | 0.7883 |
| V-3 | 0.7089 | 0.1259 | 0.2816 | 0.3520 | 0.1784 | 0.7535 |
| V-4 | 0.7181 | 0.1413 | 0.1786 | 0.2948 | 0.2233 | 0.7044 |
| V-5 | 0.7093 | 0.2923 | 0.2895 | 0.0737 | 0.1427 | 0.6983 |
| V-6 | 0.7115 | 0.2410 | 0.2825 | 0.0544 | 0.0567 | 0.6504 |
| 고유값 (eigen value) | 13.0917 | 1.9636 | 1.7822 | 1.3154 | 1.0668 | |
| 설명비율 | 0.4364 | 0.0655 | 0.0594 | 0.0438 | 0.0356 | |
| 누적 설명비율 | 0.4364 | 0.5018 | 0.5613 | 0.6051 | 0.6407 | |

<부표 2> 질문지의 구성

| 구 분 | 측정변수 | 문항수 | 척 도 | 비 고 |
|---|---|---|---|---|
| I | 최고경영자의 의지 | 6 | 리커트5점척도 | 역점수 2문항 포함 |
| II | 평가보상 | 6 | 리커트 5점척도 | 역점수 2문항 포함 |
| III | 조직문화 | 6 | 리커트5점척도 | 역점수 2문항 포함 |
| IV | 지식관리시스템 | 6 | 리커트5점척도 | 역점수 2문항 포함 |
| V | 조직구조 | 6 | 리커트5점척도 | 역점수 2문항 포함 |
| VI | 지식경영 성공요인의 상대적인 중요도 | 5 | | |
| VII | 일반사항 | 13 | | |
| 계 | | 48 | | |

<부표 3> 최고경영자 요인 신뢰도 검증 결과

| 항 목 | 평 균 | 표준편차 |
|---|---|---|
| 1. 우리 회사의 최고경영자는 지식경에 대하여 잘 알고 있다. | 4.4385 | 0.6952 |
| 2. 우리 회사의 최고경영자는 지식경영을 적극 지원하고 있다. | 4.3437 | 0.7499 |
| 3. 우리 회사의 최고경영자는 회사 내 지식창조를 강조하고 있다. | 4.2986 | 0.7390 |
| 4. 우리 회사의 최고경영자는 직원들 간의 지식공유를 강조하고 있다. | 4.1772 | 0.7568 |
| 5. 우리 회사의 최고경영자는 지식경영의 필요성을 잘 모르고 있다. | 4.4183 | 0.6954 |
| 6. 우리 회사의 최고경영자는 지식경영의 실용성을 잘 인식하지 못하고 있다. | 4.5178 | 0.6704 |
| Cronbach의 α계수 | 0.8256 | |

주) 5, 6문항은 역점수 문항으로서 다시 정상 문항으로 환원하여 산출한 평균
과 표준편차 수치임

<부표 4> 평가보상 요인 신뢰도 검증 결과

| 항  목 | 평  균 | 표준편차 |
|---|---|---|
| 1. 회사 내 조직학습 등의 지식경영 활동은 승진이나 보상과는 관계가 없다. | 3.9284 | 1.1592 |
| 2. 우리 회사는 직원들의 지식경영 기여도를 평가하는 제도가 있다. | 4.0451 | 0.9535 |
| 3. 우리 회사는 직원들의 지식경영 기여도를 보장하는 제도가 있다. | 4.0653 | 0.9531 |
| 4. 우리 회사는 새로운 지식을 창조하는 직원들은 인사고과점수에 반영한다. | 3.9051 | 1.0025 |
| 5. 우리 회사는 새로운 지식을 제공하는 직원들에게 인센티브 등 경제적 보상을 실시한다. | 3.6982 | 1.0933 |
| 6. 회사 내에서 개인이 지식을 창조하거나 동료에게 제공해도 승진이나 보상과는 관계가 없다. | 4.1166 | 0.9669 |
| Cronbach의 α계수 | 0.8563 | |

주) 1, 6문항은 역점수 문항으로서 다시 정상 문항으로 환원하여 산출한 평균
   과 표준편차 수치임

<부표 5> 조직문화 요인 신뢰도 검증 결과

| 항 목 | 평 균 | 표준편차 |
|---|---|---|
| 1. 우리 회사는 개인들의 창의적 사고를 존중하는 조직문화를 가지고 있다. | 4.0077 | 0.9594 |
| 2. 우리 회사의 최고경영자는 직원들이 독특한 아이디어를 내는 것을 중요하게 생각한다. | 4.1353 | 0.8042 |
| 3. 우리 회사는 회의 때 상사와 다른 의견이라도 말할 수 있다. | 4.0295 | 0.8282 |
| 4. 우리 회사는 직원들끼리 업무처리와 관련된 지식은 언제든지 물어보거나 요구할 수 있다. | 4.1306 | 0.7436 |
| 5. 우리 회사는 동료들끼리 자기만의 업무처리 기술을 가르쳐 달라고 하면 그리 반기지 않는 편이다. | 3.9891 | 0.8192 |
| 6. 우리 회사는 자신만의 지식이나 노하우(know-how)를 동료들과 공유하지는 않는 편이다. | 4.0482 | 0.8785 |
| Cronbach의 α계수 | 0.8617 | |

주) 5, 6문항은 역점수 문항으로서 다시 정상 문항으로 환원하여 산출한 평균과 표준편차 수치임

<부표 6> 지식관리시스템 요인 신뢰도 검증 결과

| 항 목 | 평 균 | 표준편차 |
|---|---|---|
| 1. 우리 회사는 지식저장도구(Data Base, Data Warehousing, Knowledge Repository 등)가 잘 구축되어 있다. | 4.1477 | 0.8306 |
| 2. 우리 회사는 지식저장도구(Data Base, Data Warehousing, Knowledge Repository 등)를 잘 활용하고 있다. | 4.0606 | 0.8525 |
| 3. 우리 회사는 지식공유도구(Intranet, Groupware 등)를 충분히 구축하고 있다. | 4.0777 | 0.7795 |
| 4. 우리 회사 직원들은 지식공유도구(Intranet, Groupware 등)를 잘 활용하고 있다. | 3.9766 | 0.8652 |
| 5. 우리 회사는 지식관리시스템(지식저장도구, 지식공유도구 등)을 활용한 업무 효율성이 낮다. | 3.9813 | 0.8662 |
| 6. 우리 회사는 지식관리시스템(지식저장도구, 지식공유도구 등)의 구축이 미흡하다. | 4.0886 | 0.8519 |
| Cronbach의 α계수 | 0.8727 | |

주) 5, 6문항은 역점수 문항으로서 다시 정상 문항으로 환원하여 산출한 평균
과 표준편차 수치임

<부표 7> 조직구조 요인 신뢰도 검증 결과

| 항 목 | 평 균 | 표준편차 |
|---|---|---|
| 1. 우리 회사는 의사결정이 업무를 수행하는 사람에게 실질적으로 위임되어 있다. | 3.9191 | 0.9535 |
| 2. 우리 회사는 업무에 필요한 활동이라면 상사의 지시 없이도 개인의 책임하에 시행할 수 있다. | 3.7729 | 1.0596 |
| 3. 우리 회사는 자기 자신 스스로 의사결정을 내리는 것이 장려된다. | 3.7449 | 1.0547 |
| 4. 우리 회사는 팀제와 같은 수평적 조직구조가 발달되어 있다. | 3.8133 | 1.0424 |
| 5. 업무추진은 차상급자부터 최고경영자에 이르기까지 수직적 계층에 따라 결재를 얻고나 후에 시행할 수 있다. | 3.6220 | 1.1541 |
| 6. 업무와 관련된 규칙이나 절차는 거의 문서화되어 있다. | 3.6314 | 1.2277 |
| Cronbach의 α계수 | 0.9161 | |

주) 5, 6문항은 역점수 문항으로서 다시 정상 문항으로 환원하여 산출한 평균과 표준편차 수치임

## <부표 8> 표본의 성격

| 변수 | 표본대상 | 기업규모별 | | | | 업종별 | | | | 계 | |
|---|---|---|---|---|---|---|---|---|---|---|---|
| | | 대기업 | | 중소기업 | | 비제조업 | | 세조업 | | | |
| | | N | % | N | % | N | % | N | % | N | % |
| 성 별 | 남 | 361 | 56.14 | 129 | 20.06 | 337 | 52.41 | 153 | 23.79 | 490 | 76.21 |
| | 여 | 70 | 10.89 | 77 | 11.98 | 104 | 16.17 | 43 | 6.69 | 147 | 22.86 |
| | 무응답 | 5 | 0.78 | 1 | 0.16 | 6 | 0.93 | 0 | 0.00 | 6 | 0.93 |
| 연 령 | 20대 | 87 | 13.53 | 52 | 8.09 | 95 | 14.77 | 44 | 6.84 | 139 | 21.62 |
| | 30대 | 270 | 41.99 | 137 | 21.31 | 278 | 43.23 | 129 | 20.06 | 407 | 63.30 |
| | 40대 | 76 | 11.82 | 15 | 2.33 | 71 | 11.04 | 20 | 3.11 | 91 | 14.15 |
| | 50대이상 | 2 | 0.31 | 3 | 0.47 | 2 | 0.31 | 3 | 0.47 | 5 | 0.78 |
| | 무응답 | 1 | 0.16 | 0 | 0.00 | 1 | 0.16 | 0 | 0.00 | 1 | 0.16 |
| 학 력 | 고졸이하 | 4 | 0.62 | 3 | 0.47 | 4 | 0.62 | 3 | 0.47 | 7 | 1.09 |
| | 전문대졸 | 31 | 4.82 | 11 | 1.71 | 35 | 5.44 | 7 | 1.09 | 42 | 6.53 |
| | 대졸 | 332 | 51.63 | 171 | 26.59 | 347 | 53.97 | 156 | 24.26 | 503 | 78.23 |
| | 대학원석사 | 62 | 9.64 | 21 | 3.27 | 61 | 9.49 | 22 | 3.42 | 83 | 12.91 |
| | 대학원박사 | 7 | 1.09 | 1 | 0.16 | 0 | 0.00 | 8 | 1.24 | 8 | 1.24 |
| 결 혼 여 부 | 기혼 | 317 | 49.30 | 51 | 7.93 | 286 | 44.48 | 82 | 12.76 | 368 | 57.24 |
| | 미혼 | 117 | 18.20 | 154 | 23.95 | 158 | 24.57 | 113 | 17.57 | 271 | 42.15 |
| | 무응답 | 2 | 0.31 | 2 | 0.31 | 3 | 0.47 | 1 | 0.16 | 4 | 0.62 |
| 기 업 규 모 | 대기업 | . | . | . | . | 357 | 55.52 | 79 | 12.29 | 436 | 67.81 |
| | 중소기업 | . | . | . | . | 90 | 14.00 | 117 | 18.20 | 207 | 32.19 |
| 설 립 연 도 | 2년미만 | 3 | 0.47 | 0 | 0.00 | 3 | 0.47 | 0 | 0.00 | 3 | 0.47 |
| | 2년이상 5년미만 | 3 | 0.47 | 3 | 0.47 | 5 | 0.78 | 1 | 0.16 | 6 | 0.93 |
| | 5년이상 10년미만 | 3 | 0.47 | 87 | 13.53 | 82 | 12.75 | 8 | 1.24 | 90 | 14.00 |
| | 10년이상 20년미만 | 66 | 10.26 | 66 | 10.26 | 71 | 11.04 | 61 | 9.49 | 132 | 20.53 |
| | 20년이상 | 361 | 56.14 | 50 | 7.78 | 285 | 44.32 | 126 | 19.60 | 411 | 63.92 |
| | 무응답 | 0 | 0.00 | 1 | 0.16 | 1 | 0.16 | 0 | 0.00 | 1 | 0.16 |
| 시 행 기 간 | 6개월미만 | 6 | 0.93 | 1 | 0.16 | 7 | 1.09 | 0 | 0.00 | 7 | 1.09 |
| | 6개월－1년 | 89 | 13.84 | 2 | 0.31 | 12 | 1.87 | 79 | 12.29 | 91 | 14.15 |
| | 1년－2년 | 100 | 15.55 | 90 | 14.00 | 131 | 20.37 | 59 | 9.18 | 190 | 29.55 |

| 변 수 \ 표본대상 | | 기 업 규 모 별 | | | | 업 종 별 | | | | 계 | |
|---|---|---|---|---|---|---|---|---|---|---|---|
| | | 대기업 | | 중소기업 | | 비제조업 | | 제조업 | | | |
| | | N | % | N | % | N | % | N | % | N | % |
| | 2년-3년 | 175 | 27.22 | 96 | 14.93 | 222 | 34.53 | 49 | 7.62 | 271 | 42.15 |
| | 3년-4년 | 22 | 3.42 | 4 | 0.62 | 25 | 3.89 | 1 | 0.16 | 26 | 4.04 |
| | 4년이상 | 32 | 4.98 | 9 | 1.40 | 36 | 5.60 | 5 | 0.78 | 41 | 6.38 |
| | 무응답 | 12 | 1.87 | 5 | 0.78 | 14 | 2.18 | 3 | 0.47 | 17 | 2.65 |
| 업 종 | 정보통신·컴퓨터 | 131 | 20.37 | 35 | 5.44 | 166 | 25.82 | . | . | 166 | 25.82 |
| | 전기·전자 | 0 | 0.00 | 1 | 0.16 | . | . | 1 | 0.16 | 1 | 0.16 |
| | 금융업 | 87 | 13.53 | 1 | 0.16 | 88 | 13.69 | . | . | 88 | 13.69 |
| | 유통업 | 1 | 0.16 | 1 | 0.16 | 2 | 0.31 | . | . | 2 | 0.31 |
| | 공공기관 | 110 | 17.11 | 1 | 0.16 | 111 | 17.26 | . | . | 111 | 17.26 |
| | 건설업 | 22 | 3.42 | 1 | 0.16 | 23 | 3.58 | . | . | 23 | 3.58 |
| | 여행 | 3 | 0.47 | 50 | 7.78 | 53 | 8.24 | . | . | 53 | 8.24 |
| | 용역·기타서비스 | 3 | 0.47 | 1 | 0.16 | 4 | 0.62 | . | . | 4 | 0.62 |
| | 기타제조업 | 79 | 12.29 | 116 | 18.04 | . | . | 195 | 30.33 | 195 | 30.33 |
| 담 당 업 무 | 기획 | 113 | 17.57 | 37 | 5.75 | 128 | 19.91 | 22 | 3.42 | 150 | 23.33 |
| | 생산 | 27 | 4.20 | 6 | 0.93 | 23 | 3.58 | 10 | 1.56 | 33 | 5.13 |
| | 영업 및 마케팅 | 65 | 10.11 | 67 | 10.42 | 88 | 13.69 | 44 | 6.84 | 132 | 20.53 |
| | 연구개발 | 41 | 6.38 | 31 | 4.82 | 36 | 5.60 | 36 | 5.60 | 72 | 11.20 |
| | 총무·인사 | 40 | 6.22 | 17 | 2.64 | 39 | 6.07 | 18 | 2.80 | 57 | 8.86 |
| | 재무·회계 | 32 | 4.98 | 10 | 1.56 | 23 | 3.58 | 19 | 2.95 | 42 | 6.53 |
| | 컨설팅 | 20 | 3.11 | 9 | 1.40 | 13 | 2.02 | 16 | 2.49 | 29 | 4.51 |
| | 전산분야 | 31 | 4.82 | 17 | 2.64 | 30 | 4.67 | 18 | 2.80 | 48 | 7.47 |
| | 기타 | 67 | 10.42 | 11 | 1.71 | 66 | 10.26 | 12 | 1.87 | 78 | 12.13 |
| | 무응답 | 0 | 0.00 | 2 | 0.31 | 1 | 0.16 | 1 | 0.16 | 2 | 0.31 |
| 근 무 기 간 | 1년 미만 | 15 | 2.33 | 9 | 1.40 | 15 | 2.33 | 9 | 1.40 | 24 | 3.73 |
| | 1-3년 | 69 | 10.73 | 70 | 10.89 | 82 | 12.75 | 57 | 8.86 | 139 | 21.62 |
| | 3-5년 | 78 | 12.13 | 97 | 15.09 | 103 | 16.02 | 72 | 11.20 | 175 | 27.22 |
| | 5-10년 | 131 | 20.37 | 18 | 2.80 | 117 | 18.20 | 32 | 4.98 | 149 | 23.17 |
| | 10-15년 | 83 | 12.91 | 8 | 1.24 | 81 | 12.60 | 10 | 1.56 | 91 | 14.15 |
| | 15-20년 | 30 | 4.67 | 3 | 0.47 | 27 | 4.20 | 6 | 0.93 | 33 | 5.13 |

| 변 수 \ 표본대상 | | 기 업 규 모 별 | | | | 업 종 별 | | | | 계 | |
|---|---|---|---|---|---|---|---|---|---|---|---|
| | | 대기업 | | 중소기업 | | 비제조업 | | 제조업 | | | |
| | | N | % | N | % | N | % | N | % | N | % |
| | 20년 | 22 | 3.42 | 0 | 0.00 | 14 | 2.18 | 8 | 1.24 | 22 | 3.42 |
| | 무응답 | 8 | 1.25 | 2 | 0.31 | 8 | 1.25 | 2 | 0.31 | 10 | 1.56 |
| 직 위 | 사원 | 129 | 20.06 | 96 | 14.93 | 157 | 24.42 | 68 | 10.58 | 225 | 34.99 |
| | 대리 | 158 | 24.57 | 75 | 11.66 | 159 | 24.73 | 74 | 11.51 | 233 | 36.24 |
| | 과장 | 92 | 14.31 | 17 | 2.64 | 79 | 12.29 | 30 | 4.67 | 109 | 16.95 |
| | 차장 | 25 | 3.89 | 7 | 1.09 | 23 | 3.58 | 9 | 1.40 | 32 | 4.98 |
| | 부장 | 13 | 2.02 | 8 | 1.24 | 11 | 1.71 | 10 | 1.56 | 21 | 3.27 |
| | 임원 | 4 | 0.62 | 0 | 0.00 | 3 | 0.47 | 1 | 0.16 | 4 | 0.62 |
| | 기타 | 6 | 0.93 | 2 | 0.31 | 6 | 0.93 | 2 | 0.31 | 8 | 1.24 |
| | 무응답 | 9 | 1.40 | 2 | 0.31 | 9 | 1.40 | 2 | 0.31 | 11 | 1.71 |
| 책임자 여 부 | 예 | 217 | 33.75 | 93 | 14.46 | 198 | 20.80 | 112 | 17.42 | 310 | 48.22 |
| | 아니오 | 212 | 32.97 | 111 | 17.26 | 241 | 37.48 | 82 | 12.75 | 323 | 50.23 |
| | 무응답 | 7 | 1.09 | 3 | 0.47 | 8 | 1.24 | 2 | 0.31 | 10 | 1.56 |
| 컴퓨터 사 용 능 력 | 상 | 194 | 30.17 | 75 | 11.66 | 168 | 26.13 | 101 | 15.71 | 269 | 41.84 |
| | 중 | 226 | 35.15 | 126 | 19.60 | 262 | 40.75 | 90 | 14.00 | 352 | 54.74 |
| | 하 | 8 | 1.24 | 4 | 0.62 | 9 | 1.40 | 3 | 0.47 | 12 | 1.87 |
| | 무응답 | 8 | 1.24 | 2 | 0.31 | 8 | 1.24 | 2 | 0.31 | 10 | 1.56 |

## 지식경영 질문지

[ 응답 요령 ]

각 질문에 대한 응답으로 가장 적절하다고 생각되는 한 번호에만 "∨"표
를 표시해 주시기 바랍니다. 예를 들면 다음과 같습니다.

|  | 전혀<br>아니다 | 아닌<br>편이다 | 보통<br>이다 | 그런<br>편이다 | 매우<br>그렇다 |
|---|---|---|---|---|---|
| 1. 우리 회사는 지식경영을 적극<br>추진하고 있다. | 1 | 2 | 3 | 4 | 5 |

I. 다음은 지식경영과 관련한 귀사의 최고경영자에 관한 질문입니다.

| 항 목 | 전혀<br>아니다 | 아닌<br>편이다 | 보통<br>이다 | 그런<br>편이다 | 매우<br>그렇다 |
|---|---|---|---|---|---|
| 1. 우리 회사의 최고경영자는 지식<br>경영에 대하여 잘 알고 있다. | 1 | 2 | 3 | 4 | 5 |
| 2. 우리 회사의 최고경영자는 지식<br>경영을 적극 지원하고 있다. | 1 | 2 | 3 | 4 | 5 |
| 3. 우리 회사의 최고경영자는 회사<br>내 지식창조를 강조하고 있다. | 1 | 2 | 3 | 4 | 5 |
| 4. 우리 회사의 최고경영자는 직원들<br>간의 지식공유를 강조하고 있다. | 1 | 2 | 3 | 4 | 5 |
| 5. 우리 회사의 최고경영자는 지식경<br>영의 필요성을 잘 모르고 있다. | 1 | 2 | 3 | 4 | 5 |
| 6. 우리 회사의 최고경영지는 지식<br>경영의 실용성을 잘 인식하지<br>못하고 있다. | 1 | 2 | 3 | 4 | 5 |

Ⅱ. 다음은 지식경영과 관련한 귀사의 평가보상에 대한 질문입니다.

| 항 목 | 전혀<br>아니다 | 아닌<br>편이다 | 보통<br>이다 | 그런<br>편이다 | 매우<br>그렇다 |
|---|---|---|---|---|---|
| 1. 회사 내 조직학습 등의 지식경<br>영 활동은 승진이나 보상과는<br>관계 가 없다. | 1 | 2 | 3 | 4 | 5 |
| 2. 우리 회사는 직원들의 지식경영<br>기여도를 평가하고 있다. | 1 | 2 | 3 | 4 | 5 |
| 3. 우리 회사는 직원들의 지식경영<br>기여도를 보상하고 있다. | 1 | 2 | 3 | 4 | 5 |
| 4. 우리 회사에서는 새로운 지식을<br>창조하는 직원들은 인사고과점<br>수에 반영한다. | 1 | 2 | 3 | 4 | 5 |
| 5. 우리 회사는 새로운 지식을 제<br>공하는 직원들에게 인센티브 등<br>경제적 보상을 실시한다. | 1 | 2 | 3 | 4 | 5 |
| 6. 회사 내에서 개인이 지식을 창조<br>하거나 동료에게 제공해도 승진<br>이나 보상과는 관계가 없다. | 1 | 2 | 3 | 4 | 5 |

Ⅲ. 다음은 지식경영과 관련한 귀사의 조직문화에 대한 질문입니다.

| 항 목 | 전혀 아니다 | 아닌 편이다 | 보통 이다 | 그런 편이다 | 매우 그렇다 |
|---|---|---|---|---|---|
| 1. 우리 회사는 개인들의 창의적 사고를 존중하는 조직문화를 가지고 있다. | 1 | 2 | 3 | 4 | 5 |
| 2. 우리 회사의 최고경영자는 직원들이 독특한 아이디어를 내는 것을 중요하게 생각한다. | 1 | 2 | 3 | 4 | 5 |
| 3. 우리 회사는 회의 때 상사와 다른 의견이라도 말할 수 있다. | 1 | 2 | 3 | 4 | 5 |
| 4. 우리 회사는 직원들끼리 업무처리와 관련된 지식은 언제든지 물어보거나 요구할 수 있다. | 1 | 2 | 3 | 4 | 5 |
| 5. 우리 회사는 동료들끼리 자기만의 업무처리 기술을 가르쳐 달라고 하면 그리 반기지 않는 편이다. | 1 | 2 | 3 | 4 | 5 |
| 6. 우리 회사는 자신만의 지식이나 노하우(know-how)를 동료들과 공유하지는 않는 편이다. | 1 | 2 | 3 | 4 | 5 |

Ⅳ. 다음은 지식경영과 관련한 귀사의 지식관리시스템에 관한 질문입니다.

| 항 목 | 진혀 아니다 | 아닌 편이다 | 보통 이다 | 그런 편이다 | 매우 그렇다 |
|---|---|---|---|---|---|
| 1. 우리 회사는 지식저장도구(Data Base, Data Warehousing, Knowledge Repository 등)가 잘 구축되어 있다. | 1 | 2 | 3 | 4 | 5 |
| 2. 우리 회사는 지식저장도구(Data Base, Data Warehousing, Knowledge Repository 등)를 잘 활용하고 있다. | 1 | 2 | 3 | 4 | 5 |
| 3. 우리 회사는 지식공유도구 (Intranet, Groupware 등)를 충분히 구축하고 있다. | 1 | 2 | 3 | 4 | 5 |
| 4. 우리 회사 직원들은 지식공유도구(Intranet, Groupware 등)를 잘 활용하고 있다. | 1 | 2 | 3 | 4 | 5 |
| 5. 우리 회사는 지식관리시스템(지식저장도구, 지식공유도구 등)을 활용한 업무 효율성이 낮다. | 1 | 2 | 3 | 4 | 5 |
| 6. 우리 회사는 지식관리시스템(지식저장도구, 지식공유도구)의 구축이 미흡하다. | 1 | 2 | 3 | 4 | 5 |

Ⅴ. 다음은 지식경영과 관련한 귀사의 조직구조에 관한 질문입니다.

| 항 목 | 전혀 아니다 | 아닌 편이다 | 보통 이다 | 그런 편이다 | 매우 그렇다 |
|---|---|---|---|---|---|
| 1. 우리 회사는 의사결정이 업무를 수행하는 사람에게 실질적으로 위임되어 있다. | 1 | 2 | 3 | 4 | 5 |
| 2. 우리 회사는 업무에 필요한 활동 이라면 상사의 지시 없이도 개인 의 책임하에 시행할 수 있다. | 1 | 2 | 3 | 4 | 5 |
| 3. 우리 회사는 자기 자신 스스로 의 사결정을 내리는 것이 장려된다. | 1 | 2 | 3 | 4 | 5 |
| 4. 우리 회사는 팀제와 같은 수평 적 조직구조가 발달되어 있다. | 1 | 2 | 3 | 4 | 5 |
| 5. 업무 추진은 차상급자부터 최고 경영자에 이르기까지 수직적 계 층에 따라 결재를 얻고 난 후에 시행할 수 있다. | 1 | 2 | 3 | 4 | 5 |
| 6. 업무와 관련된 규칙이나 절차는 거의 문서화되어 있다. | 1 | 2 | 3 | 4 | 5 |

Ⅵ. 다음은 지식경영 성공요인의 상대적인 중요도에 관한 질문입니다. 다음 지식경영 성공 요인들 중에서 중요하다고 생각되는 순위를 (    )안에 숫자로 표시하여 주시기 바랍니다.

| 요 인 | 지식경영의 성공요인 | 중요도 순위 |
|---|---|---|
| 1 | 최고경영자의 의지와 지원 | (    )위 |
| 2 | 지식경영 평가와 보상제도 | (    )위 |
| 3 | 창의적이고 개방적인 조직문화 | (    )위 |
| 4 | 효율적인 지식관리시스템 | (    )위 |
| 5 | 지식경영에 적합한 조직구조 | (    )위 |

Ⅶ. 마지막으로 일반 사항에 관한 질문입니다. 해당 사항의 괄호 안에 "∨" 표를 하여주시기 바랍니다.

1. 귀하의 성별은?
  1) 남(  )      2) 여(  )

2. 귀하의 연령은?
  1) 20대(  )    2) 30대(  )      3) 40대(  )
  4) 50대(  )    5) 60대 이상(  )

3. 귀하의 최종 학력은?
  1) 고졸이하(  )    2) 전문대졸(  )      3) 대졸(  )
  4) 대학원졸－석사(  )    5) 대학원졸－박사(  )

4. 귀하의 결혼 여부는?
  1) 기혼(  )    2) 미혼(  )

5. 귀사의 직원 수는?
  1) 20인 이하(  )    2) 300인 이하(  )    3) 301인 이상(  )

6. 귀사의 설립 연도는?
  1) 2년 미만(  )    2) 2-5년(  )      3) 5-10년(  )
  4) 10-20년(  ) 5) 20년 이상(  )

7. 귀사의 지식경영 시행 기간은?
  1) 6개월 미만(  )    2) 6개월－1년(  )    3) 1년－2년(  )
  4) 2년－3년(  )    5) 3-4년 이상(  )    5) 4년 이상(  )

8. 귀사의 업종은?
  1) 정보통신·컴퓨터(  )    2) 전기·전자(  )
  3) 금융업(  )        4) 유통업(  )
  5) 공공기관(  )        6) 건설업(  )
  7) 교육·연구기관(  )        8) 여행(  )
  9) 화학·석유(  )        10) 용역·기타서비스(  )
  11) 기타 제조업(  )

9. 귀하의 담당 업무 분야는?
  1) 기획(  )    2) 생산(  )      3) 영업 및 마케팅(  )
  4) 연구개발(  )

5) 총무·인사(    )         6) 재무·회계(    )

7) 컨설팅(    )  8) 전산분야(    )

9) 기타(    )

10. 귀하의 현재까지 근무 기간은?

   1) 1년 미만(    )      2) 1-3년(    )     3) 3-5년(    )

   4) 5-10년(    )       5) 10-15년(    )

   6) 15-20년(    )        7) 20년 이상(    )

11. 귀하의 직위는?

   1) 사원(    )     2) 대리(    )       3) 과장(    )

   4) 차장(    )     5) 부장(    )       6) 임원(    )        7) 기타(    )

12. 귀하는 소속 부서의 책임자로서 권한과 의무를 행사하는 위치에 계십
   니까?

   1) 예(    )        2) 아니오(    )

13. 귀하의 컴퓨터 사용 능력은?

   1) 상(    )       2) 중(    )          3) 하(    )


※ 귀한 시간 설문에 응답하여 주신 귀하께 다시 한번 진심으로 감
   사드립니다.


   감사합니다.

# 참고문헌

## Ⅰ. 국내문헌

국어대사전편찬협회, 국어대사전, 서울: 민중서관, 1992, p.1482.

권석균, "조직학습의 이론적 조망", 인사·조직연구, 제3권, 제1호, 1995, pp.121-164.

권석균, 학습조직의 이론과 실제, 서울: 삼성경제연구소, 1996.

권석균, "지식경영의 조직·인사관리 이슈에 대한 소고", 경제논총, Vol.18, No.1, 명지대학교경제연구소, 1999.

권태형, "지식경영의 방법론적 체계와 CKO의 역할", 제2회 지식경영 학술심포지엄, 1999, pp.293-306.

김경수, "21C 경쟁력의 열쇠/지식관리", 앤더슨컨설팅, 1998.

김상수·김용우, "지식경영의 성공요인에 관한 실증적 연구", 경영학연구, 제29권, 제4호, 2000, pp.585-616.

김상욱, "지식경영시대의 성과평가시스템", LG주간경제, 1997.

김상현, "전사적 정보공유체계 전략", Oracle, 1998.

김성희, "지식경영 구현전략", KAIST, 1998.

김영걸, "지식자원 전략적 활용하는 새 경영패러다임", 경영과 컴퓨터, KAIST, 1998.

김영걸·유성호·이장환, "성과측정체계 및 업무프로세스 분석에 기반한 지식전략계획(P2-KSP) 수립 방법론에 관한 연구", 한국경영정보학회 추계학술논문집, 1999, pp.191-213.

김영배, "지식경영과 인적자원관리", KAIST, 1998.

김인수, "기업의 흡수능력과 국제경쟁력: 조직이론에 비춰본 거시경제 진단", 경영학연구, 제24권, 제1호, 1995, pp.1-28.

김인수, "지식경영: 학문적 연계성과 연구방향", 경영학연구, 제28권, 제3호, 1999, pp.557-587.

김인수, "한국의 경영학 연구: 이대로는 안 된다", 경영학연구, 제29권, 제3호, 2000, pp.293-314.

김주엽, "기업내 세대간 가치관의 차이", 산업과 경영, 9권, 제2호, 충북대학교산업경영연구소, 1996, pp.43-62.

김주희·유성호·김영걸, "지식관리시스템 성과에 영향을 미치는 요인에 관한 탐색적 사례연구", 제6회 한국지식경영학회 학술심포지엄, 2001, pp.180-209.

김준영·김영걸, "평가와 보상이 지식경영 참여의지에 미치는 영향에 관한 연구", 제6회 한국지식경영학회 학술심포지엄, 2001, pp.211-231.

김찬중, "고객예탁금과 주가변동의 관계에 대한 실증적 연구", 고려대학교 석사학위논문, 1994.

김찬중, "한국기업의 지식경영 성공요인", 충북대학교 박사학위논문, 2002.

김찬중, "지식경영의 성공요인에 관한 이론적 연구", 인적원개발연구 제5권 제2호, 2003, pp.35-62. 제28집 제1권,

김찬중, 인사조직관점에서 본 지식경영론, 청주: 도서출판햇살, 2004.

김찬중·서도원·이덕로, "한국기업의 지식경영 성공요인에 관한 실증적 연구", 인사관리연구 제28집 제1권, 2004, pp.21-53.

김효근·권희영·정성휘, "조직의 지식경영 준비도 측정도구 개발에 관한 연구", 지식경영연구, 제2권 제1호, 2001. pp.45-62.

김효근·성은숙, "조직구성원의 지식기여에 대한 평가 및 보상이 지식기여도에 미치는 영향에 관한 탐색적 연구-컨설팅산업의

사례를 중심으로", 제2회 지식경영 학술심포지엄, 1998, pp.307-330.

남중헌, "조직 니모그라피의 형성원인과 그 영향에 관한 실증적 연구", 연세대학교박사학위논문, 1988, pp.148-152.

노나카 이쿠지로, 지식창조의 경영, 서울: 21세기북스, 1994.

노나카 이쿠지로, 지식경영, 서울: 21세기북스, 1998.

매일경제-부즈앨런 & 해밀턴, www.mk.co.kr, 2002.

박광량·손태원, 학습조직의 5가지 수련, 서울: 21세기북스, 1996.

박문수·문형구, "지식공유의 영향요인: 연구동향과 과제", 지식경영 연구, 제2권, 제1호, 2001, pp.1-22.

삼성경제연구소, 지식경영의 이해, 서울: 삼성경제연구소, 1999, p.264.

삼성경제연구소, 학습조직의 이론과 실제, 서울: 삼성경제연구소, 1996, p.31.

서도원, "한국기업의 경영특성에 관한 실증적 연구", 연세대학교박사학위논문, 1989. p.185.

서도원·김찬중, "한국기업의 지식경영 성공요인", 한국인적자원개발학회 2002년 전반기학술발표대회논문집, 2002, pp.97-127.

서도원·이덕로·김찬중, "지식경영의 핵심성공요인: 기업규모 및 업종별 비교연구", 2005년도 하계통합학술연구발표회 발표논문집, 2005, pp.359-387.

서인덕, "한국기업의 기업문화유형과 조직특성의 관련성 연구", 서울대학교박사학위논문, 1996.

손태원, "경영혁신사조의 변천과정에서 본 지식경영과 학습조직의 위상", 경제논총, 명지대학교 경제연구소, Vol.18, No.1, 1999, pp.465-488.

손영호, "지식경영: 정보화시대의 경영방식", 아더앤더슨, 1998.

송희경·이종국·한관희, "지식경영 활성화를 위한 지식 확산 전략", 매경 지식경영학술심포지엄, 1999.

신상문, "조직 하위문화를 고려한 지식경영 도입전략", 「POSRI경영연구」, 2권 2호, 포스코경영연구소, 2002, pp.120-148.

신원무, "지식경영: 경영 혁신에 있어 효과적인 지식 전파의 조건에 관한 연구", 연세대학교박사학위논문, 1999.

안순종, "Adding Value Through Knowledge Management", Ernst & Young, 1998.

우성진, "지식경영의 핵심요인이 경영성과에 미치는 영향에 관한 연구", 창원대학교박사학위논문, 1999.

이건창, "지식경영 성과측정을 위한 지식경영지수(KMI)개발에 대한 연구", 한국경영정보학회, 99춘계학술대회논문집, 1999, p.154.

이건창·권순재, "산업별 지식경영 프레임워크 도출과 실증적 타당성에 관한 연구", 경영학연구, 제30권, 제30호, 2001, pp.957-986.

이건창·권순재, "KMPI: 지식경영 성과지표의 실증적 분석에 관한 연구-코스닥(KOSDAQ)에 상장된 벤처기업을 중심으로-", 경영학연구, 제31권, 제3호, 2002, pp.577-601.

이근, "두뇌강국실천방안", 매경지식포럼, 1998.

이순철, "지식경영 구축을 위한 방법론", 제2회 지식경영 학술심포지엄, 1999.

이순철, 사례로 본 지식경영의 이해, 서울: 삼성경제연구소, 1999, pp.22-26.

이원우·서도원·이덕로, 경영학원론, 서울: 박영사, 1999.

이장환·김영걸, "조직의 지식경영 관리체계 및 단계모형에 대한 탐색적 연구", 제2회 지식경영 학술심포지엄, 1999, pp.185-203.

이재환·김영걸, "조직 내 분석지 생성 영향 요인에 관한 탐색적 사례연구", 지식경영연구, 제2권, 제1호, 2001, pp.25-44.

이지훈, 신조사방법론, 서울: 형설출판사, 1974.

이지훈, 조사분석방법론, 서울: 형설출판사, 1976.

임선하, 창의성에의 초대, 서울: 교보문고, 1993.

장세진, "경영자원론과 기업진화론을 중심으로 한 경영전략이론의 최근 동향", 한국전략경영학회 1997년도 창립학술연구발표회 발표논문집, 1997, pp.3-30.

장세진, "두뇌강국 실천방안", 매경지식포럼, 1998.

장세진, "경영자원론과 기업진화론을 중심으로 한 전략경영이론의 최근 동향", 전략경영연구, 제1권, 제1호, 1998, pp.49-73.

장재윤, "기업에서의 창의성 경영", 한국지식경영학회 학술심포지엄, 2001, pp.28-29.

장영철, "지식경영활성화를 위한 선행조건에 관한 연구", 인사관리연구, 제25집, 1권, 2001, p.464.

전국경제인연합회, "한국기업의 지식경영현황", 전국경제인연합회연구보고서, 2001, pp.1-13.

정동섭·이상식·박태호, "지식공유의 영향요인과 지식공유가 조직몰입에 미치는 영향", 한국경영학회 동계학술연구발표집, 2002, pp.211-235.

정종진·이덕로, 인적자원관리, 서울: 법문사, 1998.

채서일, 사회과학조사방법론, 서울: 법문사, 1997.

포스코경영연구소, 지식경영, 서울: 더난출판사, 1998.

한국경제신문, "성공기업의 조건과 신경영 패러다임", 제6회 한경 크리에이티브 포럼, 1997.

# II. 외국문헌

Aadne, J. H., G. Von Krogh & J. Roos, "Representationism: the Traditional Approach to Cooperative Strategies", In G. Von Krogh and J. Roos (eds), Managing Knowledge, London; Sage, 1996, pp.9-31.

Alavi, M., KPMG Peat Marwick U.S.: One Giant Brain, Boston: Harvard Business School, July, 1997.

Allee, V., The Knowledge Evolution: Expanding Organizational Intelligence, Boston: Butterworth-Heinemann. Appleyard, M. M., "How does Knowledge Flow? Interfirm Patterns In the Semiconductor Industry", Strategic Management Journal, Vol.17(Winter Special issue), 1997, pp.137-154.

Amabile, T. M., & Gryskiewicz, N., "The Creative Environment Scales: Work Environment for Creativity", Academy of Management Journal, Vol.39, No.5, 1996, pp.1154-1184.

Amabile, T. M., "A Model of Creativity and Innovation in Organizations. In B. M. Staw & L. L. Cummings(eds.)", Research in Organizational Behavior, Vol.10, Greenwich, CT: JAI Press, 1998, pp.123-137.

Anastasi, A., Psychological Testing, New York, NY: Macmillian, 1988.

Anderson, J. R., Cognitive Psychology and Its Implications, San Fransico, W. H. Freeman. Chap. 8. 1980.

APQC, "Knowledge Management Consortium Benchmarking Study", http://www.webcom.com/quantera/ Apqc.html, 1996.

Arthur Anderson and The American Productivity and Quality Center, "If We Only New What We Know: Identification and Transfer of Internal Best Practices", Prism, 1995.

Arthur D. Little, "Knowledge Management: Reaping the Benefits", Prism, Second Quarter, 1998.

Bailey, K. D., Method of Social Research, New York: Free Press, 1978.

Barney, J. B., "Organizational Culture: Can it be a Source of Sustained Competitive Advantage?", Academy of Management Review, No.2. 1986, pp.656-665.

Bawden, D., "Information Systems and the Stimulation of Creativity", Information Systems and the Stimulation of Creativity, Vol.12. 1986.

Beckman, T., "A methodology of knowledge management", International Association of Science and Technology for Development's(IASTD) International Conference on AI and Soft Computing, Banff, Canada, 1997.

Berdrow, Iris & Henry W. Lane, "International Joint Ventures: Creating Value through Successful Knowledge Management", Journal of World Business, Vol 38(1), 2003, pp.15-30.

Berger, J., Zelditch, M., Anderson B., and Cohen, B. P., "Structural Aspects of Distributive Justice: A Status-value Formulation", J. Berger, M. Zelditch, and B. Anderson, ed. Sociological Theories in Progress, Vol.2, Boston: Houghton Mifflin, 1972, pp.21-45.

Bhatt, G., "Knowledge Management in Organizations: Examining the Interaction between Technologies, Techniques, and People", Journal of Knowledge Management, Vol.5, 2001, pp.76-85.

Bierly, p.& A. Chakrabarti, "Knowledge Strategies in the U.S. Pharmaceutical Industry", Strategic Management Journal, Vol.17(Winter Special Issue), 1996, pp.123-135.

Brown, R., Social Psychology, New York: Free Press, 1965, pp.510-514. ; Nevitt Sanford, "Authoritarian Personality in Contemporary Perspective", in Jeanne N. Knutson (ed.), Handbook of Political Psychology(San Francisco: Jossey-Bass), 1973, p.154.

Carper, W. B., & Snizek, W. E., "The Nature and Types of Organizational Taxonomies: An Overview", Academy of Management Review, Vol.15, 1980, pp.65-75.

Carayannis, E., "Fostering Synergies Between Information Technology and Managerial and Organizational Cognition: the Role of Knowledge Management", Technovation, Vol.19, No.4, 1999, pp.219-231.

Chakravarthy, B., "A New Strategy Framework for Coping with Turbulence", Sloan Management Review, Winter, 1997, pp.69-82.

Cliffe, S., "Knowledge Management: The Well-Connected Business", Harvard Business Review, Jul/Aug, 1998, pp.17-21.

Cohen, D., "Toward a Knowledge Context Report on the First Annual U.C. Berkeley Forum on Knowledge and the Firm", California Management Review, Vol.40, No.3, Spring, 1998, pp.22-39.

Cohen, W. M. & Leventhal, D. A., "Absorptive Capacity: A New Perspective on Learning and Innovation", Administrative Science Quarterly, 1990, pp.128-152.

Collins, H. M., "Humans, Machines, and the Structure of

Knowledge", Stanford Humanities Review, Vol.4, No.2, 1995, pp.67-83.

Cook, S. D. N. & J. S. Brown, "Bridging Epistemology: The Generative Dance Between Organizational Knowledge and Organizational Knowing", Organizational Science, Vol.10, No.4, 1999, pp.381-400.

Cooke, R. A. & Rousseau, D. M., "Behavioral Norms and Expectations: A Quantitative Approach to the Assesment of Organizational Culture", Group and Organizational Studies, Vol.13., No.3, Sept., 1996, pp.245-273.

Cooke, T. D. & Campbell, D. T., Quassi-Experimentation Design and analysis Issues for Field Settings, Boston: Houghton, Mifflin, 1979.

Cronbach, L. J., "Coefficient Alpha and the Internal Structure of Tests", Psychometrica, Vol.16, 1951, pp.297-334.

Davenport, T. H., Long, De & Beers, Michael C, "Successful Knowledge Management Projects", Sloan Management Review, Vol.37, 1998, pp.53-56.

Davenport, T. H & Prusak, L., Information Ecology: Mastering The Information and Knowledge Environment, New York Oxford University Press. 1997.

Davenport, T. H & Prusak, L., Working knowledge; How organizations manage what they know, Boston; MA: Harvard Business School Press. 1998.

Davenport, T. H., Sirkka L. Jarvenpaa and Michael C. Beers, "Improving Knowledge Work Processes", Sloan Management Review, Summer Vol.37, No.4., 1996. pp.53-65.

Davenport, T. H., Sirkka L. Jarvenppa and Michael C. Beers,

"Improving Knowledge Work Process", Sloan Management Review, Summer Vol.37, No.4. 1998, pp.53-65.

Deal, T. E., and Kennedy, A. A., Corporate Culture: The Rites and Rituals of Corporate Life, Boston: Addison Pub., 1982.

DeLong, "How Cultures Drives Knowledge Management", Earnst & Young Working Paper, 1997.

Demarest, M., "Understanding Knowledge Management", Long Range Planning, Vol.30, No.3, 1997, pp.374-384.

Denison, D. R., "Bringing Corporate Culture to the Bottom Line", Organizational Dynamics, Autumn, 1984, pp.5-8.

Denison, D. R., Corporate Culture and Organizational Effectiveness, New York: John Wiley & Sons, 1990.

Dipboye, L. & dePontbriad, R., "Correlates of Employee Reactions to Performance Appraisals and Aooraisals Systems", Journal of Applied Psychology, Vol.66., No.2, 1981, pp.248-251.

Dobbins, H., Cardy, L., and Platz-VieNo.J., "A Contingency Approach to Appraisal Satisfaction: An Investigation of the Joint Effects of Organizational Variables and Appraisal Characteristics", Journal of Management, Vol.16, 1990, pp.619-632.

Dretske, F., Knowledge and the Flow of Information, Masachusetts: MIT Press, Cambridge, MA, 1981.

Drew, S., "From Knowledge to Action: the Impact of Benchmarking in Organizational Performance", Long Range Planning, Vol.30, No.3, June, 1997, pp.427-441.

Drucker, P., Post-Capitalist Society, New York: Harper Business, 1993.

Drucker, P., "The Information Executives Truly Need", Harvard Business Review, Jan-Feb, 1995, pp.54-62.

Duncan, R. & Weiss, A., "Organizational Learning: Implications for Organizational Design", in B. M. Staw(ed.), Research in Organizational Behavior, Vol.1, 1979, pp.75-123.

Earl, M. J., Knowledge as Strategy on Skandia International and Shorko Films. Strategic Information Systems: A European Perspective, John Wiley & Sons, Ltd., 1994, pp.117-119.

Earl, M. and Scott, L., "Opinion What Is an Chief Knowledge Officer?" Sloan Management Review, Winter 1999, pp.29-38.

Earnest, R. C., "Corporate Cultures and Effective Planning", Personnel Administrator, pp.49-60.

Earnst & Young, "Knowledge Management Overview", 1998.

http://www.businessinnovation.ey.com/research/knowledge/overview/html, 1998.

Edvinsson, L., & Malone, M. S., Intellectual Capital: Company's True Value by Finding Its Hidden Roots, New York: Harper Collins Books, 1997, pp.455-467.

Edvinsson, L., & Malone, M. S., Intellectual Capital: Realizing Your Company's True Value by Finding Its Hidden Brainpower, Harper Business, New York, 1997.

Filstead, W. J., Qualitative Methodology: Firsthand Involvement with the Social World, Chicago: Markham, 1970, p.7.

Folger, R. & Konovsky, M. A., "Effects of Procedural and Distributive Justice on Reactions to Pay Raise Decisions", Academy Management of Journal, Vol.22, 1989, pp.115-130.

Gartner Group, "The Knowledge Management Scenario: Trends

and Directions for, 1998-2003", Gartner Group, 1999.

Garratt, R., The Learning Organization, London: Fontana/Collins, 1987.

Garvin, D. A., "Building a Learning Organization", Harvard Business Review, July/August, 1993, pp.78-91.

Glazer, R., "Measuring the Knowledge: Towards a Theory of Knowledge Equity", California Management Review, Vol.40, No.3, Spring, 1998, pp.265-276.

Grant, M. Robert, "The Knowledge-based View of the Firm", Strategic Management Review, Vol.17, 1996a, pp.109-122.

Grant, M. R., "Toward a Knowledge-based Theory of the Firm", Strategic Management Review, Vol.17, 1996b, p.110.

Grant, M. R., "The Knowledge-based View of the Firm: Implications for Management Practice", Long Range Planning, Vol.30, No.3, 1997, pp.450-454.

Greller, M., "The Nature of Subordinate Participation in Appraisal Interview", Academy of Management Journal, Vol.21, No.4, 1978, pp.646-658.

Gomez-Mejia, L. R. & Welbourne, T. M., "Compensation Strategy: An Overview and Future Steps", Human Resource Planning, Vol.11, No.3, 1993.

Gupta & Govindarajan, "Knowledge Flows and the Structure of Control within Multinational Corporations", Academy of Management Review, 16, 1991, pp.768-792.

Hamel, G., Strategic Flexibility: Managing in a Turbulent Economy, Wiley, Chichester, UK., 1998.

Hargadon, A. B., "Firms as Knowledge Brokers: Lessons in Pursuing Continuous Innovation", California Management

Review, Vol.40, No.3, Spring, 1998, pp.209-227.

Handy, C. B., Gods of Management, Souvenir Press, 1978.

Hansen, M. T., Nohra, N., and Tierney, T., "What your strategy for managing Knowledge?", Academy of Managcmcnt Review, March-April, 1999, pp.106-111.

Harrison. C. "Understanding your organization's character", Harvard Business Review, May-June, 1972, pp.119-128.

Hayes, R., Wheelwright, S. & Clark, K., Dynamic Manufacturing: Creative Learning Organization, New York: Free Press, 1988.

Hedlund, G., "A Model of Knowledge Management and the N-Form Corporation", Strategic Management Journal, Vol.15, 1994, pp.73-90.

Heene, A. & Sanchez, T., Competence-Based Strategic Management, John Wiley and Sons, 1997.

Heibeler, R. J., "Benchmarking Knowledge Management," Strategy and Leadership, Mar.-Apr. 1996.

Hibbard, J., "Position Paper on Knowledge Asset Management", Information Week, Oct. 20, 1997.

Howells, J., "Tacit Knowledge, Innovation and Technology Transfer", Technology Analysis and Strategic Management, 8 (2), 1996, pp.91-106.

Holsapple, C. W. & Joshi, K. D., "Description and Analysis of Exiting Knowledge Management Frameworks", Proceedings of the 32nd Hawaii International Conference on System Science, 1999.

Ilgen, R., Barnes-Farrell, L., and Mckellin, B., "Performance Appraisal Process Research in the 1980's: What Has It

Contributed to Appraisal in Use", Organizational Behavior and Human Decision Process, Vol.54, No.3, 1993, pp.321-368.

Itami, H. & T. W. Roel, Mobilizing Invisible Assets, Harvard University Press, Cambridge Autumn, 1989.

Johnes, G. R., "Transaction Costs, Property Rights and Organizational Culture: An Exchange Perspective", Administrative Science Quarterly, Vol.28, Sep. 1983, p.454.

Johnson, G., Machinery of the Mind, Times Book, 1987.

Jordan, J. & Jones, P., "Assessing Your Company's Knowledge Management Style", Long Range Planning, Special Edition, Vol.30, No.3, 1997, pp.382-398.

Kaplan, A., The Conduct of Inquiry, San Franscico: Chandler, 1964, pp.206-207.

Kaplan, R. S. & D. p.Norton, "The Balanced Scorecard-Measures That Drive Performance", Harvard Business Review, Vol.70, No.1, 1992, pp.71-79.

Kaplan, R. S. & D. p.Norton, "Implementing The Balanced Scorecard, at FMC Corporation: An Interview with Larry D. Brady", Harvard Business Review, Sep/Oct, 1993, pp.143-147.

Keltner, B. and Finegold, D., "Adding value in banking: Human Resource Innovations for Service Firms", Sloan Management Review, Fall, Vol.38, No.1, 1996, pp.57-68.

Kets de Vries, Manfred F. R., & Miller, D., "Personality, Culture and Organization", Academy of Management Review, Vol.11, No .2, 1986, pp.266-279.

Kim, W. Chan and Renee Mauborgne, "Fair Process: Managing

in the Knowledge Economy", Harvard Business Review, Jul/Aug, 1997, pp.65-75.

Kleiner, A. and Roth, G., "How to Make Experience Your Company's Best Teacher", Harvard Business Review, 1997.

Knight, D., "Performance Measures for Increasing Intellectual Capital", Strategy & Leadership, March/April, 1999, pp.22-25.

KPMG, "Knowledge Management Research Report 1998", KPMG Management Consulting, 1998.

Kogut, B. & Zander, U., "Knowledge of the Firm, Combinative Capabilities, and the Replication of Technology", Organization Science,3, 1992, pp.283-397.

Krogh, G. Von, "Care in Knowledge Creation", California Management Review, Vol.40, No.3, Spring, 1998, pp.133-153.

Krogh, G. Von, R. & Dirk, K., Knowing In Firms: Understanding, Managing, and Measuring Knowledge, London, SAGE Publication, 1998.

Lane, E. R., Political Ideology, New York: Free Press, 1962. pp.4-8.

Lank, E., "Levraging Invisible Assets: The Human Factor", Long Range Planning, Vol.30, No.3, 1997, pp.406-412.

Leonard, D. & S. Sensiper, "The Role of Tacit Knowledge In Group Innovation", California Management Review, Vol, 40, 1998, pp.112-132.

Leonard-Barton, D., Wellsprings of Knowledge-Building and Sustaining the Source of Innovation, Boston, Massachusetts, Harvard Business school Press, 1995.

Liebeskind, J. P., "Knowledge, Strategy, and the Theory of the Firm", Strategic Management Journal, Vol.17(Winter Special Issue), 1996, pp.93-107.

Liedtka, J. M., Mark E. Haskins, John W. Rosenblum and Jack Weber, "The Generative Cycle: Linking Knowledge and Relationships", Sloan Management Review, Fall, 1997, pp.47-58.

Levinthal, D. and March J., "The Myopia of Learning", Strategic Management Journal, Vol.14, 1993, pp.95-112.

Liebowitz, J. & Beckman, T., Knowledge Organizations; What every manager should know; Boston, MA: St. Lucie Press. 1998.

Lundberg, C. C., Strategies for Organizational Transitioning, in J. R. Kimberly and R. E. Quinn(eds.), New futures: The Challenges of Managing Corporate Transitions, Dow, Jones-Irwin, 1984, pp.60-98.

Lyles, M. & Schwenk, C. R., "Top Management Strategy and Organizational Knowledge Structure", Journal of Management Studies, Vol.29, 1992.

MacCauley, D. p.& Kuhnert, K. W., "A Theoretical Review and Empirical Investigation of Employee Trust in Management", PAQ Summer, 1992, pp.265-284.

Machlup, F., "Semantic Quirks in Studies of Information" in F. Machlup and U. Mansfield(Eds.), The study of information, New York, John Wiley, 1983.

Madhavan, R. & Grover, R., "From Embodied Knowledge to Embodied Knowledge, New Product Development as Knowledge Creation", Journal of Marketing, Vol.62, October, 1998, pp.1-12.

Malhotra, Y., "Knowledge Management in Inquiring Organizations", Proceeding of the 3rd America Conference on Information Systems, 1997.

Mann, M. M., Rudman, R, R. L., Jenckes, T. A., & McNurlin, B., "EPRINET: Leveraging Knowledge in the Electric Utility Industry", MIS Quarterly, September, 1991, pp.403-421.

Marshall, C., Prusak, L. and Shpilberg, D., "Financial Risk and the Need of Superior Knowledge Management", California Management Review, Vol.38, No.3, Spring, 1996, pp.77-101.

McDermott, R. & C. O'Dell, "Overcoming Cultural Barriers to Sharing Knowledge", Journal of Knowledge Management, Vol.5, 2001, pp.76-85.

McElroy, W. M., The New Knowledge Management, NY: MCI Press, 2005, p.19.

Merton, R. K., Social Theory and Social Structure, Revised ed. New York: Free Press, 1966.

Meso, p.& Smith, R., "A Resource-Based View of Organizational Knowledge Management Systems", Journal of Knowledge Management. Vol.4, No.3, 2000, p.225.

Michalisn, M., Smith, R. and Kline, D., "In Search of Strategic Assets", revised and submitted to the International Journal of Organizational Analysis, August, 1997, pp.1-39.

Miller & Shamise, "The Resource-Based View of the Firm in Two Environment: The Hollywood Film Studios from 1936 to 1965", Academy of Management Journal, June, Vol.39, No.3, 1996, pp.519-544.

Morgan, B., "Transfering Soft Technology", in R. D. Robinson (Ed.), The International Communication Technology, Taylor

284

and Francis, New York, 1990, pp.149-166.

Mowery, D. C., J. E. Oxley and B. S. Silverman, "Strategic Alliance and Interfirm Knowledge Transfer", Strategic Management Review, Vol.17, Special Issue, 1996, pp.77-92.

Nahapiet, J. & S. Ghoshal, "Social Capital Intellectual Capital and the Organizational Advantage", Academy of Management Review, 23(2), 1998, pp.242-266.

Nelson & Cooprider, "The Contribution of Shared Knowledge to IS Group Performance", MIS Quaterly, December, 1996, pp.409-429.

Nelson, R. R., & S. G. Winter, An Evolutionary Theory of Economic Change, Cambridge, MA, Harvard University Press, 1982.

Nonaka, I., "The Knowledge-Creating Company", Harvard Business Review, Nov/Dec, 1991, pp.96-104.

Nonaka, I., "A Dynamic Theory of Organizational Knowledge Creation", Organizational Science, 5(1), 1994, pp.14-37.

Nonaka, I., and H. Takeuchi, The Knowledge-Creating Company, New York: Oxford University Press, 1995.

Nonaka, I. and Noboru K., "The Concept of Ba: Building a Foundation for Knowledge Creation", California Management Review, 1998, pp.40-54.

Nually, J. C., Psychometric Theory, New York, NY: McGraw-Hill, 1978.

Ochse, R., Before the Gates of Excellence, The Determinants of Creative Genius. Cambridge University Press, 1990.

O'Dell, C. & C. Grayson, "If Only We Knew What We Know: Identification and Transfer Of Internal Best Practices",

California Management Review, Vol.40, 1998, pp.154-174.

O'Leary, D. E., "Using AI in Knowledge Management: Knowledge Bases and Ontologics", IEEE Intelligent Systems, 1998.

OECD, "Industrial Competitiveness in the Knowledge-based Economy", OECD Proceeding, 1997.

Orlikowski, W. J., "Learning from Notes: Organizational Issues in Groupware Iplementation", The Information Society, 1993, pp.237-250.

Ott, J. S., "The Organizational Culture Perspective", Pacific Grove, CA: Brooks-Cole, 1989.

Ouchui, W., "Markets, Bureaucracies and Clans", Administrative Science Quarterly, Vol.29, 1980, pp.129-141.

Ouchui, W., Theory Z, Readings, Mass: Addison Wesley Pub. Co., 1981, p.57.

Prahralad & Hamel, G., "The Concept of Core Competency", Strategic Management Journal, Vol.14, 1990, pp.179-191.

Pfeffer, J., Competitive Advantage through People, Boston, MA: Harvard Business School Press, 1994.

Penrose, E. T., The Growth of the Firm, New York: M. E. Sharpe, Inc., 1959.

Peteraf, M. A., "The Cornerstones of Competitive Advantage: A Resource-Based View", Strategic Management Journal, Vol.14, 1993, pp.179-191.

Pierce, J. L. & Delbecq, A. L., "Organizational Structure, Individual Attitudes and Innovation", Academy of Management Review, January, 1977, pp.27-37.

Polanyi, M., Personal Knowledge: Toward a Post-critical Philosophy, Chicago University Press, Chicago, IL, 1962.

Polanyi, M., The Tacit Dimension, Routlge and Kegan Paul, London, 1966.

Pooyan, A. and Eberhardt, J., "Correlate of Performance Appraisal Satisfaction Among Supervisory and Nonsupervisory Employees", Journal of Business Research. 1989, pp.215-226.

Porter, L. W., Steer, R. M., & Mowday, R. T., "Organizational Commitment, Job Satisfaction and Turnover amomg Psychiatric Technicians", Journal Applied Psychology, Vol.59(5), 1974, pp.603-609.

Price, J., and Muller, W., Handbook of Organizational Measurement, Marshfield, Massachusetts, Pitman Publishing, 1986.

Price Waterhouse Coopers, "Inside the Mind of the CEO: The 1999 Global CEO Survey", Price Waterhouse Coopers, 1999.

Probst, G. B., "Practical Knowledge Management: A Model That Works", Prism, Second Quarter, 1997, pp.17-30.

Prokesch, S., E., "Unleashing the Power of Learning: An Interview with British Petroleum's Jonn Browne", Harvard Business Review, Sep./Oct., 1997.

Prusak, L., Knowledge In Organization, Butterworth-Heineman, 1995.

Quinn, J. B., Anderson, P., & Finkelstein, S., "Leveraging Intellect", Academy of Management Executive, Vol.10, No.3, 1996, pp.7-27.

Quinn, R. E., and M. R. McGrath, "The Transformation Organizational Culture: A Competing Values Perspectives", in p.Frost, et al.(eds), Organizational Culture, Sage, 1985, pp.315-334.

Quinn, R. E., & Spreitzer, G. M., The Psychometrics of Competing Values Culture Instrument and Analysis of the Impact of Organizational Culture on Quality of Life. Working paper, Michigan University, 1989.

Quintas, P., Lefrere, p.& Jones, G., "Knowledge Management: A Strategic Agenda", Long Range Planning, Special Edition, Vol.30, No.3, 1997, pp.385-391.

Robinson, A. G., & Stern, S., Corporate Creativity: How Innovation and Improvement Actually Happen , CA: Berrett-Koeheler, 1997.

Rogers, E. M., Diffusion of Innovation, New York, The Free Press, 1983.

Roll, C. W. Jr. and Albert H. Cantrill, Polls: Their Use and Misuse in Politics, New York: Basic Brooks, 1972.

Roos, G. and J. Roos, "Measuring Your Company's Intellectual Performance", Long Range Planning, Special Edition, Vol.30, No.3, 1997, pp.413-426.

Ross, J. and G. Ross, Intellectual Capital: Navigating in the New Business Landscape, New York University Press, 1998.

Ruggles, R., "The State of the Notion: Knowledge Management in Practice", California Management Review, Vol.40, 1998, pp.80-89.

Rummel, R. J., Applied Factor Analysis, Evanstone: Northwestern University Press, 1970, pp.229-230.

288

Russel, S. and Goode, L., "An analysis of Manager's Reactions to Their Own Performance Appraisal Feedback", Journal of Applied Psychology. Vol.73, pp.63-67.

Sanchez, R. & J. T. Mahoney, "Modularity, Flexibility, and Knowledge Management in Product and Organization Design", Strategic Management Journal, Vol.17(Winter Special Issue), 1996, pp.63-75.

Schein, E. H., "Organizational Culture and Leadership", Sloan Management Review, 1986. p.x.

Schein, E. H., "Three Cultures of Management: The Key to Organizational Learning", Sloan Management Review, Fall, 1996, pp.9-20.

Schrage, M., The New Technologies of Collaboration, Random House, Inc., 1990.

Senge, p.M., The Fifth Discipline: The Art and Practice of Building Learning Organization, New York: Doubleday, 1990.

Senge, p.M., "Communities of Leaders and Learners", Harvard Business Review, Sep/Oct, 1997, pp.30-32.

Shana, P., Wessels, F., and Felictie, A., "Knowledge Management: A Literature Overview", Journal of Knowledge Management, Vol.66, March, 1998, pp.1-10.

Smith, H. W., Strategies of Social Research: The Methodological Imagination, 2nd ed. Englewood Cliffs, N. J.: Prentice-Hall, 1980.

Smith, p.A. C., "Systemic Knowledge Management: Managing Organizational Assets for Competitive Advantage", Journal of Systemic Knowledge Management. April, 1998.

Sternberg, R. J., & Lubart, T. I., "Investing Creativity", American Psychologist, 51, 1996, pp.677-688.

Stewart. T. A., "Your Company's Most Valuable Asset", Fortune, Oct. 3, 1994.

Sviolka, J. J., "Knowledge Workers and Radically New Technology", Sloan Management Review, Summer, 1996, pp.25-39.

Sveiby, K. E., The New Organizational Wealth: Managing and Measuring Knowledge-Based Assets, San Francisco; CA: Berrett-Koehler Publishers, 1998.

Szulanski, G., "Exploring Internal Stickiness: Impediments to the Transfer of Best Practices Within the Firm", Strategic Management Journal, Vol.17, Winter, 1999, pp.27-44.

Tampoe, M., "Motivating Knowledge Workers - The Challenge for the 1990s", Long Range Planning, Vol.26, No.3, 1993, pp.49-56.

Tichy, N. & Sherman, S., "Control Your Destiny or Someone Else Will", New York Doubleday Currency, 1993, p.171.

Thong, Y. & Raman, "Top Management Support, External Expertise and Information Systems Implementation in Small Business", Information Systems Research, Vol.7,. No.2, 1996, pp.248-267.

Tsoukas, H., "The Firm as a Distributed Knowledge System: A Constructionist Approach", Strategic Management Journal, Vol.17(Winter Special Issue), 1996, pp.11-25.

Ulrich, D., "Intellectual Capital=Competence x Commitment", Sloan Management Review, Vol.39, 1998, pp.15-26.

Van de Ven., & D. L. Ferry, Measuring and Assessing

Organizations, Wiley-Interscience, 1980.

Van der Spek, R. & Spijkervet, A., "Knowledge Management: Dealing Intelligently with Knowledge", Knowledge Management and Its Integrative Element, Liebowitz & Wilcox, eds., CRC Press, 1997.

Van Mannen, J. M., Varieties of Qualitative Research, Beverly Hills, CA: Saga. 1982. pp.7-10.

Vian, Kathleen and Robert Johansen, Knowledge Structure and Use: Implication for Synthesis and Interpretation, Temple University Press, 1983.

Wallach, E. J., "Individuals and Organizations: The Culture Match", Training and Development Journal, Feb. 1983, pp.29-36.

Wathne & Krogh, "Toward a Theory of Knowledge Transfer in a Corporate Context, In G. Von Krogh and Roos(eds.)", Managing Knowledge, London: Sage, 1996, pp.55-81.

Wernerfelt, B., "A Resource-Based View of the Firm", Strategic Management Journal, Vol.5, 1984, pp.171-180.

Wielinga, B. et al., "Methods and Techniques for Knowledge Management: What Has Knowledge Engineering to Offer?" Expert Systems With Applications, Vol.13, No.1, 1997, pp.73-84.

Wiener, Y., "Forms of Value System: A Focus on Organizational Effectiveness and Cultural Change and Maintenance", Academy of Management Review, Vol.13, 1988, pp.534-545.

Wiig, K. M., Knowledge Management Foundations, Schema Press, Arlington, 1993.

Wiig, K. M., Hoong, R. de, & Speak, R. van der, "Supporting

Knowledge Management: A Selection of Method and Techniques", Expert Systems with Applications, Vol.13, No.1, 1997, pp.15-27.

Wiig, Karl, "Knowledge Management: Where Did It Come From and Where Will It Go?", Expert Systems With Applications, Vol.13, No.1, 1997, pp.1-14.

Wilson, Patrick, Second Hand Knowledge, Greenwood Publishing Group, Inc., Westport, CT., 1983.

Winter, S., "Knowledge and Competence as Strategic Assets", in D. Teece(ed.) The Competitive Challenge: Strategies for Industrial Innovation and Renewal , New York: Ballinger, 1987, pp.159-184.

Woodman, R. W., Sawyer, J. E., Griffin, R. W. "Toward a Theory of Organizational Creativity", Academy of Management Review, 1993, pp.293-321.

Woods, E., & Sheina, M., "Knowledge Management Application, Market and Technologies", Ovum, 1998.

Yap, C. S., Thong, J. Y. L. & Raman, K. S., "Effect of Government Incentives on Computerization in Small Business", Journal of European Information Systems, Vol.3, No.3, 1994, pp.191-206.

Zack, M. H., "Managing Codified Knowledge", Sloan Management Review, Summer, 1999, pp.45-58.

## · 저자 ·

**김찬중**
金燦中

- **약 력**

  충북대학교 경영학사
  고려대학교 경영학석사
  충북대학교 경영학박사

  한국경영학회 회원
  한국지식경영학회 회원
  현 충북대학교(대학원)·서원대학교 강사

- **주요논저**

  「인사조직 관점에서 본 지식경영론」
  「한국기업의 지식경영 성공요인」
  외 다수

**서도원**
徐道源

- **약 력**

  연세대학교 경영학사
  서울대학교 경영학석사
  연세대학교 경영학박사

  미국 듀크대학교 객원교수
  한국인적자원개발학회 회장
  충북대학교 경영대학장
  충북대학교 경영대학원장
  현 충북대학교 경영대학 교수

- **주요논저**

  「한국기업의 경영특성에 관한 실증적 연구」
  『경영학원론』(공저)
  『인사관리-이론과 실제』(공저)
  외 다수

핵심성공요인으로 본

 한국의 지식경영

| | |
|---|---|
| • 초판 인쇄 | 2006년 2월 1일 |
| • 초판 발행 | 2006년 2월 1일 |
| • 지 은 이 | 김찬중 · 서도원 |
| • 펴 낸 이 | 채종준 |
| • 펴 낸 곳 | 한국학술정보㈜ |
| | 경기도 파주시 교하읍 문발리 526-2 |
| | 파주출판문화정보산업단지 |
| | 전화  031) 908-3181(대표) · 팩스  031) 908-3189 |
| | 홈페이지  http://www.kstudy.com |
| | e-mail(e-Book사업부)  ebook@kstudy.com |
| • 등    록 | 제일산-115호(2000. 6. 19) |
| • 가    격 | 19,000원 |

ISBN    89-534-4196-X 93320  (Paper Book)
          89-534-4197-8 98320  (e-Book)